★现代国际贸易丛书

国际商务谈判

（第2版）

主　编　汤秀莲
副主编　王　威

南开大学出版社
天　津

图书在版编目（CIP）数据

国际商务谈判/汤秀莲主编．—2版．—天津：南开大学出版社，2008.9（2019.5重印）
（现代国际贸易丛书）
ISBN 978-7-310-03012-5

Ⅰ.国… Ⅱ.汤… Ⅲ.国际贸易—贸易谈判 Ⅳ.F740.41

中国版本图书馆 CIP 数据核字(2008)第 141817 号

版权所有　侵权必究

南开大学出版社出版发行
出版人：刘运峰
地址：天津市南开区卫津路94号　邮政编码：300071
营销部电话：(022)23508339　23500755
营销部传真：(022)23508542　邮购部电话：(022)23502200

*

天津市蓟县宏图印务有限公司印制
全国各地新华书店经销

*

2008 年 9 月第 2 版　2019 年 5 月第 12 次印刷
880×1230 毫米　32开本　11.375印张　323千字
定价：28.00元

如遇图书印装质量问题，请与本社营销部联系调换，电话：(022)23507125

现代国际贸易丛书编辑委员会

顾　　问：滕维藻　陶继侃　熊性美　王林生

主　　任：薛敬孝　佟家栋
副 主 任：刘重力　李坤望　胡晓清　王乃合
成　　员：徐　复　谢娟娟　饶友玲　史学瀛
　　　　　周　哲　李荣林　盛　斌　王文先
　　　　　白力威　汤秀莲　于志达

总序

  15 世纪末的地理大发现和由此而开始的世界市场革命拉开了近代国际贸易的序幕。18 世纪末发端的产业革命使世界史进入了现代国际贸易的时代。二战后国际贸易有了前所未有的飞速发展。特别是 20 世纪 80 年代以来,随着科学技术的突飞猛进,国际经济一体化的发展,多边贸易体制的吸引力的逐步增强,国际贸易更以崭新的姿态展现在我们面前。尤其需要提及的是,1992 年欧洲统一大市场开始运行,欧洲经济和货币联盟的发展,1994 年北美自由贸易区正式诞生,1994 年 APEC 通过《茂物宣言》确立了投资和贸易自由化的原则及时间表,1995 年世界贸易组织取代关贸总协定正式运转,2002 年欧元正式发行,并代替欧元区成员国的货币等因素,都大大促进了国际贸易的发展。理论和实践证明了,国际贸易是世界经济增长的发动机,而世界经济的增长又促进了国际贸易的发展。据统计,从 1950 年到 2000 年,全世界商品的出口额从 579 亿美元增加到 6 800 多亿美元,而同期的 GDP 也增加到 34 万多亿美元。因此国际贸易与经济增长之间具有明显的相互促进作用,尽管在不同的国家所表现出的因果关系有所不同。

  中国虽然在古代有过丝绸之路和南洋海上贸易的辉煌历史,但在近代却落伍了。自给自足的自然经济长期统治着中国,19 世纪中叶,帝国主义用洋炮和洋枪打开了中国闭关锁国的大门,用低成本的制成品按高价换取中国的初级产品,打击了中国的经济,特别是工业的生存和发展。中国人民的革命从根本上改变了历史的方向。但是,在计划经济和过分强调自力更生的年代,中国的对外贸易只在"互通有无"、"拾遗补缺"的政策口号下停滞在较小的限度内。改革开放使中国从计划经济转向市场经济,使中国打开了国门,引进了大量外资,同时跻身于国际市场。改革开放后,中国不仅实现了经济的高增长,也实现了对外贸易的大发展。从1980年到2000年,中国的GDP从2 016亿美元增加到11 000亿多美元;同期,中国的商品进出口总额从380亿美元,增加到4700亿美元,极大地提高了我们对对外贸易的依存度。对外贸易增长速度改变了中国在世界贸易中的地位,以致没有中国的加入,世界贸易组织很难名副其实。经过15年的艰苦谈判,我们终于在2001年12月11日成为世界贸易组织的成员。

　　国际贸易理论来源于国际贸易实践。国际贸易发展的各个时期产生出各种不同的国际贸易理论。改革开放以来的伟大变革使中国人开始亲身体会到国际贸易的含义。但是这一体验毕竟是时间太晚和太短了。长期以来中国人缺乏国际贸易的实践,因此就谈不上创立什么国际贸易理论。解放初期,我们从当时的苏联搬来了他们的国际贸易理论,强调国际贸易理论是政治经济学的一个分支。改革开放以来,我们又从西方国家引进了西方的国际贸易理论。当前,我们已经进入21世纪。随着知识经济时代的到来,经济的全球化、区域经济的一体化及各国对开放经济的认识都有了新的进展和变化,从而使国际贸易出现了新的发展条件、新的发展环境和新的发展特征;可以预见,新的国际贸易理论也会应运而生。我们渴望,在未来国际贸易的讲坛上,以中国学者命名的国际贸易理论也会占有一席之地。

　　当前,我们的迫切任务是在更大的范围内普及国际贸易的理论和知识,提高现有人员的理论和操作水平。中国加入WTO要求我们客观地、科学地预见国际经济交往中的各种可能和利弊得失。特别是对于从事对外贸易的政府官员、企业家和经理人员来说,如何通过科学判断和理性操作,达到制定正确的对外经济贸易政策、回避风险、妥善经营、获取最佳经济利益的目标是极为重要的。

　　同时,适应开放形势的要求,我国每年都有大批的大学生进入国际经贸专业学习,这一专业还通过多种形式的成人教育吸引了数量庞大的各界青年。为了将这些大专院校的各类学生培养成国际经贸领域的专业人才,就需要有一种系统的专业教育,使他们对国际贸易理论、国际贸易政策、国际贸易实务和国际贸易法规等方面的知识有一个比较深入、系统的挖掘,从而使他们在国际贸易方面有较为扎实的理论基础、较为广博的知识和较为熟练的操作能力。

鉴于以上考虑,我们组织有关教师用了将近两年的时间,设计和编写了这套现代国际贸易丛书。在编写后,从使用的情况和国际贸易发展的角度看,我们感到还有改进或修改的余地。经与南开大学出版社协商,我们现在系统地修改各部教材,以期增加新的内容,完善现有的体系,奉献给广大读者。本丛书由既有联系又各自独立的11本教材组成,即:佟家栋、李坤望主编的《国际贸易理论与政策》,徐复、刘文华主编的《中国对外贸易概论》,金淑云、刘重力主编的《国际贸易实务》,谢娟娟主编的《对外贸易单证实务》,饶友玲主编的《国际技术贸易》,白力威主编的《国际结算》,史学瀛主编的《国际商法》,王文先主编的《国际贸易法规与惯例》,谢娟娟、周哲主编的《国际电子商务》,汤秀莲主编的《国际商务谈判》,于志达主编的《国际贸易地理概论》。

南开大学一直非常重视世界经济、国际贸易学科的发展。由于综合性大学的特点,教学与科研的成果多集中在理论方面。现代国际贸易的发展要求我们理论和实践相结合,国际贸易学科作为应用学科应该有更大的发展。近几年,我们通过院系和学科调整,在继续强化我们的理论研究的同时,加强了应用方面的研究和实践。1998年南开大学的国际贸易学科成为综合性大学第一家以二级学科申报并获得批准的博士点学科。这套修改后的教材应该是我们近年来教学经验和科学研究的成果,现在奉献给大家。

本丛书推出之后我们渴望得到各方面的建议,以求进一步提高和完善。如果本丛书的出版能够在当前的国际贸易教学中发挥一定的作用,便达到了我们的目的。

薛敬孝　佟家栋

2008年1月25日于南开园

再版前言

谈判是智慧与实力的较量,是谋略与技巧的角逐。在市场经济日益发展、国际竞争日趋激烈的今天,国际商务谈判更显示了其无法替代的地位和举足轻重的作用。西方研究国际企业的教授霍华普玛特也指出:"处理国际业务的经理人员,将一半以上的时间用在谈判桌上。"一位跨国公司的CEO说得好:"国际商务活动的成功与否,并不取决于经理人员的专业技术,而取决于管理者的谈判技巧。"交往中有摩擦,摩擦中有共识,共识中有互利,互利中有双赢。最早的谈判只是作为解决争议的较为有限的手段之一,随着人类社会政治、经济的发展和文明进步,战争被竞争所代替,对抗被对话所代替。交流、理解与协商逐步成为人类历史发展的必然趋势。商务谈判作为一种有效的协调手段,已越来越被广泛运用到了社会生活的各个领域,受到了越来越多人们的关注。当今和平与发展已成为时代的主旋律,在竞争愈益活跃的情况下,社会生活愈益强调合作。在竞争中合作,在合作中竞争,从而为谈判活动提供了更加广阔的空间。国际商务谈判作为经济交往的起点,在很大程度上决定着企业的兴衰。商场如战场,商务谈判已成为不见刀光血痕,但却无时无刻不在斗智斗勇,无时无刻不在决定着搏击其中者的兴衰、荣辱的残酷斗争的一个至关重要的"战略制高点"。在当代,商务谈判理论知识越来越受到重视。谈判行为的普遍性及其过程与结果的重要性,也促使人们不断地去探讨、去研究谈判的产生、发展的内在规律性,从而把谈判成功的偶然变为必然。世界上处于领先地位的国家对谈判理论的广泛研究,逐步使谈判理论发展为当今的谈判学。有关商务谈判理论的系统研究,欧、美等西方国家起步较早,在20世纪60年代就已取得了一定的成果;商务谈判课程自80年代就进入大学课堂,成为许多专业尤其是贸易专业学生的必修课程。美国早在60年代初就成立了全国性的谈判学会,各大公司纷纷建立自己的谈判研究机构。哈佛大学谈判培训中心不仅负责政府部门、公司和企业高级谈判人员的培养,而且常常参与重大的国际谈判活动。有关资料表明,在发达国家中有10%的人每天都直接或间接地从事着谈判工作。美、英等国仅职业的商务谈判人员就占全国人口的5%以上。而我国在这方面的研究起步较晚,与我国现代化建设、社会发展与对外交往和开放的需要显得十分不协调。在经济谈判、外贸谈判、外事谈判等应用领域,我国与发达国家的距离很大。很多商务外事谈判人员由于缺乏系统的理论及实践知识,在谈判桌上吃亏,以国格和人格为代价交了昂贵的学费。

随着我国改革开放的深化,中国加入世界贸易组织,国家间的贸易量大大增加,国际投资迅速增长,国家间的商务合作形式日趋多样,我国各类企业和世界各国各地区间的商务往来与日俱增,参与国际商务活动面临越来越激烈的国际商务竞争环境的挑战。我国为培养适合经济和社会发展的合格人才,自20世纪80年代开始,逐步地开展对商务谈判理论的研究,商务谈判课程逐步进入高等院校课堂。商务谈判的理论和实践越来越受到国人瞩目,掌握国际商务谈判的基本知识,已成为国人无法回避的现实和必备的基本能力。

国际商务谈判是理论与实践并重的科学,它集政策性、知识性、艺术性于一体。从理论上看,它的综合性强,涉及经济学、市场学、营销学、管理学、会计学、统计学、心理学、行为学、语言学、逻辑学等多学科的内容,汇集运用了多学科的基础知识和科研成果。从实践上看,它是一门注重实践,讲求实用,重在解决实际问题的应用科学。商务谈判既有其规律性和原则性,更具有灵活性和创造性。一个称职的谈判者应是目光敏锐、反应迅速、思维敏捷的智者。商务谈判是实力与智慧的较量,是学识与口才的较量。所以,学会商务谈判不单是学会在市场经济规则中如何与人相处、与人竞争,还可以学会在与人相处和竞争中如何去驾驭自身的理智与感情。从这个意义看商务谈判,它确实是每个人应该去学习、去研究的一门学问。

国际商务谈判是国内商务谈判的延伸,是国际商务活动的重要组成部分,本书在研究商务谈判的基础上,侧重国际商务谈判的研究。

在商务谈判中起决定性作用的除了资金实力和技术水平外,更重要的是谈判桌上充满智慧的应变能力及其所繁衍的策略与技巧。具备了这些条件,就会在竞争激烈的商战中潇洒自如、稳操胜券。训练有素的商务谈判,是一种超级的脑力劳动,既需要科学的理论作指导,也需要借鉴成功的经验。为了满足高校师生教学和政府机构、经济、外贸及工商管理人员、营销人员实践之需,我们在从事国际商务谈判的教学、研究工作基础上,经过充分论证,编写了实用性强、融理论与案例于一体而又为教学所急需的国际商务谈判教材。在教材的内容选择和体例安排上,确定了三个基本原则,第一,内容上求新。尽量吸收国际商务谈判领域新的比较成熟的研究成果,介绍实践中成功的新理论与新方法。第二,强调开放性。在充分吸收我国市场经济理论研究和实践中取得的新成果、新经验的同时,积极借鉴国外的先进的有价值的国际商务谈判的理论与实践成果。第三,突出案例教学。适应国际商务谈判案例式教学与启发式教学的需要,在国际商务谈判教材中加大案例的分量。本书分为四篇八章。第一篇国际商务谈判概论,包括:第一章国际商务谈判基础知识,第二章国际商务谈判的基本内容;第二篇国际商务谈判的程序,包括:第三章国际商务谈判的准备,第四章国际商务谈判的过程;第三篇国际商务谈判策略与沟通艺术,包括:第五章国际商务谈判的策略,第六章国际商务谈判的沟通艺术;第四篇国际商务谈判的礼仪与风格,包括:第七章国际商务谈判的礼仪与礼节,第八章不同国家和地区的商务谈判风格。与第一版比较,第二版主要有下列两方面的变化。第一,各章均调整、增加了案例分析。第二,简化或压缩了某些章节的内容,使其更加精练,并避免与相关课程内容重复。本书由汤秀莲任主编,王威任副主编,天津国际工程咨询公司的于明泉参与编写了第一章,南开大学滨海学院宋京津参与编写了第三章,由汤秀莲教授负责全书总纂。本书在编写过程中,得到了许多专家教授的指导,得到了南开大学出版社的支持,本书在写作过程中参阅了许多国内外文献,谨于此深表谢意!

由于编写时间仓促,水平有限,书中偏颇、疏漏在所难免,敬请广大读者提出宝贵意见,以便进一步修订完善。

编者

2008 年 6 月 18 日

目　录

第一篇　国际商务谈判概论

第一章　国际商务谈判的基础知识 (3)
第一节　国际商务谈判的含义(3)
第二节　国际商务谈判的特征及特殊性(12)
第三节　国际商务谈判的基本原则及其运用(19)
第四节　国际商务谈判的构成要素(31)
第五节　国际商务谈判的类型(38)
复习思考题(54)

第二章　国际商务谈判的基本内容 (55)
第一节　货物买卖谈判(55)
第二节　技术贸易谈判(62)
第三节　劳务合作谈判与租赁谈判(68)
第四节　三资企业谈判与三来一补谈判(71)
复习思考题(78)

第二篇　国际商务谈判的程序

第三章　国际商务谈判的准备 (81)
第一节　国际商务谈判环境的调查(81)
第二节　信息的准备(86)
第三节　方案的准备(108)
第四节　人员的准备(118)
第五节　其他准备(129)
复习思考题(147)

第四章　国际商务谈判的过程 (149)

第一节　开局阶段(149)
第二节　磋商阶段(163)
第三节　成交阶段(172)
复习思考题(184)

第三篇　国际商务谈判策略与沟通艺术

第五章　国际商务谈判策略 (187)

第一节　国际商务谈判策略概述(187)
第二节　国际商务谈判开局策略(196)
第三节　国际商务谈判磋商策略(205)
第四节　国际商务谈判僵局的突破策略(215)
第五节　国际商务谈判的攻防策略(228)
复习思考题(244)

第六章　国际商务谈判的沟通艺术 (245)

第一节　国际商务谈判中的语言沟通(245)
第二节　国际商务谈判语言沟通的技巧(252)
第三节　国际商务谈判非语言沟通(280)
复习思考题(292)

第四篇　国际商务谈判的礼仪与风格

第七章　国际商务谈判的礼仪与礼节 (295)

第一节　国际商务谈判的礼仪(295)
第二节　国际商务谈判礼节(310)
复习思考题(321)

第八章　不同国家和地区的商务谈判风格 (322)

第一节　文化习俗与谈判风格(322)
第二节　与不同谈判风格国家和地区人谈判的应对技巧(336)
复习思考题(348)

参考文献 (349)

第一篇

国际商务谈判概论

国际商务谈判概论作为开篇,阐明了国际商务谈判的基础知识,包括:国际商务谈判的含义、国际商务谈判的特点与特殊性、国际商务谈判的原则与应用、国际商务谈判的要素与类型;国际商务谈判的基本内容,包括:货物买卖谈判、技术贸易谈判、劳务合作谈判及租赁谈判、三资企业谈判与三来一补谈判等主要内容。本篇为以后各篇的逐步展开提供必要的理论基础。

第一章 国际商务谈判的基础知识

国际商务谈判是国际商务活动的重要组成部分,在国际商务活动中占据相当大的比重。从基础知识入手了解谈判,是学习和研究国际商务谈判的起点。

第一节 国际商务谈判的含义

谈判的范围很广,比如,我们在平常购物中,与营业员或个体老板进行交涉;在工作中与上司就权利和义务据理力争;在家庭内部就家务的分配或家庭开支与家人偶尔争得面红耳赤;在谈判桌上就某项业务与对方进行讨价还价;在社交酒会上与国外合作者探讨一个大型合作经济项目;在由多个国家、多个地区或多个组织之间,就某个重大问题举行的会议中陈述本方的观点,这些都可以归入谈判的范畴。谈判的适用范围也是十分广泛的,大到国家之间经济、政治、军事纠纷的谈判,联合国大会就某项问题进行的讨论,小到人们生活的现实社会中,各自的工作、学习生活多种场合都有谈判,因此谈判不仅是政治家、外交家、贸易谈判家和法律专家的事,每一个人都有可能成为谈判者。由此可以发现,谈判是人与人交往的一种常见的形式,在现实生活中,人们每天都面临着谈判,每天都在与人谈判。谈判是一门学问,它像其他学科一样有着它自身的规律、特点和法则。

谈判有广义谈判和狭义谈判之分。广义的谈判,包括在各种场合和各种形式下进行的交涉、洽谈和协商。狭义的谈判,一般仅指正式的场合下专门安排和进行的谈判。作为研究谈判实践内在规律的谈判理论,一般是以狭义的谈判为研究对象。

谈判像其他学科一样有着它自身的理论定义,我们从谈判的一般定义出发来了解国际商务谈判。

一、国际商务谈判的定义

(一)**谈判**(Negotiation)

所谓谈判,是指人们基于一定的需求,彼此进行信息交流,磋商协议,旨在协调其相互关系,赢得或维护各自利益的行为过程。

美国谈判协会会长、著名律师杰勒德·I.尼尔伦伯格(Gerard. I. Nierenberg)在《谈判的艺术》(The Art of Negotiating)一书中所阐明的观点更加明确,他指出:"谈判的定义最为简单,而涉及的范围却最为广泛,每一个要求满足的愿望和每一次要求满足的需要,至少都是诱发人们展开谈判过程的潜因。只要人们为了改变相互关系而交换观点,只要人们是为了取得一致而磋商协议,他们就是在进行谈判。"他还指出:"谈判通常是在个人之间进行的,他们或是为了自己,或者是代表着有组织的团体。因此,可以把谈判看作人类行为的一个组成部分,人类谈判是同人类的文明同样长久。"

谈判作为协调各方关系的重要手段,广泛用于政治、经济、军事、外交、科技等各个领域。

(二)**商务谈判**(Business Negotiation)

按照《辞海》的理解,商务应理解为商业活动,即贸易或交易,是指货物或商品的买卖行为。英语词典对"commerce"一般解释为:The buying and selling of goods,between different countries,即主要是指在不同国家间采购和销售货物。而对"trade"的解释为：The business of buying, selling or exchanging goods, within a country or between countries，即在国内或国家间采购、销售或交换货物的交易。英语的定义包含了国内与国家间的区域的概念。综合上述分析，商务的概念可定义为：国内及国家间的货物或商品的买卖行为。

商务谈判主要是指在经济领域中，具有法人资格的双方，为了协调、改善彼此的经济关系，满足交易的需求，围绕涉及双方的标的物的交易条件，彼此通过信息交流、磋商协议达到交易目的的行为过程。它是市场经济条件下流通流域最普遍最大量的活动。商务谈判的定义涉及了所有有形、无形、动产与不动产的商品买卖的谈判。从字面上看，对合作与投资的活动似乎不适用，但从本质上看，仍然适用。因为双方仍然追求回报——对价，仍属商业活动范畴，而且两者之间的合同所体现的是附着在标的之上的无形商品——双方商誉及双方的义务，体现的交易不在制成品而在制造手段，只不过标的物更复杂而已。所以商务谈判内容具体包括：商品买卖、劳务输出输入、技术贸易、投资、经济合作等。

（三）**国际商务谈判**（International Business Negotiation or Cross-Culture Business Negotiation）

国际商务谈判是指在国际商务活动中，处于不同国家或不同地区的商务活动当事人为满足某一需要，彼此通过信息交流、磋商协议达到交易目的的行为过程。国际商务谈判是国际商务活动的重要组成部分，是国际商务理论的主要内容和核心，是国内商务谈判的延伸和发展，主要是指商品、劳务、技术、投资、经济合作等在国际间的流动。

国际商务与国内商务活动有明显的不同。国际商务谈判是指国与国之间的交易活动。这就带来一系列的差异。国际商务与国内商务活动的差异会对谈判产生影响，因此必须对此有所认识。

国际商务与国内商务活动有明显的不同，主要表现在以下几个方面：

1. 在适用法律和管辖法律方面。适用法律是指签约双方对合同适用的法律的选择权，国际商务适用的法律的选择权可以自主选择，国内商务不能自主选择。管辖法律是指交易履行过程中所受管辖的法律。国际商务交易履行过程中所受管辖的法律可以是多个司法体系,国内商务是单一司法体系。

2. 在引用惯例方面。引用惯例是指在合同建立中可以借鉴的行业的或商业的习惯做法。国际商务可以借鉴国际和国内行业的或商业的习惯做法,国内商务只能借鉴国内行业的或商业的习惯做法。

3. 在合同支付和合同交易对象方面。在合同支付方面,国际商务合同支付一般用外汇,但当本国货币为流通货币时,就不一定用外汇。例如,中国与东南亚一些国家做的边境贸易,用人民币结算即可。在合同交易对象方面,国际商务合同交易对象一般为不同国籍。在对手雇用交易国人员时,情况有所不同。但最终交易人仍是不同国籍的人。

4. 在交易语言方面,国际商务谈判由双方选择使用的语言,国内商务谈判使用本国语言。

另外,在履约环节、争议处理等方面也存在不同。因此,必须看到国际商务与国内商务的不同点(见表 1-1),在谈判中弄清他们的规范,加以注意才能取得好的效果。

表 1-1　国际商务与国内商务的不同点

类别\项目	国际商务	国内商务
交易地域	跨国境,出关	境内,关内
合同支付	一般用外汇	本国货币
适用法律	自主选择	不能自主
管辖法律	多个司法体系	单一司法体系
引用惯例	国际、国内	国内
交易语言	双方选择	本国语言
争议处理	国际仲裁	国内仲裁或诉讼

综合上述基本观点,谈判从实质上看,其内涵的基本点应包括:谈判总是以某种利益需求的满足为预期目标,它的目的性很强,均为各自的需求、愿望或利益目标;谈判具有相互性,是处于平等地位的双边或多边通过对话谋求合作、协调彼此之间关系的交往活动;谈判具有协商性,各方通过沟通信息、交换观点、相互磋商,达成共识。概括起来,可以

把谈判理解为这样一个过程：贸易双方根据双方不同的需求,运用所获得的信息,就共同关心或感兴趣的问题进行磋商,协调各自的经济利益,谋求妥协,从而使双方感到是在有利的条件下达成协议,促成交易。由于谈判双方的立场不同,所追求的具体目标也不同。因此谈判过程充满了复杂的利害冲突和斗争。正是这种冲突才使谈判成为必要。而如何解决这些冲突和矛盾,正是谈判人员所承担的义务。一项谈判是否成功,就在于参加谈判双方能否通过各种不同的讨价还价的方式或手段,往返折中,最后取得妥协,得出一个双方都能接受的方案。

这就要求参加谈判的人员要具备高度的原则性和灵活性,要有广博的知识,丰富的想象力,既有远见卓识,又有灵活机智的策略和技巧,这样才能立于不败之地。所以,谈判本身是各种知识的综合运用,而运用本身则是一种艺术。

二、国际商务谈判的基本动因

人类为什么要进行谈判？从本质上说,参与谈判的各方的利益需求是谈判的基本动因。

人们的需求是多方面的,诸如,从主体看,有个人、组织、国家的不同需求；从层次上看,有生理、安全与保障、爱与归属、获得尊重、自我实现的需求；从内容上看,有物质和精神需求；从欲望看,有成就的欲望、拒绝的欲望、抵御的欲望等。有的需求可以通过其自身努力来满足,但大多数的需求是必须与他人进行交换才能满足的,显然谈判的直接动力是为了利益需要得到满足。美国谈判学会会长、著名律师杰勒德·I.尼尔伦伯格指出："每一个要求满足的愿望和每一次要求满足的需要,至少都是诱发人们展开谈判过程的潜因。"

在双方利益需求的交换中,各方都是为了追求自身利益目标。一方利益的最大化,必然不能保证对方最低利益,对方如果退出,利益交换便不能实现,可见交换中,双方都不能无视对方的需要,谈判双方就不能仅仅以只追求己方的需要为出发点,而是双方通过交换观点达成一致,共同寻找使双方都能接受的方案,这就是进行磋商。而磋商的过程实际上就是信息交流的过程,谁能掌握信息,谁能更全面、准确、清楚地了解对方的利益需要,谁就有可能在竞争中取胜。可见,各方追求并维护自身利益需要,不仅使谈判成为必要,而且是有关各方进行谈判的基本动因。

比如,跨国公司与发展中国家合资办厂,双方都有各自的利益需求,跨国公司的利益需求是想通过合资,越过发展中国家的关税壁垒,开拓发展中国家市场,获得高额利润,以技术换市场;而发展中国家的利益需求则想通过合资获得先进的技术和资金,提高本国生产水平,扩大出口,开拓国际市场,发展本国经济,以市场换技术。如果跨国公司不能满足发展中国家对技术与资金的需求,发展中国家就不会与之合作;同样发展中国家不能满足跨国公司对市场的需求,拥有先进技术的跨国公司也不会到发展中国家投资。这是谈判双方既矛盾又统一的利益关系。双方就是带着既统一又矛盾的利益关系来参加谈判,通过信息交流、反复磋商,寻找双方都能接受的方案,使矛盾在一定条件下达到统一。

实践证明,在当今充满竞争的条件下,谁能掌握对方的需求信息,谁能更全面、准确、清楚地了解对方的利益需求,谁就有可能在竞争中取胜。

有一个不出名的商人,正是凭借这一点击败了比他强大百倍的竞争对手,获得了成功。这个商人叫图德拉。在20世纪60年代中期,他只是一家玻璃制造公司的老板。他喜欢石油行业,自学成才成为石油工程师,他希望能做石油生意。偶然的一天,他从朋友那里得知阿根廷即将在市场上购买××××万美元的丁烷气体,他立刻决定去那里看看是否能弄到这份合同。当他这个玻璃制造商到达阿根廷时,在石油方面既无老关系,也无经验可言,只能仗着一股勇气硬闯。当时他的竞争对手是非常强大的英国石油公司和壳牌石油公司。在作了一番摸底以后,他发现了一件事,阿根廷牛肉供应过剩,正想不顾一切地卖掉牛肉。单凭知道这一事实,他就已获得了竞争的第一个优势。于是,他告诉阿根廷政府:"如果你们向我买××××万美元的丁烷气体,我一定向你们购买××××万美元的牛肉"。阿根廷政府欣然同意,他以买牛肉为条件,争取到了阿根廷政府的合同。图德拉随即飞往西班牙,发现那里有一家主要的造船厂因缺少订货而濒于关闭。它是西班牙政府所面临的一个政治上棘手而又特别敏感的问题。他告诉西班牙人:"如果你们向我买××××万美元的牛肉,我就在你们造船厂订购一艘造价××××万美元的超级油轮。"西班牙人不胜欣喜,通过他们的大使传话给阿根廷,要将图德拉的××××万美元的牛肉直接运往西班牙。图德拉的最后一站是美国费城的太阳石油公司。他对他们说:"如果你们租用我正在西班牙建造的价值××××万美元的超级油轮,我将向你们购买×××万美元的丁烷气体。"太阳石油公司同意了。就这样,一个玻璃制造商成功地做成了××××万美元的石油交易,他的竞争对手只能自叹不如。① 图德拉正是凭借掌握对方需求信息,全面、准确、清楚地了解对方的利益需要,击败了比他强大百倍的竞争对手,获得了成功,在竞争中取胜。

可见,谁能更全面、准确、清楚地了解对方的利益需要,谁就有可能在竞争中取胜。参与谈判的各方的利益需求是谈判的基本动因。

三、什么是成功的谈判

现代谈判学认为,谈判是交易双方为最终取得互惠协议而作的努力。一场成功的谈判不是你输我赢,胜者为侯,败者为寇,应该是双方合作互利的过程,每一方都应是胜者,最终达成的协议必须对每一方都有利。

在现实中,一切谈判的共同利益目标是各方都想满足自己的需要,谈判是从不平衡转变到平衡、从无序到有序的过程,谈判的出发点是"合作"、"磋商"和"利己",从合作的目的开始谈判,经过磋商,双方达成一致协议,最终达到利己的目的。如果将谈判看成是弈棋,非要决一胜负,那么这场谈判肯定不会成功,也不能圆满结束。但是,在谈判实践中常常有人把谈判看作从对方那里获取自己想要得到的东西的一种手

---

① 王超:《谈判分析学》,中国对外贸易出版社,1999年第一版,第18页。

段,总想自己得到的越多越好,从而把自我利益的最大化看成是谈判圆满成功的标志。

在这种思想指导下进行的谈判,必然产生两种情况:一种是谈判的双方都坚持强硬的立场,认为一方所得,即另一方所失,谈判具有"零和效应",给对方所作出的让步就是我方的损失。因此,把谈判看成是一场意志力的竞赛,在谈判中总是等待甚至逼迫别人让步,而自己则坚持较高的或不现实的权利要求。这种谈判的结果,往往是"马拉松"式的意志力的对抗赛。

另一种情形是一方态度强硬,以"命令者"的身份出现,步步紧逼,得寸进尺,另一方则被迫让步,强硬的一方,在谈判桌上得到了他们所要得到的东西,成为"赢家"。而"输家"则对谈判结果极为不满,他们可能在谈判以后以种种理由,宣布协议无效,或是在执行协议时打折扣。这种"一边倒"式的谈判产生的消极后果,使谈判变得毫无意义。

例如美日贸易谈判。1994年2月中旬在华盛顿举行的美日贸易会谈,美国原本希望通过两国政府首脑的会晤与谈判,让日本购买更多的美国商品,以缩减多年来存在的不利于美国的巨额贸易逆差。但克林顿总统在谈判桌上提出一个"数值目标"要求,即要日美双方先设定出一个进口比例的数字目标作为日本购买美国商品的计量,否则美国就可以采取贸易制裁措施。结果激怒了日本谈判代表。日本代表团长细川护熙首相从一开始就认为,美方的要求有违自由贸易原则而一口拒绝。最后,日美谈判以破裂而告终,导致日元汇率大幅度上升,影响了日本经济的增长,在一段时间内美国对日本的出口不但没有增加,反而下降不少,两国的国家关系也因此在一定程度上受到损害。[1]

又如,20世纪60年代初期,美欧之间发生的"肉鸡战争"就是一个有名的例子。当时的美国掌握了新的饲养技术,肉禽生产得到迅速发展,对欧共体的肉鸡出口从1958年的约0.1亿磅猛增到1962年的1.6亿磅,欧共体极为不安。当时西德为保护欧共体的肉鸡生产,联合欧洲大陆的盟友,对从美国进口的肉鸡征收3倍以上的从价税,即从15%

---

[1] 夏国政:《经贸谈判指南》,世界知识出版社,1999年第一版,第25页。

增加到50%。对此,美国人非常气愤。他们一方面向贸易协定的法庭进行控告,对欧共体向美国出口的商品征收惩罚性税金;另一方面对欧出口由全鸡改为鸡块出口,并开始一年四季向欧出口火鸡(过去只是在复活节和圣诞节前才出口)。待欧洲对美国切割鸡块和火鸡也征收从价税时,美国商家又改向欧洲出口加料腌制的肉禽。总之,他们想方设法要继续保持在欧共体的肉禽市场份额。与此同时,欧共体加强了在肉禽生产方面的技术研究,肉禽生产也快速发展起来,并大力向其邻国,特别是瑞士、奥地利等国销售,用补贴出口的办法挤掉了美国在那些国家的部分市场份额。美欧之间在肉鸡市场上的分歧因此愈来愈深。但是美欧双方在政治上是盟友,在经济上又互有需求,保持分歧或扩大矛盾对双方都没有好处。在此情况下,美欧双方又回到了谈判桌上,在东京回合谈判中,经过多轮讨价还价,美国同意欧共体可对美国不加作料的整禽及加作料的肉鸡征收差价税,并以此为条件,换取欧共体对其他美国产品的让步。欧洲人则同意对美国加作料的火鸡块实行免税,同时停止对可能挤占美国在欧市场的出口品给予补贴,以此为条件,换取美国将欧洲卡车、大众牌大篷车、马铃薯、淀粉和每加仑超过9美元的白兰地的征税率恢复到1962年的水平。美欧双方从谈判中都得到了好处。①

从以上正反案例可以看出,双方进行谈判彼此都要有利可图才谈得拢,亏本的买卖谁也不会干。如果我们不了解对方,不会打算盘,我们就会吃亏,但是算盘打到尽头,只考虑自己多得一点,对方无利可图,他们也不会干。所以,对每一位谈判者来说都必须明确,一场圆满成功的谈判要使双方的利益要求都获得一定的满足。或者说,双方各自利益都在谈判桌上求得一定程度的平衡,随之而来的是彼此协作往来关系在此基础上得到进一步改善与融洽。因此,谈判是双方合作的互利的过程,一次成功的谈判活动,每一方都应是胜利者。谈判的指导思想应该是双赢、多赢。

再如,1964年,有一位美国人和他12岁的儿子在伦敦海德公园玩飞盘。当时,在英国很少有人看过飞盘游戏,因此,他们父子俩的游戏吸

---

① 夏国政:《经贸谈判指南》,世界知识出版社,1999年第一版,第20页。

引一大群人在旁边围观。最后,有位英国绅士走过来问那位父亲:"对不起,打扰您一下,我在这里已经看着你们玩了半个小时,你们到底谁赢了?"这个英国人提出这个问题,显得有点傻乎乎。因为如果飞盘玩得好,父子俩都是赢家。谈判也是如此。在今天看来,大多数情况下问一位谈判者"谁赢了",就像问一对夫妇"你们谁赢了这场婚姻"一样的滑稽。①

第二节 国际商务谈判的特征及特殊性

国际商务谈判与一般意义上的谈判的不同点在于,它有着自身特有的载体,与国内商务谈判相比,既具有国内商务谈判的特征,又具有其自身的特殊性。

一、国际商务谈判的基本特征

国际商务谈判与国内商务谈判一样,具有以下特征:
(一)国际商务谈判以获得经济利益为目的

任何谈判都是以追求利益为目标,比如外交谈判涉及的是国家利益;政治谈判追求政党、团体的利益;军事谈判主要是关系敌对双方的安全利益。国际商务谈判的利益性是指直接的经济利益。谈判当事人的谈判策略与技巧,都围绕着实现经济利益,离开了这种经济利益,国际商务谈判就失去了存在的价值和可能。因此,商务谈判就是以直接经济利益为目的的谈判,谈判者都比较注意谈判的成本、效率和效益。这是商务谈判的基本特征。

(二)商务谈判不是无限制地满足自己的利益

如上所述,商务谈判中的经济利益,是谈判各方共同追求的目标,双方都希望能以较少的成本支出,取得最大的谈判成果。但是,任何谈

---

① 王超:《谈判分析学》,中国对外贸易出版社,1999年第一版,第57页。

判者必须满足对方的最低要求,否则会因对方的退出使谈判破裂,会使自己到手的利益丧失殆尽,所以双方应在相互合作中实现利益的最大化。如果将谈判双方在交易中可获得的总体利益用一个完整的圆来表示,那么谈判双方的利益需要可用图1-1来说明。

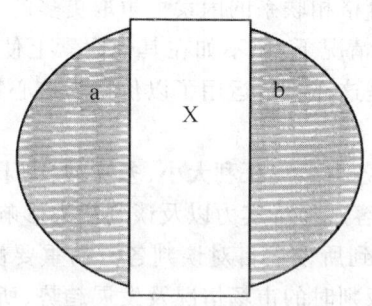

图1-1 商务谈判利益界限

假设a表示买方的至少利益,b表示卖方的至少利益,x表示可争夺的利益。如果其中某一方想独占x并且还向对方至少利益延伸,那么另一方就不能得到最低利益,会因满足不了己方的最低利益而退出,谈判便会破裂,而某一方的最高利益也不能实现。所以,谈判的当事人不能仅考虑己方的利益,还要站在对方的立场上考虑对方的利益,只有在对方所能接受的临界点之上,谈判才能成功,己方的利益才能实现。

(三)商务谈判体现了参与谈判的各方"合作"与"冲突"的对立统一关系

通过国际商务谈判,改变和协调各参与方的关系,达成各方都有利的协议,这是谈判各方相互合作的一面;而各谈判方都希望通过谈判,以较少的让步换取尽可能多的利益,又体现了谈判参与方相互对立的一面。

谈判双方的这种对立和统一的关系,直接影响着谈判各方谈判方案的制定,谈判策略、谈判技巧的选择与运用。它使谈判各方经常要在通过退让以求得合作、经过冲突以保持己方利益的两难境地中进行艰难的抉择。

(四)商务谈判以价格谈判为核心

商务谈判所涉及的因素很多,谈判者的需求和利益表现在众多的方面,但价格则几乎是所有商务谈判的核心内容,占据重要地位。这不仅是因为价格的高低直接反映了谈判双方的利益分配,而且由于谈判双方还会涉及价格以外的因素,这些因素都与价格有着密切的关系,并往往可以折算为一定的价格,并通过价格的升降得到体现。因此,价格总是商务谈判的核心。这就要求商务谈判当事人一方面要以价格为核心争取自己的利益,另一方面又不能仅仅局限于价格,要善于拓宽思路,设法从其他与价格相联系的因素上争取更多的利益。尤其在双方讨价还价争执不休的情况下,还不如在其他因素上使对方或己方作出一些愿意的让步。正是这样灵活运用了以价格为核心特征的措施,使谈判获得成功。

(五)商务谈判各方最终获利大小、多寡,取决于各方的实力

谈判参与方的客观经济实力以及谈判实力影响着谈判的结果。客观经济实力主要受到所谈项目对谈判各方的重要性、谈判方所代表的经济组织的实力、谈判时的市场情况及发展趋势、所谈项目自身的特点等因素的影响。而谈判人员的素质及其对待谈判的态度、对谈判策略和谈判技巧的运用能力、谈判班子成员之间、谈判班子与谈判后援队之间的协作能力等,则直接影响到谈判各方的谈判实力。

(六)商务谈判注重合同条款的严密性与准确性

商务谈判合同体现了双方协商一致的结果。合同条款实质上反映了各方的权利和义务,合同条款的严密性与准确性是保证谈判获得各种利益的重要前提。有些谈判者虽然在商务谈判中花了很大力气,谈判者似乎已经取得了这场谈判的胜利,但在拟订合同条款时,掉以轻心,不注意合同条款的完整、严密、准确、合理、合法,其结果被谈判对手在条款措词或表述技巧上,使你掉进陷阱,这不仅会把到手的利益丧失殆尽,而且还要为此付出惨重的代价,这样的例子在商务谈判中屡见不鲜。因此,在商务谈判中,谈判者不仅要重视口头上的承诺,更要重视合同条款的准确性和严密性。

二、国际商务谈判的特殊性

与国内商务谈判相比,国际商务谈判具有特殊性,主要表现在以下几个方面:

（一）具有跨国性

跨国性是国际商务谈判的最大特点,也是其他特点的基础。国际商务谈判的主体是两个或两个以上的国家,谈判者代表了不同国家或地区的利益。由于国际商务谈判的结果会导致资产的跨国流动,必然在贸易、金融、保险、运输、支付、法律等领域具有国际性,因此在国际商务谈判中必须按国际惯例或通行做法来操作。所以,谈判人员要特别熟悉国际惯例,熟悉对方所在国的法律条款,熟悉国际经济组织的各种规定和国际法,以国际商法为准则,以国际惯例为准绳。目前,国际上有三项关于国际货物买卖的国际公约,它们是:1964年《国际货物买卖统一法公约》、《国际货物买卖合同成立统一法公约》以及1980年《联合国国际货物买卖合同公约》。关于国际货物买卖的国际贸易惯例,主要有:《国际贸易术语解释通则》(1936年制定,1980年、1990年、2000年修改补充形成2000通则)、《华沙—牛津规则》(1932年制定)。另外,各国也就对外经济贸易活动建立起各自的法律体系,如美国的《美国贸易法》,英国的《英国货物买卖法》,中国的《中华人民共和国涉外经济法》等。必须指出的是,上述各项国际贸易的规定、法规、国际惯例并不具备普遍的约束力,只有当双方当事人在他们订立的国际货物买卖合同中采用了某种国际法规、惯例来确定他们之间的权利、义务时,该法规、惯例才适用于该合同并对当事人产生约束力。

（二）具有较强的政策性

国际商务谈判的跨国性决定了它是政策性较强的谈判。国际商务谈判参与方处于不同国家的政治、经济环境中,谈判常常会牵涉到国与国之间的政治、外交关系,在谈判中,双方国家或地区政府常常会干预和影响商务谈判的进程。因此,国际商务谈判必须贯彻执行国家的有关方针政策和外交政策,特别是执行对外贸易的一系列法律和规章制度。这就要求国际商务谈判人员必须熟知本国和对手国家的方针政策和对外经济贸易的法律与规章制度。

（三）具有跨文化性

国际商务谈判参与方处于不同的文化、宗教、伦理环境中,谈判的各方一般具有不同的价值观、道德观、思维方式和行为方式,在语言表达及风俗习惯等方面也各不相同。因此,国际商务谈判的难度要大大高于国内商务谈判。国际商务谈判的各参与方在谈判时,不仅要注意协调好各自的经济关系,而且要努力尊重和协调好各自在文化、宗教和伦理等各方面的差异。例如,日本历史固有的文化传统随时可以从其商家的谈判风格中看出:日本商家宴请外国客人时,主人不是坐在离主宾最近的地方,而是坐在末席。因为按照日本的文化解释,请人吃饭的主要目的是为了用美味佳肴款待客人,而不是为了社交,因此主人理应全心全意款待和服侍客人,而不应与主宾坐在一起接受招待人员的服侍。日本商家常常发出,"嗨!嗨!"的回应声,然而这种回应既不表示赞同或接受,也不表示否定或拒绝,而只是日本谈判文化中的一种特殊现象。又如,日本人在谈判中发出的笑声,通常不表达高兴、愉快、幽默或嘲讽,而是沮丧、震惊、惶恐或窘迫的一种表示。因此在谈判桌上,客方听到高兴之处时切不可对日本朋友贸然发出笑声,更不可朗朗大笑;反之,如果日本谈判者发出了笑声,那么对方应当做的不是随之发笑,而应弄清他发笑的原因,并考虑适当地向其表示歉意。这又与其他国家的习俗大相径庭。

(四)具有复杂、多变性

复杂多变是由跨国性、政策性、跨文化性派生而来的。面对以上特点,从事国际商务谈判的人员面临着国际环境多变、复杂的局面,要花费更多的精力来适应,诸如,贸易标的各方面的复杂多变、国际法的掌握、语言沟通的差异、风俗习惯的差异、价值观和思维方式的差异等,这些都增加了谈判的复杂性、多变性。

(五)具有较大的困难性

国际商务谈判涉及不同国家、不同国家企业之间的关系,如果出现问题,需要协商的环节很多,解决起来比较困难。因此,要求谈判人员事先估计到可能出现的问题和不测事件,加以相应的防范。

(六)国际商务谈判人员应具备更高的素质

国际商务谈判的特殊性和复杂性,要求国际商务人员在知识结构、语言能力、谈判策略及技巧的实际运用能力、防范风险的能力等方面具备更高的水准。谈判人员必须具备广博的知识和高超的谈判技巧,不仅能在谈判桌上因人而异,运用自如,而且要在谈判前注意资料的准备、信息的收集,使谈判按预定的方案顺利进行。

案例分析 1-1

2005年6月10日下午2点,商务部长薄熙来和欧盟贸易委员曼德尔森在上海西郊宾馆7号楼举行了中欧纺织品谈判。中方参加谈判的有商务部副部长高虎城和部长助理傅自应,还有外贸司、世贸司和谈判办的十来个人;欧方则有来自英、法、德、西班牙、丹麦的十来位官员和专家。

谈判开始,双方按照惯例坐在谈判桌前展开讨论。曼德尔森在阐明了欧方的立场以后表示:6月11日是结束中欧关于亚麻纱和T恤衫两种纺织品正式磋商的最后期限,欧盟总部25国的代表正在等候他的消息,希望谈判在4点钟以前有结果。薄熙来则回应道,如果按照欧方的要价,谈判不可能在4点结束,晚上9点谈完就不错。他让曼德尔森决定是否需要马上就给欧盟总部打电话,谈判的气氛骤然紧张起来。此后,双方围绕着如何确定中国输欧纺织品数量的基数,在谈判桌前展开辩论,两边都拿出了各自测算的大量数据和图表。大约谈了两个多小时以后,曼德尔森提议稍事休息,让各自的技术官员们对测算的数据重新进行分析。于是双方都站了起来,但谁也没有离开谈判室,而是自然而然地走到一起,围成一个一个小圈子继续情不自禁地谈起来,一谈又是两个小时,但谁也没有再回到座位上。站累了,他们就靠在谈判桌上;困了,就喝咖啡。

傍晚6点左右,欧方官员离开了谈判室,回房间进行内部讨论。稍后,薄部长和中方官员也到谈判室外的小咖啡厅休息。

随后,薄熙来离开了谈判现场,和曼德尔森到西郊宾馆的大院里溜达去了,冒着雨,撑着伞,来回走了好几公里,围绕谈判的主要分歧交换意见,边走边谈。

晚上7点多,双方即将开始晚餐。随后,中欧双方的官员进入餐厅。可是晚餐并没有如期开始。尽管厨师精心准备的第一道菜已经端上餐桌，但是就餐者却仍然站在餐桌边进行辩论，服务员们只好一次次给大家拿来矿泉水和小饼干充饥。

这时谈判的焦点仍然是基数问题，因为能否确定一个合理的基数，对最后确定增长量至关重要，所以薄熙来一直在谈这个问题，而欧方也十分顽强。几经反复，欧方终于在五六个小时的长谈之后同意了中方的意见，但在其他方面又出了问题。眼看双方就要达成一致的时候，欧方似乎突然缩回到原来的立场，谈判又陷入僵局，餐厅里沉寂下来，薄熙来起身离开了餐厅。40多分钟以后，他重新回到餐厅，对曼德尔森说："我们吃饭吧。"这时已经是晚上10点半了，而此时曼德尔森却要求再谈5分钟。双方这一谈又是四十多分钟。

晚上11点半，薄熙来走出餐厅。当他返回餐厅不久，里面就传出一阵响亮的掌声，两方面的人都站起来鼓掌。

随后，晚餐终于开始了。只见双方官员拿着文件频频进出餐厅，工作人员也开始布置新闻发布会的会场。

2005年6月11日零点刚过，薄熙来和曼德尔森终于步出餐厅，他们径直走到新闻发布台前，共同宣布中欧双方已就纺织品贸易问题达成一致。

在随后的新闻发布会上，曼德尔森说，中国是个"负责任和很有价值的合作伙伴"，中欧达成的协议是个"Win、Win、Win"的协议，即三赢的协议，是符合欧洲纺织产业、中国出口商及其他出口国等各方利益的共赢结果。他十分认真地把一枚带有欧盟标志和中国国旗的徽章别在薄熙来的西装上，并说"这次中欧贸易谈判的成功本身就是一枚纪念章"。薄熙来把一件灰色短袖翻领T恤衫送给了曼德尔森。看到这件特殊的礼物，曼德尔森和欧盟大使都不禁大笑起来。欧盟最早对中国纺织品提出磋商并打算设限的产品就是T恤衫，现在，中欧纺织品贸易争端已画上了句号，无怪乎这件意味深长的礼物引起了曼德尔森和欧盟大使的大笑，也引起了在场记者的阵阵笑声、掌声。

薄熙来表示，曼德尔森先生专程来谈纺织品问题，即使谈不成，这种寻求解决问题的举动也是值得称赞的。因为这表明了对中国业界的尊重。双方最终达成一致，说明中欧战略合作伙伴关系不是一句空话，双方都很珍视它。协议将为中国纺织企业创造稳定、可预见的出口环境,也将为欧盟营造稳定的进口市场。他说,我们从昨天已经谈到了今天,这10个小时让大家都累了,但谈判的结果说明,谈这10个小时还是值得的。

  商务部一位工作人员深有感触地说,谈判最终能取得成果,远非这10个小时所能涵盖。中欧纺织品贸易问题,中央领导始终高度重视和关心。中欧谈判前,商务部的官员每天都要通过越洋电话和欧方进行磋商。这些天来,仅薄熙来就和曼德尔森进行了3次长时间的电话交谈。临近谈判,工作人员又在部长的授意和亲自督战下,夜以继日地工作,针对各种方案仔细测算核对了上百组、近万个数据。谈判结束后,中欧官员还没完事,又花了一整夜的时间来仔细核对文本。商务部条法司的官员还为此专门赶来"审稿"。

  问题:
(1)案例中体现了国际商务谈判的哪些特殊性?
(2)中欧纺织品谈判是如何取得双赢或多赢的?[1]

第三节 国际商务谈判的基本原则及其运用

  国际商务谈判的原则与商务谈判的原则基本相同,都是指商务谈判中谈判各方应当遵循的指导思想和基本准则,是商务谈判内在的、客观的、必然的行为规范,是在商务谈判的实践中不断认识、不断总结的制胜规则。国际商务谈判的原则较之国内商务谈判复杂之处是涉及国际通行的原则。虽然世界上至今还没有为国际商务谈判制定出一套专门成文的行为规则,但各国之间不断重复的类似行为已逐渐形成了一些共同认可的准则。它们给国际商务谈判提供了应予遵守的一般原则。因此,认识和把握商务谈判的共同原则和国际交往的特殊原则,有助于维护谈判各国、各方的权益和正确选择、运用谈判策略,以提高谈判的

---

[1] 徐春林:《商务谈判》,重庆大学出版社,2007年第二版,第22页。

成功率。

一、国际商务谈判的基本原则

国际商务谈判的基本原则可以概括为以下几方面：

（一）自愿原则

自愿原则是国与国进行商务谈判的前提，是指作为谈判主体的当事各方，出于自身利益目标的追求来参加谈判，没有任何外来的压力和他人的驱使。自愿原则还表明，谈判各方都具有独立的行为能力和决策能力，能够按照自己的意志在谈判中就有关问题作出自己的选择。同时，只有在自愿的前提下，谈判各方才会有合作的要求和诚意，才会互补互惠、互谦互让平等地竞争，最后使各方都能取得满意的谈判结果。谈判如果出现强迫性的行为，自愿原则就会受到破坏，被强迫的一方势必退出谈判，最终导致谈判破裂。

（二）平等互利的原则

平等互利、互通有无是指导国际关系的一项基本原则，也是国际商务谈判的出发点。

平等原则是商务谈判的基础，是指商务谈判中无论国家的大小、贫富，无论各方的经济实力强弱、组织规模大小、参加商务谈判的主体地位都是平等的，当事各方对于交易项目及其交易条件都拥有同样的否决权，协议的达成是双方相互协商共同认可的，不能一家说了算或少数服从多数。这种相同的否决权和协商一致的要求，客观上赋予了各方平等的权利和地位。

互利原则是商务谈判的目标，是指谈判达成的协议对于各方都是有利的。互利是平等的客观要求和直接结果，只有平等，才能互利。坚持互利，还要重视合作，没有合作，互利就不能实现。谈判各方只有在追求自身利益的同时，也尊重对方的利益追求，立足于互补合作，才能互谅互让。

在国际商务谈判中谈判各方必须充分认识这种平等互利的原则，自觉贯彻平等互利原则。贯彻平等互利原则，要求谈判各方互相尊重、以礼相待,任何一方都不能仗势欺人、以强凌弱,把自己的意志强加于人。在国际商务活动中不论是进口、出口都不应附带任何不平等条件和不合理要求,不论是引进资金还是输出资金,都要坚持平等互惠、讲求时效、共同发展的原则,富国不能凭借其经济实力对穷国搞弱肉强食。大公司不能凭借其资金技术的优势对小公司搞巧取豪夺。贫国不能因其势微而无限忍让,任富国宰割。小公司不能因其力薄而不坚持自己应得的利益,让大公司盘剥。只有坚持这种平等互利的原则,商务谈判才能在互相尊重的气氛中顺利进行,才能达到互助互惠的谈判目标。

(三) 求同存异原则

求同存异原则是商务谈判成功的关键。求同存异原则是指谈判中面对各方的利益分歧,各方都应从大局着眼,把共同利益作为出发点。国际经济贸易谈判不是兵战,也不是竞技场,要把谈判对象当作合作伙伴,而不是敌人。根据"两利相权取其重,两弊相衡取其轻"的古训,在可能力争时应尽量力争,在不可能奢望时,应考虑作出局部牺牲,让出眼前利益去换取长远利益。因此,贯彻求同原则,要求谈判各方善于从大局出发,要着眼于自身发展的整体利益和长远利益的大局,着眼于长期合作的大局,同时,要善于运用灵活机动的谈判策略,通过妥协寻求协调利益冲突的解决办法,构建和增进共同利益。其实,求同存异还可以通过优势互补、劣势互抵的原理调动双方可以调动的各种因素,创造条件,趋利避害,把双方的利益作大,使双方都成为赢家。可以说,善于求同存异,反映了谈判者较高的素质,历来是谈判高手智慧的表现。

(四) 目标原则

目标原则是谈判各方最终为寻求好的谈判结果而要遵循的原则。目标原则是谈判各方都要树立双赢的概念,一切好的谈判结局应该使谈判各方都有赢的感觉。目标原则的运用,实际上是在遵循以上我们谈到的原则的基础上,尽量扩大双方的共同利益,而后再讨论与确定各自分享的比例,这就是我们通常所说的"把蛋糕作大"。一切好的谈判不是拿一个蛋糕就急于一切两半,而应是不仅仅注意切在什么地方,而更应该注意在切分这个蛋糕之前尽量使这个蛋糕变得更大。

在商务谈判中,如果把一些主要方面的原则先确定好,然后通过双方的努力把"蛋糕"做得足够大,那么其他方面的利益及其划分问题就显得相对容易多了。这就是我们应该在谈判中注意创造双赢的解决方案,也是谈判各方要运用的目标原则。

(五)效益原则

效益原则是商务谈判成功的保证。效益原则包括谈判自身的效益和社会效益。商务谈判自身的效益是指以最短的时间、最少的人力和资金投入,达到预期的谈判目标。社会效益是要综合考虑项目对社会的宏观的影响,是谈判主体应承担的社会责任。例如,在引进技术时要考虑是否符合本国的国情,在引进设备时要充分考虑本国的消化能力,在与外商合资建厂时要考虑该项目投产是否对环境造成污染等。效益的原则要求把实现组织自身微观效益和社会宏观效益统一起来。所以,在谈判中既实现了谈判者自身效益,又实现了良好的社会效益,只有这样才能保证谈判的成功。

(六)遵法守约原则

遵法守约原则是商务谈判的根本。遵法原则是指商务谈判必须遵守本国的法律、法规、政策。国际商务谈判还应当遵循有关的国际法和对方国家的有关法规。商务谈判的合法原则,具体体现在:一是谈判主体合法,即要审查谈判参与各方组织及其谈判人员的合法资格。二是谈判议题合法,即谈判所要交易的项目必须是法律允许的。对于法律禁止交易的项目,其谈判显然违法。如买卖国家保护文物、贩卖毒品、贩卖人口、走私货物等。三是谈判手段合法,即应通过公正、公平、公开的手段达到谈判目的,而不能采用某些不正当的手段来达到谈判的目的,如窃听暗杀、暴力威胁、行贿受贿等。

守约原则,商务谈判的结果是由双方协商一致的协议或合同来体现的。协议或合同条款实质上反映了谈判各方的权利和义务,是谈判活动的结晶。它代表着谈判双方或诸方在谈判过程中的互相承诺,又是根据有关的国际法规和国际惯例的要求制定,因此对谈判各方具有同等的权威性、指导性和约束力,成为一定时期内在某项国际经济活动中谈判各方的行为准则,各方必须遵守。在谈判时,无论是货物买卖、合资经营、技术服务、工程承包、合作生产,还是委托代理、运输、信贷、租赁、保险,都要依据某一国际法律或某种国际惯例的要求订立有效的契约。如成立一项有效的货物销售合同就要遵守。第一,合同主要条款须经双方协商一致,要以对价作为根据,要由有能力的双方共同签署,要根据合同标的物具有合法性等原则起草、修改和签署合同;第二,执行协议时,签约各方应依据约定的内容,履行各自的义务,同时取得各自应得的权利,共同努力实现协议所要求达到的经济目标,避免发生争议或违约行为;第三,一旦发生争议,应共同寻求迅速、公平、合理的解决途径,或者通过友好协商,或者经过第三方调解,或者提交仲裁机构仲裁,或者通过诉讼程序解决。总之,只有在商务谈判中遵循遵法守约的原则,谈判及其协议才具有法律效力,当事各方的权益才能受到法律的保护。

二、国际商务谈判指导思想的具体运用

从以上分析可以看出,谈判的指导思想"并不是你输我赢",谈判双方应树立"双赢"的观念。一切谈判的结局应该使谈判双方都有赢的感觉。采取什么样的谈判手段、谈判方法和谈判原则来达到谈判的结果对谈判各方都有利,都有赢的感觉,是我们学习谈判和研究谈判所要达到的目的。如何创造双赢这是我们学习谈判应掌握的具体操作方法,也是对谈判指导思想的具体运用。

(一)双赢谈判的标准

在实践中我们经常会看到一种立场争辩式谈判。立场争辩式谈判属于最普通的传统谈判方式,它的特点是谈判每一方都在为自己的既定立场争辩,欲通过一系列的让步而达成协议,许多人介绍的谈判技巧也都是从这个出发点来谈的。一些谈判者在做交易时,也常常运用这样的原则和技巧。立场争辩式谈判在谈判中的表现是双方都会竭尽全力维护自己的报价,将谈判的焦点集中在价格争辩上。例如,一位精明的卖主会把自己的产品讲得天花乱坠,尽量抬高自己产品的身价,报价要尽量高;而另一位出手不凡的买主也会在鸡蛋里挑骨头,从不同的角度指出产品的不足之外,从而将还价至少压低到对方出价的一半。最后双方都会讲出无数条理由来支持自己的报价,谈判在无奈情况下成为僵

局。如果不是僵局，那么通常是一方作出了一定的让步，或双方经过漫长的多个回合，各自都作出了让步，从而达成的是一个中间价。这样的谈判方式，在谈判学上称之为立场争辩式谈判。然而，在商务活动中，如果大家都遵循这样的谈判原则与技巧，往往会使谈判陷入一种误区：这种谈判方式会使谈判各方不欢而散，甚至会破坏了双方今后的进一步合作机会。

因此，在这里我们要提出一个谈判应达到什么目的和遵循什么标准的问题。从商务角度来看，谈判应使得双方都得到商务发展的机会，那就是双赢。为此，我们运用的谈判原则与技巧，要达到双赢，至少应满足以下三个标准：

1. 谈判双方的直接经济利益。明智协议的核心特点就是双赢，谈判的结果应满足谈判各方的合法利益，能够公平地解决谈判各方的利益冲突，而且还要考虑到符合公众利益。而立场争辩式谈判方式使谈判内容和立场局限在一个方面，双方只重视各自的立场，往往忽视了满足谈判双方的实际潜在的需要。

2. 谈判的方式必须有效率。效率是双方都追求的双赢的内容之一，这是因为效率高的谈判使双方都有更多的精力拓展商业机会，商务谈判实际是经济利益的谈判，它必须有效率。而立场争辩式谈判往往局限了双方更多的选择方案，有时简直是无谓地消耗时间，从而给谈判各方带来了压力，增加谈判不成功的风险，必然没有效率。

3. 谈判应该改进或不会伤害谈判各方的关系。谈判的结果是要取得利益，然而，利益的取得却不能以破坏或伤害谈判各方的关系为代价。从发展的眼光看，商务上的合作关系会给你带来更多的商业机会。然而，立场争辩式谈判却往往忽视了保持商业关系的重要性，往往使谈判变成了各方意愿的较量，看谁在谈判中更执着或更容易让步。这样的谈判往往会使谈判者在心里产生不良的反应，从而破坏谈判各方的续存关系。

（二）创造双赢的解决方案

如何创造双赢这是我们学习谈判时应掌握的具体操作方法，也是对谈判原则理论部分的具体运用。一场好的谈判不是拿一个蛋糕一切两半,而应是不仅注意切在什么地方,而更应该注意在切分这个蛋糕之前,尽量使这个蛋糕变得更大。这就是我们应该在谈判中注意创造双赢的解决方案。在现实中扩大双方的总体利益是可能的,总体利益是客观存在,而发掘这些现实的潜在利益,却需要双方的合作精神和高超的技艺。其实,能把蛋糕做大的方法比比皆是,比如降低风险,扩大对方利益,而不减少我方利益;扩大我方利益,而不减少对方利益;增加部分开支,而使利益的增长幅度超过开支的增长;减少部分开支,而使利益的减少小于开支的减少。这些因素都是通过谈判者全面地分折了经济、技术、金融、贸易等条件后才能找到的。这些因素的综合平衡,要通过对项目各种条件作出定量分折和系统概括后才能达到。在商务谈判中,如果把一些主要方面的原则先确定好,然后通过双方的努力把"蛋糕"做得足够大,那么其他方面的利益及其划分问题就显得相对容易多了。

1. 谈判者的误区和走出误区的方法

在许多谈判中,谈判的结局并不理想。谈判者只注重追求单一的结果,坚持固守自己的立场,而不考虑对方的实际情况。为什么谈判者没有创造性地寻找解决方案,没有将谈判双方的利益实现最大化?这就是谈判者陷入了误区。

导致谈判者陷入误区主要有如下四个障碍:其一,过早地对谈判下结论。谈判者往往在缺乏想象力的同时,看到对方坚持立场,也盲目不愿意放弃自己既有的立场,甚至担心寻求更多的解决方案会泄露自己的信息,减低讨价还价的力量。其二,只追求单一的结果。谈判者往往错误地认为,创造并不是谈判中的一部分,谈判只是在双方的立场之间达成一个双方都能接受的点。其三,误认为一方所得,即另一方所失。许多谈判者认为,谈判具有零和效应,给对方所作出的让步就是我方的损失,所以没有必要再去寻求更多的解决方案。其四,谈判对手的问题始终该由他们自己解决。许多谈判者认为,谈判就是要满足自己的利益需要,替对方着想的解决方案似乎是违反常规的。

针对上述谈判的误区,我们认为,如何创造性地寻求双方都接受的解决方案就是谈判的关键所在,特别是在双方谈判处于僵局的时候更是如此。双方都是赢家的谈判才能使以后的合作持续下去。双方也会在合作中各自取得自己的利益。

使谈判者走出误区的谈判思路和方法：其一，将方案的创造与对方案的判断行为分开。谈判者应该先创造方案，然后再决策，不要过早地对解决方案下结论。比较有效的方法是采用所谓的"头脑风暴"式的小组讨论，即谈判小组成员彼此之间激发理想，创造出各种想法和主意，而不是考虑这些主意是好还是坏，能否实现。然后再逐步对创造的想法和主意进行评估，最终决定谈判的具体方案。在谈判双方是长期合作伙伴的情况下，双方也可以共同进行这种小组讨论。其二，充分发挥想象力，扩大方案的选择范围。在上述小组讨论中，参加者最容易犯的毛病就是，觉得大家在寻找最佳的方案。而实际上，这是在激发想象阶段，并不是寻找最佳方案的时候，我们要做的就是尽量扩大谈判的可选余地。此阶段，谈判者应从不同的角度来分析同一个问题。例如，在达成协议方面，如不能达成永久的协议，可以达成临时的协议；不能达成无条件的，可以达成有条件的协议等。其三，找出双赢的解决方案。双赢在绝大多数的谈判中都是应该存在的。创造性的解决方案可以扩大双方利益的需要。这就要求谈判双方应该能够识别共同的利益所在。每个谈判者都应该牢记：每个谈判都有潜在的共同利益；共同利益就意味着商业机会；强调共同利益可以使谈判更顺利。另外，谈判者还应注意谈判双方兼容利益的存在，即不同的利益，但彼此之间的存在并不矛盾或冲突。其四，替对方着想，让对方容易作出决策。让对方容易作出决策的方法是：让对方觉得你诚心诚意，提出的解决方案既合法又正当；并让对方觉得解决方案对双方都公平。另外，在国际商务谈判中，国外客商比较重视先例，因此，对方的先例也是一个让对方作出决策的原因之一。

2. 创造双赢方案的"三步曲"

商务谈判中谈判的双方虽然不是敌对的关系，但是也存在利益的冲突和矛盾。在谈判的实践中，经常看到谈判者会陷入难以自拔的境地：要么谈判陷入僵局，要么双方在达成协议后总觉得双方的目标都没有达到或者谈判一方总有似乎失掉了一场对局的感觉。究其原因是，两方的谈判者没有能够在有限的谈判时间内充分掌握谈判的原则与技巧，使双方的利益得到最大化；同时，双方也没有意识到，成功的谈判要求谈判者除了熟练掌握商务谈判的专业内容之外，还要遵循一定的科学方法与步骤来控制谈判的进程。

因此，在这里介绍一个国外许多成功的谈判者都遵循的谈判的步骤与原则，即商务谈判三步曲。商务谈判三步曲包括：申明价值(Claiming value)、创造价值(Creating value)和克服障碍(Overcoming barriers to agreement)三个进程。商务谈判三步曲是给每一位商务谈判者提供一个有效掌握谈判进程的框架。许多著名商学院都是遵循这样的"三步曲"训练学生的谈判技巧与能力。见表1-2所示。

表 1-2　商务谈判三步曲

三步曲	阶段	内容	方法
申明价值	初级阶段	谈判双方彼此充分沟通各自的利益要求。申明能够满足对方需要的方法与优势所在，此阶段的关键是弄清楚对方的真正需求。	多向对方提出问题，探询对方的实际需要；与此同时也要根据情况申明我方的利益所在。因为你越了解对方的实际需求越能够知道如何才能满足对方的要求，同时对方知道了你的利益所在，才能满足你的需求
创造价值	中级阶段	双方彼此沟通，申明了各自的利益所在，了解了对方的实际需要。但是此协议不一定对双方都是利益最大化，可能并不是最佳方案	谈判中双方需要想方设法去寻求更佳的方案，为谈判各方找到最大的利益，创造价值
克服障碍	攻坚阶段	谈判的障碍来自两个方面：一是谈判双方彼此利益存在冲突；二是谈判者自身在决策程序上存在障碍	第一种障碍是需要双方按照公平合理的客观原则来协调利益；第二种障碍就需要谈判无障碍的一方主动去帮助另一方能够顺利决策

(1)申明价值。申明价值为谈判的初级阶段。此阶段的关键步骤是弄清对方的真正需求，因此其主要的技巧就是多向对方提出问题，探询对方的实际需要；与此同时也要根据情况申明我方的利益所在。因为你越了解对方的真正实际需求，越能够知道如何才能满足对方的要求；同

时对方知道了你的利益所在,才能满足你的要求。在申明价值的阶段,应该注意,不能像有些人的所谓"商务谈判技巧",总是诱导谈判者在谈判过程中迷惑对方,不让对方知道你的底细和你的真正需要与利益所在,有的人甚至想方设法误导对方,生怕对方知道了你的底细,会向你漫天要价。我们认为,这并不是谈判的一般原则,如果你总是误导对方,那么可能最终吃亏的是你自己。

(2)创造价值。创造价值为谈判的中级阶段。此阶段双方通过彼此沟通,了解了各自的利益所在和对方的实际需要。但是,此协议并不一定对双方都是利益最大化。也就是说,利益在此往往并不能有效地达到平衡。即使达到了平衡,此协议也可能并不是最佳方案。因此,谈判中双方需要想方设法去寻求更佳的方案,为谈判各方找到最大的利益,这一步骤就是创造价值。创造价值的阶段,往往是商务谈判最容易忽略的阶段。一般的商务谈判很少有谈判者能从全局的角度出发去充分创造、比较与衡量最佳的解决方案。因此,谈判者总觉得谈判结果不理想,没有能够达到"赢"的感觉,或者总有一点遗憾。由此看来,采取什么样的方法使谈判双方达到利益最大化,寻求最佳方案就显得非常重要。

(3)克服障碍。克服障碍是谈判的攻坚阶段。谈判的障碍一般来自两个方面:一个是谈判双方彼此利益存在冲突;另一个是谈判者自身在决策程序上存在障碍。前一种障碍需要双方按照公平合理的客观原则来协调利益;后者就需要谈判无障碍的一方主动去帮助另一方能够顺利决策。在克服障碍阶段,双方应弄清结症所在,化解矛盾达成协议。

以上我们谈到的商务谈判三步曲是谈判者在任何商务谈判中都适用的原则。商务谈判的三步曲为我们掌握商务谈判进程提供了可以遵循的基本框架。申明价值可以使我们了解谈判双方的各自需求,创造价值可以使我们达到双赢的目的,克服障碍使我们顺利达成协议。只要谈判双方都牢记这一谈判步骤,并有效地遵循适当的方法,就能够使谈判的结果达到双赢,并使双方利益都得到最大化。

为了理解商务谈判三步曲,我们给大家讲一个在谈判界广为流传的经典小故事。有一位妈妈把一个橙子给了邻居的两个孩子。这两个孩子便讨论起来如何分这个橙子。两个人吵来吵去,最终达成了一致意见,由一个孩子负责切橙子,而另一个孩子选橙子。结果,这两个孩子按照商定的办法各自取得了一半橙子,高高兴兴地拿回家去了。

第一个孩子把半个橙子拿到家,把皮剥掉扔进了垃圾桶,把果肉吃了。另一个孩子回到家一吃是酸的,他不能吃酸,只好把果肉挖掉扔进了垃圾桶,把橙子皮留下来磨碎了,混在面粉里烤蛋糕吃。

从上面的情形,我们可以看出,虽然两个孩子各自拿到了看似公平的一半,然而,他们各自得到的东西却未物尽其用。这说明,他们在事先并未做好沟通,也就是两个孩子并没有申明各自利益所在。没有事先申明价值导致了双方盲目追求形式上和立场上的公平,结果,双方各自的利益并未在谈判中达到最大化。

如果我们设想,两个孩子充分交流各自所需,或许会有多个方案和情况出现。可能的一种情况,就是遵循上述情形,两个孩子想办法将皮和果肉分开,一个吃果肉,另一个拿皮去做烤蛋糕。然而,也可能经过沟通后是另外的情况,恰恰有一个孩子既想要皮做蛋糕,又想吃果肉。这时,如何能创造价值就非常重要了。

想要整个橙子的孩子提议可以将其他的问题拿出来一块谈。他说:"如果把这个橙子全给我,你上次欠我的棒棒糖就不用还了。"其实,他的牙齿被蛀得一塌糊涂,父母上星期就不让他吃糖了。

另一个孩子想了一想,很快就答应了。他刚刚从父母那儿要了五块钱,准备买糖还债。这次他可以用这五块钱去打游戏,才不在乎这酸溜溜的橙子呢。

两个孩子的谈判思考过程实际上就是不断沟通,创造价值的过程。双方都在寻求对自己利益最大的方案的同时,也满足对方的最大利益的需要。

商务谈判的过程实际上也是一样。好的谈判者并不是一味固守立场,追求寸步不让,而是要与对方充分交流,从双方的最大利益出发,创造各种解决方案,用相对较小的让步来换得最大的利益,而对方也是遵循相同的原则来取得交换条件,双方应尽量先把各自的利益扩大。在满足双方最大利益的基础上,如果还存在达成协议的障碍,那么就不妨站在对方的立场上,替对方着想,帮助扫清达成协议的一切障碍。这样,最终的协议是不难达成的。①

在商务谈判中,为了扩大双方的总体利益,有时会遇到对传统做法的挑战。当然,对涉及双方的基本原则和立场一般不能作出让步,但对一些传统的规定及做法,是可以通过谈判予以调整的。例如,某国曾向我国某一项目提供了一笔数额较大的政府贷款,根据当时有关规定,贷款合同一经生效,该贷款额就已经全部筹集好并存放在指定银行里,不得挪作他用,借款者则根据需要去提用。为了催促借方按期完成项目的进度,对未提用的部分则需支付承诺费。由于这笔贷款数额很大,而且计划用款时间相当长,前后历经 6 年,经计算,所需支付的承诺费数额将十分可观。为此,我们认为,有关支付承诺费的计算方法只是一种传统规定而已,不是原则问题,是可以与外方进行谈判的。我们提出,把这笔贷款按年度分成六部分使用,根据工程用款计划,对方按年度将资金先后调拨到位。每一年的额度若没有用完,应按当年未用部分计算承诺费,而以后若干年的贷款额则不计在内。经过谈判,双方认为这样做对彼此都有利。因为对中方来说,不仅可避免支付一笔可观的承诺费,而且可以使贷款的实际使用额增加;而对外方来说,资金逐年到位更容易些,它也可以将其余资金投入其他方面取得效益,从而帮助贷款国降低了成本。于是外方接受了我们的要求。这样我方就节约了几百万美元。可见蛋糕做大了,双方的立场接近了许多,有利于以后谈判的进行。

又如,有一个水电工程项目,中方业主争取到一笔数额很大的优惠贷款,业主就水电设备采购选择供货厂商时,为便于统一标准以利于评估,按照国际惯例,同意由各国厂商用信用证支付方式报价,最后 T 公司中标。当供货合同将要签字时,业主内部就付款方式产生了分歧。通常情况下,利用这类国外贷款我方都是以托收方式付款的,因为采用信用证方式付款,我方没有审单权,风险较大,而且另外开立信用证要支付较高的开证费,因此,提出改用托收方式付款。但是 T 公司对此表示强烈反对,他们提出他们原来的报价是基于信用证方式付款而计算的,若中方一定要改为托收方式,则合同价格要增加 110 万美元。原来 T

---

① 对外经济贸易大学国际经济贸易学院王健教授;网站 Website:www.ibb.com.cn。

公司若以托收方式收款,其间隔时间比信用证方式收款要长10天左右,即T公司每次收款从提交收据到实际收到货款都要比原来支付方式长10天左右,这就意味着要多占用其资金10天,即等于它要承担大致相当于向银行借款10天所需付利息的资本成本,整个供货合同分8次付款,则累计起来中标者差不多要多承担110万美元的银行利息。中方业主为此请教银行专家,设法做到了开立信用证的费用与托收方式支付的银行费用相近。同时为了减少风险,中方业主已与供货商谈定,并得到双方开户银行确认,有关信用证方面的条款将确保把真正的支付地点放在中国。所以在这样的条件下,中方业主内部很快统一了思想,一致同意采用信用证方式向中标厂商付款,由此加快了向外方的付款时间,避免了外方所要承担的额外费用,同时又使我方避免了因合同价格提高而带来的损失。

这两个例子仅仅反映了"把蛋糕做大"的某些侧面。在商务谈判中,如果通过双方的努力把"蛋糕"做得足够大,那么其他方面的利益及其划分问题就显得相对容易多了,从而可以达到双赢。①

第四节 国际商务谈判的构成要素

谈判的构成要素是构成谈判活动的必要因素,也是谈判得以进行的基本要素。谈判人员只有从整体上认识谈判的各项构成要素,才能从全局上把握谈判的主动权,使己方在谈判的进程中做到有的放矢、攻防有度、进退自如,从而达到谈判的预期目的。

从广义的角度来看,谈判的构成要素包括:谈判主体、谈判客体(谈判议题)、谈判信息、谈判时间、谈判地点。

---

① 张福春、孙庆和:《实用商务谈判大全》,企业管理出版社,2000年第一版,第8页。

一、谈判的主体

谈判主体,即谈判的当事人。

作为谈判主体,可以是自然人,也可以是经组合而成的一个团体,可以是双方,也可以是多方,他们可以只代表谈判人员自身的利益,也可以代表一个组织、一个地区或一个国家的利益。国际商务谈判的主体构成是非常广泛的。

谈判是双方或多方利益的较量,参加谈判者必须对自己的言行负法律责任,否则已完成的谈判无效。因此,当谈判并不单是为了自身或小团体的利益,而是涉及国家、地区或组织利益时,严格认定主体的资格就显得十分必要。

谈判的主体可以划分为关系主体和行为主体。

(一) 关系主体和行为主体

1. 关系主体

谈判的关系主体是指有资格参加谈判,并能承担谈判后果的国家、组织、自然人及其能够在谈判或在履约中享有权利、承担义务的各种实体等。

其主要特征为:(1)关系主体必须是谈判关系的构成者,谈判的代理人不能成为谈判关系的构成者;(2)关系主体必须具有谈判资格和行为能力;(3)关系主体必须能够直接承担谈判的后果,谈判的代理人不承担谈判的后果。

2. 行为主体

谈判的行为主体是指通过自己的行为完成谈判任务的人。其特征是:(1)行为主体是以自然人的身份亲自参加谈判,经济组织或法人实体不是自然人,不能成为行为主体。(2)行为主体必须通过自己的行为来直接完成谈判任务。谈判的关系主体是自然人并亲自参加谈判,才是行为主体,如果谈判的关系主体委托别人谈判,自己不亲自参加谈判也不是谈判的行为主体。(3)行为主体受关系主体的委托亲自参加谈判时,必须正确反映关系主体的意愿,并在关系主体授权的范围行事,由此产生的谈判后果,关系主体才能承担。谈判的关系主体与行为主体有时是同一个人,有时是分离的。

3. 关系主体与行为主体的关系

关系主体与行为主体既有联系又有区别:

(1)二者的联系表现在:

①关系主体的意志和行为必须借助于谈判的行为主体来表示或进行,仅有关系主体而无行为主体的谈判无法进行。②当谈判的关系主体是自然人并亲自参加谈判时,二者是完全吻合一致的。③当二者不一致时,即谈判的关系主体不在现场,而委托行为主体代表时,行为主体必须正确反映关系主体的意愿,并在关系主体授权的范围行事,由此产生的谈判后果,关系主体才能承担。

(2)二者的区别表现在:

①关系主体可以是自然人,也可以是国家、组织或其他社会实体;而谈判的行为主体则必须是有行为能力的自然人。②关系主体对谈判的后果承担主要责任;而行为主体只出席谈判活动,不承担谈判责任。

由以上分析可以看出谈判的关系主体和行为主体是有严格区别的,在谈判中地位不同责任也不同,因此在审定谈判者资格时,也必须对关系主体和行为主体进行甄别,以避免经济损失。

(二)谈判主体的资格审定

国际商务谈判总是涉及彼此的经济利益,为了保证谈判的成功,避免失误,谈判之前必须审查对方的主体资格。在现实生活中,常常发生谈判快要结束,或是谈判后出了问题才发现对方主体不合格。为了避免这一情况的发生,在一些重要的国家间的谈判、经济实体间的谈判中,参加谈判的各方都要首先提交全权证书,经过彼此校阅,确认其正确无误后,才能开始会谈。例如,1978年"中日和平友好条约"会谈,两国外长相互校阅了全权证书后才进行谈判,这对谈判前把好主体关是很重要的。主体的资格审定,包括对关系主体和行为主体的审定。

对谈判关系主体的审定应该注意:谈判关系主体必须是以自己的名称参加谈判并能够承担谈判责任。比如,有否法人资格,以及与法人资格相应的签约、履约能力,注册公司的详细情况,公司的诚信程度等行为能力。

对谈判行为主体的审定应该注意：谈判前必须核准落实谈判行为主体是否有权参加谈判，并能通过自己的行为很好地完成谈判任务。行为主体的谈判行为必须严格控制在谈判关系主体所授权的范围内行事，不得超越。谈判关系主体在选择、委托行为主体时，要选择能够反映关系主体意志，并能保证在关系主体所授权范围内严格执行命令，品质良好，诚实可靠的行为主体。

审查对方主体资格，可以通过直接或间接的途径了解对方。要求对方提供谈判资格审定的有关资料、证件。例如，自然人的身份证、护照等，资信和代理权方面的证件，在与外方合资的谈判中，则需要对方提供各种设备、技术等证明，并对外方的履约能力进行调查。

例如，内地某公司（以下称甲方）与香港某承建有限公司（以下称乙方）经过若干轮谈判，于1981年5月18日正式签约，由乙方负责某酒楼的建筑工程。合同规定：该工程总建筑面积1140平方米，预算总造价为1247万元，按甲方建筑工程设计院设计图纸施工，质量规格要符合在8级震区使用的条件。同年9月25日第一期工程完工，甲方验收时，发现已完工部分的质量不合格，甲方就工程质量问题与乙方发生严重争执，甲方被迫向当地法院起诉。法院受理此案后，通过香港某律师行的协助，对乙方的资信作了调查，结果发现：乙方确实系在香港特区政府注册的有限责任公司，但注册资金仅有2000元港币，根据法律规定，有限责任公司承担责任的能力仅限于其注册资本。这意味着，即使甲方胜诉，乙方无论给甲方造成多大的损失，其赔偿额的最高限也仅限于2000元港币。甲方得知该详情后，不得不放弃赔偿要求，转而要求解除合同。最后，法院依照甲方的要求，以被告的权利能力和行为能力不足为由，终止了合同，甲方只追回了已付给乙方的全部定金，其他损失只有自己承受。从案例看到，甲方受损的根本原因在于，谈判前没有查清乙方的关系主体资格，尽管合同中对工程造价、质量条款均已作出规定，也不能避免自己的损失。①

---

① 万成林、舒平：《营销商务谈判技巧》，天津大学出版社，1995年，第345页。

二、谈判的客体（谈判议题）

谈判议题是指在谈判中双方要协商解决的问题，是谈判者利益要求的体现。

谈判议题是谈判的起因、谈判的目的、谈判的内容，是谈判活动的中心。没有谈判议题，谈判就无法进行。

一个问题要成为谈判议题，大致需要以下几个方面：

1. 对于双方的共同性

国际商务谈判的议题必然涉及双方或多方的利害关系，必须是双方共同关心并希望得到解决的；否则就不能成为谈判议题，谈判也就无从谈起。

2. 具备可谈性

对双方来说谈判时机要成熟。在现实生活中，本该坐下来谈判的事，一直未能真正去做，这主要就是因为谈判的条件尚未成熟。这样的情形是不少见的，两伊战争一直打了10年，其间许多国家都呼吁双方不要诉诸武力而应采用和平谈判的方式解决争端，然而，交战双方的代表真正坐到谈判桌旁时，已经过去10个春秋。谈判时机的成熟是谈判各方得以沟通的前提，当然，成熟的时机也是人们经过努力才可以逐步达到的。

3. 具备合法性

具备合法性即应符合有关法律规定。各国间的经济贸易一般是在公开、合法、接受有关国家海关监督管理或在有关国家政府批准同意的基础上进行的谈判，但是在国际商务谈判中的确存在一些违法的经济贸易谈判活动。例如，私人间买卖武器弹药、毒品、国家保护的文物古董等，这些活动是法律明文规定禁止交易的。所以，谈判的议题必须是法律所允许的，受到诸如法律、政策、道德等内容的制约。

在社会生活中，谈判的议题几乎没有限制，一切涉及利益的问题，都可以成为谈判的议题。谈判议题具有多样性，其谈判的复杂程度也不同。国际商务谈判是以经济目的为谈判议题的谈判，涉及的谈判内容很多，例如，货物买卖谈判议题包括：商品的品质、数量、包装、装运、保险、检验、价格及支付、保证条款、索赔等内容。

三、谈判信息

谈判信息是谈判前和谈判进行中不可缺少的，离开了全面、准确、及时的信息，决策者便无法制定谈判策略，主谈者便无法找准最佳入题点及谈判表达方式。知己知彼是任何谈判者所追求的，正确的信息是产生正确的判断和决策的前提。信息的失真则会导致决策的失误。应该把信息的获取、分析及综合视作谈判整个过程中一项十分重要的工作。例如，20世纪90年代初，韩国首尔一家公司与美国达拉斯一家公司同时参与二项计算机项目的投标。当时两家公司的实力可谓旗鼓相当。但在正式投标前，韩国公司搜集到美国公司的价格信息。于是它及时改变了原先较高报价的投标方案，而用比后者略低的价格竞投，结果中标，使美国公司在这场特殊形式的谈判中不得不承认失败。

又如，1993年7~8月发生的"银河"号轮船事件，美国以其不准确的情报为由，硬说中国"银河"号当时装载着制造化学武器前体（即原料）硫二甘醇和亚硫酰氯驶往伊朗，要求中国政府命令"银河"号返回出发地点，或由美国登船检查货物。美国政府当局说得振振有词，美国新闻媒介也大肆渲染，美国的军舰和飞机还公然在公海上对"银河"号的正常航行进行骚扰。中国为此与美国进行了多次谈判交涉。后由第三国派人登船验货检查，却没有发现任何美国所指控的化学物品，使美国在这场交涉中大感尴尬。国际舆论批评美国以其不准确的情报而"自取其辱"，让自己的"霸道行径暴露无遗"。以上正反案例说明信息的重要性。[1]

---

[1] 夏国政：《经济贸易谈判指南》，世界知识出版社，1999年，第159页。

四、谈判时间

谈判有无时间限制,对参加谈判的人员造成的心理影响是不同的。如果谈判有严格的时间限制,即要求谈判必须在短时间内完成,这就会给谈判人员造成很大的心理压力,那么他们就要针对紧张的谈判时间来安排谈判人员,选择谈判策略。由于谈判双方所承受的时间压力不同,一方可能可供谈判的时间较紧,另一方则可能时间较宽裕或基本不受时间限制,这样双方选择的谈判策略就会有所不同。谈判中的时间因素还有另一个重要的含义,即谈判者对时机的选择与把握。时机选得好,有利于在谈判中把握主动权;相反,时机选择不当,则会丧失原有的优势,甚至会在握有一手好牌的情况下最后落败。

五、谈判地点

谈判总要在某一个具体的地点展开。谈判地点的选择,往往涉及一个谈判的心理环境的问题,它对于谈判的效果具有一定的影响,谈判者应当很好地加以理解运用。有利的地点、场所能够增强己方的谈判地位和谈判力量。谈判地点的选择与足球比赛的赛场安排比较相似,一般有四种选择方案,即主座、客座、主客座轮流、主客场以外的其他地点。

案例分析 1-2

山东 A 公司向日本某公司出口自产汽油添加剂 3000 吨。这是试订单,也是 A 公司第一次出口。日方认为中方产品价格有竞争力,品质也不差。只是添加剂是易燃易爆的液体,储存运输较危险,按运输危险等级系一级危险品。为了考察青岛港的储运情况,日方一行 5 人到 A 公司来谈判。A 公司领导、商务主谈及储运人员共 6 人参加了谈判。

中方产品价格、质量问题不大,双方很快就达成了共识,但就运输问题讨论了很长时间。从工厂到码头间的运输,再到码头储罐;从运输船的船型到输油的管子材料、工具,讨论得很细,甚至环境污染等细节也讨论到了。最后日方认为从安全出发,由其派船为宜,不过要求中方为其装船创造好岸上条件。

此外,还要求价格再优惠。对此,中方主谈为了省事,又急于做成第一笔生意,不假思索即表示:"可以考虑。"中方领导在一旁听后,马上纠正:"不行。"日方主谈随即问道:"贵方反悔啦?""不是反悔,而是讨论。"于是,日方主谈反过来与中方领导讨论运输条件。中方领导认为:创造装船条件可以,但再降价有困难。日方认为:自己尽的义务大,中方应奖励。结果讨论延续了一个小时,中方主谈在旁静静听着,略显些许尴尬。

问题:
(1) A 公司与日本某公司进行的是何种谈判?
(2) 该谈判的构成要素是什么?
(3) 对中方主谈与领导的表现做何评价?

资料来源:丁建忠,《商务谈判》教学指引,中国人民大学出版社,2003年第1版,第5页。

第五节　国际商务谈判的类型

国际商务谈判,从本质上说是来自不同国家或地区的商务人员协商交易条件的过程。国际商务活动中可交易的项目、品种极为广泛,涉及的谈判内容不同,谈判的形式也就不同。根据不同的标准,可以将国际商务谈判划分为不同的类型。划分的目的,在于根据各种类型的不同特征和要求组织谈判,采取有效的谈判策略,提高谈判人员的能力,增强自觉性,减少盲目性,争取谈判的主动权,可以说对谈判类型的把握是谈判成功的起点。

一、按参加谈判的人员规模,分为双边谈判、多边谈判

双边谈判是指谈判有两个当事方参加的谈判。例如,在两个国家的两个利益主体之间或跨国集团与当事国之间就商品买卖或合资项目进

行的谈判。双边谈判的特点为：一般来说双方利益划分较为简单明确，因而谈判也比较容易把握。国际商务谈判大多数是双边谈判。

多边谈判是指有三个或三个以上的当事方参加的谈判。随着经济全球化的发展，各国间的经济、文化、科技交流范围越来越广泛，多边谈判越来越多。例如，关税与贸易总协定的各种谈判在数十个甚至上百个国家和地区之间进行。多边谈判的特点为：由于参与方多，其谈判条件错综复杂，需要顾及的方面就很多，也难以在多方的利益关系中加以协调，这样就增加了谈判的难度。比如，在建立中外合资企业的谈判中，如果中方有几家企业，外方也有几家企业，谈判起来就比较困难，因为各方先要协商本方的利益矛盾，寻求一致以后，才能与对方谈判。因此，在多边谈判中，某些特定的问题需要特定的方式解决，常常需要举行一些双边谈判。

二、按商务交易地位，分为买方谈判、卖方谈判、代理谈判

买方谈判是指以购买者的身份参加谈判（购买商品、服务、技术、证券、信息、不动产等）。买方谈判的特征为：(1)重视情报的搜集，"货比三家"。例如，卖方的技术水平、质量与市场价格等情况。通过"货比三家"确定自己的谈判目标，这种"搜集情报"的工作，主要反映在谈判的准备阶段，甚至贯穿整个谈判过程。(2)极力压价。买方总想少花钱多办事，追求更优惠的价格，在交易中总是极力压低对方价格，即便是老商品、老的供货渠道，买方谈判也会如此。若是"初次"交易，讨价还价就更艰苦。(3)审势压人。买方总想买得便宜，总会度量双方的地位强弱，以此来调整自己的谈判态度。国际市场一般是买方市场，"买方是上帝"，"褒贬是买主"。尤其是当市场上有多个供货渠道时，买方更会"评头论足"，对卖方施加压力。只有某些短缺或垄断的商品，或买方求购心切时，买方才会听任摆布。买方压对手降价，可谓买方谈判的鲜明特征。

卖方谈判是指以供应者的身份参与谈判（提供商品、证券、服务、不动产等）。卖方谈判的特征为：(1)主动性强。卖方身系企业，为了迅速把商品转化为资金，交易心切，所以其谈判的主动性较强。(2)虚实相

映。卖方为了卖好价钱,谈判时表现为诚恳与强硬并用,介绍情况时真真假假,若明若暗兼而有之。为了拉住对方,介绍些真情;想卖高价,又要掺些水份,让人感到说不清实际价值。作为买方应注意识别哪是真,哪是假,争取好的成交价。(3)紧疏相兼。为了克服买方的压力和加强卖方的地位,往往采取时而"紧锣密鼓",似急于求成,时而又按兵不动,观察买方动静。采取这种形式,对卖方来讲,可以加强谈判地位,也利于考虑各种方案或结果的细节,争取谈判成功。

代理谈判是受当事人委托参与某项交易或合作的谈判。代理分为全权代理资格和只有谈判权而无签约权两种情况。代理谈判资格的主要特征为:(1)权限观念强。代理人必须在当事人授权范围内行事,否则,他也负不起责任。有经验的代理人,总是谨慎地、准确地在委托范围内行事。(2)积极主动性强。由于代理人地位居中,为了取得委托人的信任,让委托人对代理谈判人产生信心,并且让谈判对方感到代理谈判人的实力,客观上决定代理人的态度应是充满活力,积极进取,从而给予他更大谈判余地。(3)超脱客观。由于代理人不是交易的所有者,谈判中较为超脱、客观,并且有时还采取貌似公正的手段,以迷惑、说服对手,以"第三者身份"来评论卖买两方条件,取得谈判的成功。

三、按谈判双方接触的方式,分为口头谈判、书面谈判、电话谈判

口头谈判是指买卖双方面对面地直接用口头语言交流信息、协商条件。一般包括企业派出业务员到对方登门谈判、邀请客户到本企业谈判或到第三地谈判等。口头谈判是各种谈判运用得最多的一种形式。口头谈判的特征:(1)便于成交。口头谈判双方当面洽谈交易,各方提出的条件和各种不同意见,都可以详细地作出说明,便于双方相互了解,促成交易。(2)便于利用感情成交。谈判人员面对面口头交流便于双方互相了解,增进感情,在一些谈判中有些妥协让步完全出于感情因素。(3)便于发挥谈判团队整体优势。谈判人员在知识、能力、经验等方面相互补充、协调配合,提高整体谈判的能力。(4)便于调整策略。面对面的

口头谈判使双方都可以觉察对方表情和动作,掌握心理,借以审察对方的为人及交易的诚实可靠性,利于有针对性地调整策略。

书面谈判是指买卖双方利用文字或图表等书面语言交流信息、协商条件。书面谈判一般通过交换信函、电报、电传、传真、电子信息符号等方式就有关问题进行磋商,求得一致意见。例如,国际贸易中通过函电进行询盘、发盘、还盘、接受等就是书面谈判的一种形式。书面谈判方式适应于交易条件比较规范、明确、内容比较简单,谈判双方彼此比较了解的谈判。对一些内容比较复杂,随机多变而双方又缺少必要的了解的谈判是不适用的。书面谈判的特征为:(1)利于思考和审慎决策;(2)表达准确、郑重,利于遵循;(3)不容易偏离主题;(4)费用低,利于提高谈判的经济效益等。书面谈判切忌马虎大意,对谈判人员的书面表达能力和工作作风要求较高。

电话谈判是指通过电话就经济贸易中的某项交易进行的口头磋商。这种谈判双方互不见面,又相隔遥远,一般多在彼此了解的客户或合作者之间进行。电话谈判的优点为:谈判迅速,可以避免长途旅行,节省开支;缺点为:电话谈判常因对答仓促,难做完整的纪录,容易引起误解和产生纠纷。

四、按参加谈判的人数规模,分为小型谈判、中型谈判、大型谈判

小型谈判、中型谈判、大型谈判的划分是相对而言的,没有严格的界限。通常以各方台上的谈判人员的数量为依据。一般各方在12人以上的为大型谈判,4~12人的为中型谈判,4人以下的为小型谈判。

小型谈判的特点是,参加的人数不多,议题简单,延续的时间较短。例如,在国际贸易中就商品买卖的谈判只需双方接触一两次,就彼此需要了解的事项作出说明和承诺,即可达成交易。

大型谈判的特点是,参加谈判的人数多,涉及的谈判的项目、内容、背景相对复杂,谈判本身意义重大,因而需要充分做好各项工作的准备。例如,班子的配备、班子的组织、信息的准备、物质的准备,以及制定

全面的方案、规划,选择有效的谈判策略等。

五、按政府的参与程度,分为民间谈判、官方谈判、半官半民谈判

民间谈判是指谈判各方的代表由私营企业、群众团体或组织指派。这类谈判在西方国家相当普遍。谈判活动是企业本身业务活动,不涉及政府,交易的内容纯属两个或多个私营企业的经济利益的谈判。谈判所达成的协议、签订的合同不代表国家,不属于1969年《维也纳条约法公约》调整范围。民间谈判的特点为:(1)灵活性大。由私人企业独立进行,无需请示政府。老板当家,谈判中的条件可以很快由个人决定,不必经过许多程序。(2)重视私交。在谈判中,注重企业之间、领导人或谈判人之间的私交。私人关系较深,谈判成功的希望大,反之则难。(3)计较多。私人企业靠利润生存,民间谈判是双方的得失,唇枪舌剑之中均斤斤计较。由于私人企业谈判灵活性大,程序比较简单,在特殊情况下,有的官方谈判也以民间方式出现,如1952年6月1日中国和日本签订的贸易协定就是通过"民间性质"的经贸谈判达成的。

官方谈判是指谈判各方的代表由有关政府或由有关政府下属的企事业单位委派,所涉及的内容具有官方的性质。负责此类谈判的当事人可以是政府机构,也可以由国家的控股企业承担,甚至可委托私营企业去执行。例如,(1)关系世界范围的谈判,"关税与贸易总协定的各轮谈判";(2)两国间的谈判,"日美贸易谈判"、"中美知识产权保护谈判";(3)国家与企业的谈判,"中国国家经委主持的与德国西门子公司的合作谈判";(4)企业间的谈判,"中国首都钢铁公司与巴西亚马逊钢铁厂的谈判",等等。官方谈判的特点为:(1)内容重大。一般都是关系到谈判各国或地区的政治、国防、外交等国家大事要事,关系到国计民生的经贸问题以及大型项目或政府采购。(2)谈判人员职级高、实力强。官方谈判,要处理的问题责任重大,参加或主持谈判的人均有一定的级别,就是其普通的谈判助手也多为主管处的处长或老练成熟的业务员。(3)保密性强。由于官方谈判的内容与各方利益攸关,各方对谈判的保密性要求很严,均会在谈判开始前,就明确了保密要求及保密的具体条文。(4)节奏快。参加官方谈判的成员所属的部门级别高,谈判人员素质好,均决定了其谈判速度快,往往是连续作战,一气呵成。(5)信息整理快。在官方性谈判中,双方的主谈者和助手,都十分注重将双方的意见边谈边编写,及时整理成文,并译成相应语言供本方研究。(6)用语礼貌。官方代表位居高职,身兼重任,其素质和修养均决定了自控能力很强。为了体现国家的形象,均会很谨慎地参与或引导谈判。国际商务谈判,不能像政治事件谈判那样针锋相对,互不相让,言辞犀利,态度冲动。若对对手的条件十分不满,也不会暴跳如雷,出言还会很和气。

半官半民的谈判是指谈判人所负担的谈判任务涉及官方和民间两方面的利益,或者官方人员和民间人士共同参加的谈判,或受官方委托以民间名义组织的谈判等。官方民间活动主要是涉外经济贸易活动。这种谈判既涉及企业的利益,又涉及政府部门的活动。有时候,为突出政府对某项活动的支持,由有影响的政府负责人以官方机构代表的名义,或以私人身份,率领社会团体或私营企业的代表团(组)开展对外经济贸易谈判;有时候,为了突出非官方形象,政府委托某个企业以私营的名义去组织某项谈判活动,而由政府代表跟踪或参与谈判活动。半官半民的谈判的特点一般表现为:(1)制约因素多。谈判需要兼顾官方民间双重意图及利益,处理不好会引起矛盾。(2)弹性大。半官半民的经贸谈判既可兼顾官民两方,又可根据情况突出其中的一个因素,因此解决问题弹性大。

六、按谈判地点,分为客座谈判、主座谈判、客主座轮流谈判

客座谈判是指在谈判对手所在地组织有关的谈判。"客座"在国际商务谈判意义上讲是在"海外或国外"。谈判人员身处异国他乡,会有拘束感,若系初次出征或初到该国,许多陌生的东西造成无形阻碍和各种条件的限制,会给刚开始谈判造成许多困难。在环境不利的情况下,谈判人员应冷静思考,认真分析谈判对手的情况,针对谈判对手的情况,果断采取不同的应对策略,审时度势、反应灵活,发挥自己的优势,使自

己由被动变为主动,圆满完成谈判任务。

主座谈判是在自己所在地组织谈判,是不离开自己熟悉的生活环境,不离开谈判人所在的机构或企业,是在自己做主人的情况下组织谈判。主座谈判给主方带来诸多方便,例如,谈判的时间表比较自如、各种谈判资料容易收集、有了新问题请示比较方便、场内外好配合等,从而使主座谈判人充满自信,谈起来自如,应变力较强,如果能很好运用谈判策略和技巧就能使谈判朝着有利于自己的方向发展。主座谈判应注意必须礼貌待客,给对方提供各种方便,做好谈判的一切准备工作,当好东道主。

客主座轮流是指在一项商业交易中,谈判双方交换地点的谈判。客主座轮流谈判情况的出现,一般是交易复杂的不寻常的买卖,而且拖延的时间较长,至少不会是单一小额的商品买卖。它可能是大宗的商品交易,也可能是成套项目的进出口。这种谈判,对交易效果影响也较大。因此,当交易谈判进入客主座谈判的状态时,双方主谈人必然会考虑时间表对双方利益的影响。主座客座更换,一般换座不换帅,但有的情况也可能引起将帅的更换。

第三地谈判是指谈判在双方以外的地方进行的谈判。这种谈判对任何参加谈判方都没有"主""客"之分,享有同等的谈判气氛,但有可能使第三方介入,使谈判各方的关系发生微妙的变化。

七、按谈判中双方采取的态度和方针,分为让步型谈判(或称柔性谈判)、立场型谈判(或称硬式谈判)、原则型谈判(或称价值型谈判)

让步型谈判即把对方当作朋友,而不是当成对头;强调的不是占上风而是互相信任,互作让步建立良好的关系;强调的不是我方压倒你方而是随时准备为达成协议而让步。谈判的目的是要达成协议而不是胜利,是为将来进一步扩大合作打好基础。在谈判中出现分歧时,常以友善的言语提出建议,或在有利于大局的情况下尽量作出妥协,避免与谈判对手摊牌。让步型谈判的一般做法是信任对方、提出建议、作出让步、保持友好、发展关系。

这种谈判方法的使用应有前提,那就是双方都以宽大、谦让为怀,谈判才有可能成功,谈判的成本和效率会使双方满意;否则,极容易使一方受到伤害。因而,在实际的商务谈判中,采用让步型谈判的方法是极少的,一般仅限于合作关系很好或为了长远利益的谈判。让步型谈判一般在眼前的"失"是为了长远的"得"的情况下使用才更有意义。

立场型谈判即视对方为劲敌,强调立场的坚定性,强调针锋相对。谈判诸方都以各自的实力,提出自己的条件,各方强调各方的意愿,申明自己的观点和立场不能改变,把谈判看成是一种意志力的竞赛,各方都想达成对己方更为有利的协议。在谈判过程中,出现困难和矛盾时,互不让步,或互要对方改变立场,甚至向对方施加压力,指责批评对方。这种谈判的结果往往使谈判陷入僵局,无法达成协议。即使某方屈服对方而被迫让步达成协议,其内心的不满会导致在以后履约中的消极行为,甚至想破坏协议的执行,从而会陷入新一轮的对峙,最后导致相互关系的破裂。

总之,立场型的谈判因双方陷入立场型争执的泥潭,不注意尊重对方的需要,很难达成协议。关贸总协定第八轮谈判中,美国与欧共体国家在农产品问题上的谈判就经常使用这种谈判方法。这种谈判在对方以势压人、玩弄阴谋、关系到本身特殊利益或竞争性商务谈判的情况下使用是必要的。

原则型谈判即要求双方将对方作为合作伙伴而不是作为敌人。谈判的出发点和落脚点均建立在公正的利益目标之上,取得谈判各方均感满意的结果。原则型谈判吸取让步型谈判和立场型谈判之所长,而避其极端,强调公平、公正的价值原则。它不像让步型谈判那样只强调关系而忽视利益的取得,也不像立场型谈判那样只强调自身利益的取得。原则型谈判要求谈判双方尊重对方的基本需要,寻求双方的共同点,寻找各种使双方各有所获的方案。

这种谈判方法强调以下几个基本要素:(1)谈判者要素,将谈判者与谈判的问题分开,摆脱个人(或己方)感情的左右,而将精力放在要解决的问题上。(2)利益要素,谈判双方将注意力集中于双方的利益,而不是各自的利益。(3)选择要素,在作出决策之前应设想各种可能的选择,寻求双方都能接受的方案。(4)标准要素,坚持将谈判结果建立在客观标准上,使双方都满意。这种谈判应在谈判双方相互尊重、平等协商;坚持公正、共同受益;以诚相待、相互理解;求同存异、互谅互让的情况下运用。

原则型谈判是一种既富有理性又富有人情味的谈判,与当代谈判强调的互惠合作的宗旨相符,受到世界各国谈判研究人员和实际谈判人员的推崇。这种谈判方法最早是由美国哈佛大学谈判研究中心提出,又称为哈佛谈判术。

八、从率团(组)者及团(组)中主要成员的政治经济社会地位的高低及其所代表的组织或机构的层次,分为高级谈判、一般谈判、低层次谈判

高级谈判是指由政界高层人士率团并由部分高级负责人士参加的谈判。在政治外交谈判中,常常有"政府首脑会议"、"国家元首会议"、"高峰会议"等形式;在国际商务谈判中,由于所涉及问题的重要性、复杂性和多面性,经常有由政府首脑、有关政府部门的首长或其他政治经济社会地位很高的人士亲自率团的情况。

一般谈判是指由经贸业务部门负责人或公司的负责人率团进行的经济贸易磋商。这种层次谈判在国际经济贸易活动中相当普遍。

低层次谈判是指由双方的公司部门或相关的政府部门的一般工作人员组成的经济贸易业务小组进行的磋商。在经济贸易活动中,经常有这类形式的工作小组开展活动。

九、按谈判有否预期性,分为定期谈判、不定期谈判、马拉松式谈判

定期谈判是指谈判诸方规定每隔一段时间就某些有关的问题举行会晤以调整利害关系的谈判。例如,世界各国的经济、贸易、技术混合委

员会不少是每隔一年或每隔两年举行一次会议,提出要求,谈判条件,修订协定。

不定期谈判是指谈判诸方根据形势的需要在经济贸易合作过程中,凡出现重大分歧或发生明显利害冲突而临时组织的调整政策、修订措施或协议条款的谈判。这种谈判,在时间上不固定,但谈判的方式和讨论议题的基调与定期谈判大致相同。

马拉松式谈判是指谈判双方或诸方经过旷日持久的磋商才勉强达成协议(甚至未达成协议)的谈判。这类谈判要么是谈判双方或诸方的观点分歧太大,要么是利害矛盾太深,要么是出于政治、军事、外交或世界市场行情变化等多方面的原因而造成拖延。从1993年夏到1994年9月底进行的日美贸易谈判断断续续进行好几轮,最终仅达成部分协议,就是有代表性的一例。

十、按谈判内容与目标的关系,分为实质性谈判、非实质性谈判

实质性谈判是指谈判内容与谈判目标直接相关的谈判。非实质性谈判是指为实质性谈判而事前进行的关于议程、范围、时间、地点、形式、人员等的磋商和安排;事中进行的有关各方面具体事项的联络和协调;事后进行的对协议拟作技术处理和其他善后工作等的事务性谈判。事实表明,谈判越是重要、复杂、大型、国际化,非实质性谈判与实质性谈判的关系就越密切,越不可轻视。所以,不能认为非实质性谈判是无关紧要的谈判。善于利用自身的主动性,对谈判的议程、范围、时间、地点等进行周密安排,往往能在实质性谈判还没有开始就已经事实上取得了主导和优势。这种主导和优势,有可能直接导致在实质性谈判中产生有利于己方的谈判结果。反之,某些稳操胜券的谈判,可能由于事前安排的一个小小疏漏或变动而酿成败局。因此,20世纪70年代以来,国际上越来越重视非实质性谈判给予实质性谈判的影响作用甚至是决定作用。

例如,美国曾以非实质性议题阻挠我国恢复在联合国组织中的合

法权利。1971年10月25日第二十六届联合国大会,以76票赞成、35票反对、17票弃权的压倒多数,通过了阿尔巴尼亚、阿尔及利亚等23个国家提出的恢复中华人民共和国在联合国组织中的合法权利和立即把蒋介石集团的代表从联合国一切机构驱逐出去的提案。在表决上述提案之前,美国继续提出了所谓从联合国驱逐蒋介石集团的代表是一个所谓"重要问题"需经2/3多数通过,企图加以阻挠。大会表决结果是:55票赞成59票反对、15票弃权,否决了该项提案。这两项提案的表决结果,终于使我国在联合国组织中的合法权利得以恢复。

然而,1949年10月1日中华人民共和国成立后,自1950年第五届联合国大会开始,许多友好国家每年都将恢复我国在联合国组织中的合法权利和驱逐蒋介石的代表的提案提交联合国大会讨论表决,并在1965年第二十届联大以47票赞成、47票反对、20票弃权可望获得通过和在1970年第二十五届联合国大会以51票赞成、49票反对、25票弃权获得了通过。

但是,面对各国人民同我国友好的历史潮流,当时美国等西方国家玩弄了非实质性议题的伎俩加以阻挠。他们先是从1951年第六届联合国大会开始提出"延期审议"提案,1956年第十一届联合国大会改为提出"不审议"提案,1961年第十六届联合国大会开始提出所谓"重要问题"提案。正是这一所谓"重要问题"提案阻挠了1970年第二十五届联合国大会通过的恢复我国在联合国组织中的合法权利的提案的生效。直至1971年第二十六届联大这一非实质性议题破产,我国在联合国组织的合法权利才最终获得解决。[①]

案例分析 1-3

据法力争

如何依据法律谈好合同条款,维护自己的权益;如何利用法律合理解决纠纷,不让对方钻空子搞欺诈;如何全面掌握有关的国际惯例和国

---

① 《历史潮流不可抗拒——我国在联合国的一切合法权利胜利恢复》,人民出版社,1971年。

际法规,绕避各国法律间存在的差异,提高解决争议的效力,是国际经贸谈判者应当具有的功底和应当掌握的武器。谁会运用这些法律武器,谁就可能在谈判中防范对方,保护自己,赢得胜利。1982年,中国天津制药工业公司与美国S公司的合资谈判就是一个相当生动的案例。

那场谈判涉及500万美元的合资事宜。美国S公司和天津制药工业公司都事先为谈判准备和提供了一份合同文本。然而谈判开始时,美方坚持要以它们的文本作为谈判的基础。中方代表团的法律顾问赵光裕律师看过S公司准备的合同文本之后,认为其中很多地方没有体现平等互利原则,只是想为美方谋取超额利润,而且很多条款与中国法律相冲突。是干脆拒绝好呢,还是谈判修改好呢?赵光裕把他和助手吕常胜、俞云鹤写的合同审议意见书又读了一遍,然后郑重地写下了最后意见:

"美方应根据中国法律重拟合同",并电告美方:"谈判需以我方合同文本为基础,否则不必来津。"

S公司代表到达天津后,会谈在天津友谊宾馆一号会议室进行。

"请问",会谈一开始美方代表杰克先生便提出了问题:"为什么要用你们的合同而不用S公司的?"天津制药工业公司的张经理微微一笑,然后向赵光裕律师侧过脸去,示意请法律顾问回答。

赵光裕看了看并排放在桌上的两个文本。抬起头来说道:"比较一下两个文本就可以看出,S公司的文本有些地方含混不清,而且很多地方与中国法律相冲突。这些问题在我方的文本中是没有的。"

"请您举个例子。"杰克先生显得不以为然地说。

赵光裕吸了一口气,显得端庄稳重却没有一丝笑容。他不慌不忙地说:"签订合资合同,必须先明确当事人,也就是我们是和谁合作。在S公司的文本中,有时是S公司,有时又是S.E.制药厂,这种做法是模棱两可的。那么到底由谁来承担本合同的权利和义务呢?"

"《中外合资经营企业法》的第四条规定",赵律师继续说道:"合资企业的形式为有限责任公司。有限责任公司是不能发行股票的。而贵方合同却要求发行并且可转让股票,这合适吗?"赵律师心里明白,如果股票转移到某些中国不承认的政府手里,那就成了中国公司与他们的合作,那将严重损害我国的外交立场。不过这些话赵光裕没有说出口。

"是这样吗？如果真是这样,那是不合适。"杰克先生打开两个文本核对着。

"还有,贵方要以工业产权进行投资这是可以的。但依照《合资法》第五条规定,它的价格要由各方评议确定。现在S公司的合同稿中却单方面的规定了价格和计价方法,这也是不合适的。而且,如果以工业产权作为投资,那么这一过程中的技术指导、技术咨询和检查,都是投资方的固有责任,不能另外计价。"赵光裕满有把握地放下文本,用强调的语气总结似地说道:

"类似这样的问题,在贵方文本中有29条之多,所以我们认为,以贵方文本作为谈判的基础是不合适的。"

说到这里,赵光裕看了看对方,等待他的反应。杰克先生低下头细看文本,过了片刻他抬起头来,带着一丝微笑说道:"因为没有参加前一段的双方接触,加上对中国法律了解不够,所以拟订的合同草案稿有不够合适的地方,你方的草案确实比我们的好。"他看了看他的同事麦克休斯又看看张经理,"就以你们的草案作为谈判基础文本吧。"

赵光裕微微一笑,原来如此！这不轻不重的第一个回合也许是试探我们的力量虚实吧。

"那么,就这样吧,以我们拟订的合同作为谈判的文本。"说完,双方休息了片刻,便就商业性问题逐条磋商起来。

经过五天的交锋,双方结束了第一轮谈判。当年11月18日又开始就实质问题进行第二轮谈判。

在铺着白色提花布的长方桌两边,双方代表依次坐定后,担任翻译的唐工程师用流利的英语向麦克休斯问道:"Are you ready?（你们准备好了吗?）"

"OK!"麦克休斯答道。

双方代表都翻开文本细看起来。

"关于投资问题,"杰克先生首先说道:"我方要以专利、专有技术和商标等工业产权作为合资企业的投资构成。这符合中国的《合资法》。"

天津制药工业公司的主谈人、公司副经理孙绍武想了想,没有立即回答他的问题。因为如果对方以这些作为投资构成的一部分,那么他们将少拿出一大笔钱来,而每年还照样要分红。

"我们的商标在国际上是有信誉的,"麦克休斯也跟着说道:"这有助于推销合资公司的产品。而且这个商标是在中国注册的,必须受到保护,使用必须付费。"

听到这里,中方代表全沉默了:如果这样,那中方的损失就太大了。

孙经理看了看赵光裕:"这涉及法律问题,是不是请赵律师直接回答?"

赵光裕凝思片刻,沉着地说道:"美方商标已经在中国依法注册,当然应当受到保护,非经议妥代价,任何人无权使用。但是,"他顿了一下,看看麦克休斯先生:"可这和本合同无关。双方经理已经商定,合资企业产品的 45% 由美方负责出口外销,55% 由中方负责内销,内销产品不用美方商标。至于外销部分用什么商标,那是美方的事,反正产品是美方负责销掉。如果美方为了自己销售方便,外销部分采用自己的商标,这怎么能要合资企业付费呢?"

此时麦克休斯先生端坐不动,杰克先生也是全无表情。赵律师把对方的表情扫视了一番,然后继续说道:"关于专利问题,你们的大部分专利都已经过期了;至于专有技术的补偿,我们可以在技术合作合同中进行研究。"

麦克休斯先生先仔细地瞧着赵光裕,似乎在研究赵是怎样的一个人。然后,他点了点头,勉强露出了一丝微笑,没有再说什么。

"还有一个问题,"杰克先生突然插话问道:"合同要求美方保证合资企业技术的先进性。这个美方无法保证。因为能使企业达到国际标准的因素是多方面的,美方无法单方面控制。这个条款是不是可以定为:美方努力确保技术的先进性和达到国际标准。"

赵光裕想,如果是那样,就成了不可靠的弹性条款了——假定对方不提供先进技术,使企业达不到标准,他们还会说责任是在中方,是中方没建设好,那问题就大了。

"杰克先生,您的意见很有启发性,"赵光裕说:"但技术的先进性还是要确保的。是不是可以分成两个问题:第一,美方应保证其提供的设计和技术的先进性。根据《合资法》，这是合作的前提。第二，双方尽最大努力来保证企业最后达到国际标准,您说呢?"

杰克迟疑了一下:"可以的。"

"我还有一个问题,"赵光裕说:"关于仲裁问题,我们原定的是斯德哥尔摩商会,为什么改成了国际商会?请杰克先生解释。"

"国际商会是世界上很著名的仲裁机构,"杰克说道:"在德国,在法国,在很多地方都设有分支机构。我们选择它来仲裁是合适的。"

国际商会确实是世界上著名的仲裁机构。但当时中国还未与它建立关系,由它仲裁对中国是很不合适的。

"杰克先生,我们原已认定在斯德哥尔摩商会仲裁。"

"但据我所知,斯德哥尔摩商会只仲裁其国内经济纠纷。"

"不对吧?"赵光裕胸有成竹地说。

"确实是。"

"请你看看这个。"赵光裕的助手、律师俞云鹤拿出一本英文版的《瑞典的仲裁》递过去:"这是斯德哥尔摩商会编的。他们也仲裁国际间商业、经济企业的经济纠纷。"

杰克接过书,草草地看了看,不得不点点头,一本正经地说道:"对不起,我没有国际仲裁的经验,只在美国国内处理过一起资产的仲裁。"但他停了停,又补充说道:"那么,可以接受你方所提的仲裁机构。不过我们回国后还要确认一下。"

"我们欣赏你这种认真态度。"赵光裕微微一笑。又一个回合结束了。不过他知道,这一切还只是初步交锋。这次谈判将会是漫长而艰苦的。

1983年3月,杰克先生一个人来到天津。在谈判桌上,他突然在一系列重大问题上推翻了原先已经达成的协议,全面后退,并提出了新的要求。谈判面临危机。

但是,赵光裕对此已有准备。他事先已请助手吕常胜与制药公司联系,根据推算,按原先的条件美方可以在合资企业中取得合理的利润。据此他断定,只要我方能坚守住原有协议,美方就会自动退回。

因此,在此后数日的谈判中,他与对手逐条、逐句、逐字地辩论,争夺非常激烈。好像守卫防线,这里退回来,那里突过去;也像防守城池,兵来将挡,水来土掩。经过艰苦的谈判,反复的辩论较量,终于使协议基本保持了原状。而这时,赵光裕却又从容说道:"关于销售净额一条应补充几个字。销售净额指的是扣除税款后的数额。"

杰克先生一听就叫起来:"为什么要扣除税款?为什么你不早提出来?这样我们专有技术的提成要少很多。"

对于"销售净额"的定义问题,赵光裕事先特别请教了专家谭勉励,因此他胸有成竹地说道:"销售净额的定义,在贵国就是如此,我只是使它更为明确罢了。而且这一条款是你们草拟的,我一直在等你们自己去纠正这一疏漏,所以拖到现在才提出来。"

"这个,我回去要确认一下。"杰克先生狠狠地皱了皱眉头。

仅此一项,赵光裕就使制药公司在合同期间能够避免三十多万元的不合理负担。

1984年2月27日,双方经过旷日持久的协商、较量和激烈的讨价还价,最后互相让步,达成了协议:先合资建一个500万美元的制药公司,再尽快合资续建一个原料工厂。双方合作到21世纪。

1984年4月7日,双方终于走完了漫长而艰难的谈判路程,在天津举行了隆重的签字仪式。①

问题:

1. 这几轮成功的合资谈判给人们的启示是什么?
2. 了解和善用有关的国际惯例和国际法规对谈判的重要意义。

课堂讨论

1. 某外国公司与我国某贸易公司合资建立一个大型超市,需要在近郊购买500亩土地,这块土地的使用权属于胜利村。合资公司出价50万元,而胜利村坚持要100万元,谈判从这里开始,双方开价相差甚远。胜利村人强调,土地是农民的生活之本,失去了这片耕地的使用权

---

① 夏国政:《经济贸易谈判指南》,世界知识出版社,1999年第1版,第268页。

之后,农民的生活没有出路,农民的收入减少,利益得不到保证,只得多要一些钱来维持生活或用这笔钱来另谋生路。合资公司的想法是,购买地皮时少用一些资金,可以剩下钱来扩大经营规模。

问题:运用双赢原理,给出双赢方案。

2. 上海有一家制衣厂与日本 A 株式会社做了一笔生意。日本 A 株式会社对国内消费市场预测错误,当上海的货物按合同日期发到日本后已错过了营销旺季,导致了货物的大量积压。日方试图退货,双方为此而进行了一场谈判。由于日方是进货,而不是代销,按理买卖成交后所有权与风险责任都已转嫁。如果不是质量问题,中方就没有必要接受日方的退货。

问题:中方如何做才能赢得长远利益?

复习思考题

1. 什么是谈判?什么是成功的谈判?
2. 国际商务谈判的动因是什么?
3. 商务谈判的指导思想是什么?
4. 国际商务谈判有哪些特征和特殊性?
5. 商务谈判应遵循哪些基本原则?
6. 谈判的构成要素包括哪些?
7. 国际商务谈判有哪些主要类型?
8. 寻找、简述、分析一件贸易双赢谈判案例。

第二章 国际商务谈判的基本内容

国际商务谈判与其他谈判的区别在于它的谈判内容的特殊规定性。了解了国际商务谈判的基本内容,才能真正认识、把握国际商务谈判。国际商务谈判的内容包括:货物买卖谈判、技术贸易谈判、劳务合作谈判与租赁谈判、三资企业谈判与三来一补谈判等及其所涉及的主要交易条件。

第一节 货物买卖谈判

货物买卖谈判即对有形商品的买卖进行的谈判。国际货物买卖谈判分为进口贸易谈判和出口贸易谈判。货物买卖谈判是商务谈判中数量最多的一种谈判,在商务谈判中占有重要的地位。在货物买卖谈判中,谈判双方就货物买卖本身的有关内容进行磋商。主要有以下十项交易条件:(1)商品的标的;(2)商品的品质;(3)商品的数量;(4)商品的包装;(5)商品的价格和货款的支付;(6)商品的运输和保险;(7)商品的检验;(8)不可抗力;(9)索赔;(10)仲裁。

一、商品的标的

商品的标的,即谈判涉及的交易对象或交易内容。在商品买卖合同中,标的即被交易的具体货物,应使用规范的商品名称。在国际贸易中往往因为地区不同,同一种商品叫法不同而导致失去商机或发生误会,因此,要注意收集欲交易的商品在国际上的通称和在各地的别称。

二、商品的品质

商品的品质是指商品内在质量和外观形态。它是由商品的自然属性决定的。它是商品买卖中的主要交易条件,是度量商品价格的重要因素。在国际货物交换中,许多国家的有关法律规定,如果卖方所交货物的品质不符合合同规定,即可视为违约,买方有权要求赔偿。因此在谈判中,必须对货物品质作出准确、全面的规定。在规定商品品质时,可用规格、等级、标准、产地、牌名和商标、产品说明书和图样等方式来表述,也可以用另一方提供商品实物样品的方法表明己方对交易商品的品质要求。在表述品质标准时应注意避免使用引起误解的概念。为此,要注意收集国际上对欲交易的商品在有关品质的表示方法上的通用做法和特殊做法,收集世界各地对欲交易的商品的品质标准的最新规定,以便在合同中能明确规定欲交易的商品的品质标准以哪个国家(或地区)何时颁布的何版本中的规定为依据。这样就可以避免日后发生误解或造成不必要的损失。

三、商品的数量

商品的数量是指一定度量衡表示出的个数、长度、重量、面积、容量等量的规定。商品数量的多少将关系到一笔交易单价的高低和总金额的大小,是双方利益的体现。在国际货物交换中按照法律规定卖方所交货的数量如果与合同不符,买方有权部分拒收或全部拒收。在谈判中要明确规定交易的数量及其计量单位。对于按重量计算的商品,在明确数量的同时,还要注明是按毛重还是按净重计算。对于一些由于商品本身的特殊性,实际交货的数量不易符合原定的交货数量的,买卖双方应协商订立"溢短装条款",这样可以避免因实际交货量与原订货量有差异而发生争议。在表述商品数量时,必须明确采用什么样的计量单位。世界各地的度量衡制度不同,同一计量单位所表示的数量各不相同,要注意收集世界各地有关度量衡制度方面的资料和有关做法,以免日后发生纠纷。例如,"吨"有长吨(2240磅)、短吨(2000磅)、公吨(2205磅);"加仑"有英国加仑(4.564公升)、美国加仑(3.7853公升);"担"有英国担(112磅)、美国担(100磅)、中国市担(110.2磅)。

四、商品包装

商品包装分为运输包装和销售包装,它不仅可以起到保护商品、宣传商品、方便运输、堆放装卸、储存及方便消费的作用,还可以起到货物增值的作用。

在货物买卖中大部分货物都需要包装,买卖双方主要就包装方式、包装材料、包装费用、运输标志等问题进行洽谈。在包装方面,谈判人员应注意了解各国各地区对有关包装装潢的规定和偏好。比如,对商品包装装潢的特殊要求:伊斯兰国家禁用猪和类似动物做图案;加拿大规定,凡进口到加拿大的食品,商品的名称必须用英文和法文标明,并在包装显眼的地方标明商品的重量、用法和外国生产者或加拿大进口商的名称与地址,否则不准进口;美国、日本、加拿大等国对进口货物严格禁用稻草、木丝、报纸做包装垫衬物等。又如,对商品装潢色彩等方面的特殊要求:非洲大多数国家忌讳红色(因红色在宗教生活中代表巫术、魔鬼乃至死亡)、埃塞俄比亚忌讳黄色(因为该国对死者哀悼时都穿淡黄色衣服)等。另外还要注意收集世界各国同类商品在包装种类、性质、材料、规格等方面的变化趋势,以便我方及时改进包装或要求对方给以新型包装,随时收集可能影响包装费用增减的各种信息等。这样才能适应客商的需要,以防因包装条款不明确造成商品损失或因责任不清发生索赔纠纷。

五、商品价格和货币支付方式

(一)商品价格

商品价格是买卖双方谈判议题的焦点,价格的高低直接关系双方的经济利益。商品买卖中价格条款主要包括以下内容:价格水平即单价,它是买卖双方在报价的基础上,经过反复磋商讨价还价最终确定的价格。应注意单价的确定必须联系其他各项交易条件统筹考虑确定。

计价方式。货物买卖中计价方式有两种,即固定价格和非固定价格。固定价格,是货物买卖中经常使用的方式,即在双方订立的合同中明确规定交易价格,并在合同期内不作调整;非固定价格,即只规定作价原则和暂行价。谈判双方具体使用哪一种计价方式,应经过磋商达成一致意见后写进合同。

价格术语。价格术语是国际贸易中习惯采用的,用以概括价格构成,并说明交易各方权利与义务的专门用语。如:FOB(离岸价格)、CIF(到岸价格)、C&F(成本加运费)。国际商会制定的《2000年国际贸易术语解释通则》介绍并解释了13种贸易术语。这13种贸易术语清楚地表达了买卖双方各自应当承担的风险、手续责任和相关的费用,是国际货物买卖中使用最广泛的有关贸易术语的国际惯例。应在订立合同时根据交易需要确定以哪种贸易术语成交。

为此,要注意尽可能收集同类商品(特别是竞争品)的成交价格及其价格的构成因素和作价方法;收集交易商品的国际市场价格的情况以便订出适中的价格策略,进行有效的讨价还价;收集对价格起伏有较大影响的因素的变动情况及其对价格的影响(诸如运费、保险费、工资、税收、汇率等);收集世界各国有关价格的政策、法令、作价原则;收集各国及国际组织对价格术语的不同解释或规定,以免日后发生误解和纠纷。

(二)货币的支付

货币的支付问题主要涉及货币结算方式、支付方式的选择和支付时间。在不同的支付条件下,尽管表面支付的价格总额不变,但对买卖双方的实际支出和收入都可能有很大不同。所以谈判双方在进行谈判时应根据情况慎重选择,争取对自身有利的支付条件。为此应该注意以下问题:

1. 货款结算的方式。货款结算的方式分为现金结算和转账结算,国际贸易大多数采取转账结算方式。买卖双方在合同中应就采用的票据(汇票、本票、支票)作出明确规定。

2. 支付方式。在国际货物买卖中使用的支付方式主要有:汇付、托收、信用证三种方式。每一种方式又有多种具体形式。支付方式不同给买卖双方带来的收益和风险也不同,谈判中应结合双方实际情况和国际贸易惯例选择合适的支付方式。

3. 支付货币。在国际贸易中选择哪一种货币计价和支付是很重要的问题。一般应该选择兑换比较方便、币值相对稳定的货币作为计价和支付货币。一般认为,在浮动汇率制度下,出口谈判中选择汇率呈上浮趋势的"硬货币",进口谈判中应该选择汇率呈下浮趋势的"软货币",这样对己有利。

4. 支付时间。买卖双方支付时间影响交易双方的实际收益和风险分担。应根据自身资金的周转情况选择合理的支付时间,对分期付款,应明确付款时间、次数以及每次的金额;对延期支付,应具体说明付款的时间和进度。

六、商品运输和保险

(一)商品运输

商品运输是指谈判双方就运输方式、运输费用、交货时间、装卸货物口岸以及方法等进行的磋商。商品运输的方式包括:铁路运输、公路运输、水路运输、航空运输、管道运输、邮政运输及联合运输等。在具体业务中,要根据商品的特点、货运量大小、运输线路的自然条件、装卸地点等具体情况,选择运输方式。

商品运费的计算标准,有按照货物的重量、体积、价值等多种计算方式。除了这些基本运费外,还有一些由于运输中的特殊原因引起的附加费用。为此商贸人员应尽量了解世界各主要国家或地区,交易商品所使用的运费计算标准以及各种运输方式的最新运费率及其折扣率和运费支付方式。同时在谈判中应明确划清双方费用的界限。

装运时间和交货时间的确定。买卖双方为避免日后发生纠纷,双方在合同中力求把装运时间和交货时间订得明确具体。如果发生没有按合同时间装运和交货,买方有权撤销合同,并要求卖方承担由此而造成的损失。为此买卖双方要收集世界各地及国际组织对运输方面的习惯用语的不同解释,比如,对装运期限中的"立即装运"、"即期装运"、"尽早装运"等就有不同解释。国际商会在1933年曾规定上述用语的含义是从卖方收到信用证日起30天内装运。但至今还有些地方分别解释为在14天或21天内装运。

为此买卖双方都要收集世界各主要港口(包括车站、码头、机场)的应允情况和各条运输线路运输状况,及其对交接货手续、导航费、装卸费、驳运费等有关规定。

(二)保险

为了保障在货物受损时可以得到经济上的补偿,一般国际货物的运输需要对大宗、远距离或长时间储运的商品进行保险。对货物保险涉及买卖双方风险划分的,双方应明确由谁向保险公司投保、投保险种、保险金额如何确定,以及依据何种保险条款办理保险等事宜。这些应由双方协商确定,并将一致意见写进合同,以免日后发生纠纷。

为此,要了解国际上同类商品在保险的险种、投保方式、投保金额等方面的通行做法,了解世界各国主要保险公司的投保手续与方式、承保范围、保险单证的种类、保险费率等,还要注意搜集世界各大保险公司对海损理赔方面的资料和世界各地对保险业务用语在叫法上的差异和对有些概念的不同解释。

七、商品的检验

商品检验是对交易的商品的品质、数量、包装等项目按合同规定的标准进行检查和鉴定。商检合格是卖方履约、买方支付货款的前提条件,也是买卖双方处理索赔的依据。为了保障双方利益和避免合同履行中的矛盾,双方洽谈商检条件时,应该注意以下内容:

1. 规定商品检验的内容和检验方法。检验的内容是货物的数量、品质、包装等是否符合合同的要求,检验的方法是根据商品的性能采用各种仪器检验或物理、生化、抽样、总体检验等方法。

2. 确定商品检验的时间和地点。买卖双方应根据商品的性质和港口等情况来合理确定商品检验的时间和地点。商品检验的时间和地点通常有:以离岸品质和数量为准、以到岸品质和数量为准、以装运港的检验证明为依据。货物到达目的地,买方拥有复检权利,复检结果是最终依据,可以依此索赔。

3. 明确商品检验机构和检验证明。商品检验机构是商品检验的执行者,具有检验资格。商品检验机构出具的商品检验鉴定文件,称为检验证明。检验机构类型很多,如国际货物的买卖由中国商品检验局主要负责进出口货物检验。

八、不可抗力、索赔、仲裁

(一)不可抗力

不可抗力是指自然力量(火灾、水灾、地震等)或社会力量(战争、罢工、政府禁令)引起的突发事件。要了解世界各地在这方面的不同做法。

(二)索赔

索赔是因一方未能全部履行合同规定,给另一方造成了损失,另一方有权提出索赔。关于索赔,谈判双方应该就以下几方面达成共识:索赔的依据,索赔损失的计算方法,索赔的有效期,索赔的程序、范围等。索赔条款是否明确,直接关系到谈判当事人的经济利益。当发生纠纷,需要进行索赔时,必须依照合同规定,在索赔时效期内,按程序进行。在国际贸易中,索赔的方式主要有:赔款、罚款、罚款收货、退货还款、拒付货款、补充货物、修复、替换等。索赔的途径主要有:协商、调节、仲裁或司法解决等。

(三)仲裁

仲裁是指交易双方商定在双方产生争议不能通过协商解决时,双方同意由仲裁机构居中作出判断或裁决。国际商务谈判中的仲裁条款应协商的内容主要有:仲裁的机构、仲裁的地点、仲裁的程序、仲裁的费用。合同中的仲裁条款是十分重要的。它是仲裁庭受理合同双方纠纷的依据,是双方处理纠纷的民事协议。仲裁的特点表现在两方面:一是仲裁申请必须双方一致同意,自愿将有关争议提交给双方所同意的第三方进行裁决;二是裁决的结果对双方都有约束力,双方必须执行,任何一方都不能再向法院起诉。另外,使用仲裁的方式解决争议,有利于双方保持贸易关系,且手续简便、节约时间、费用低。国际贸易的仲裁机构,有三种选择:一是我国对外经济贸易仲裁委员会;二是对方的国家仲裁机构;三是第三国的仲裁机构。

第二节 技术贸易谈判

技术贸易是指技术拥有方把技术和有关权利,通过贸易方式提供给技术需求方使用,是以技术为对象的买卖交易活动。技术贸易中的买方又称为"技术引进方"、"受让方",卖方又称为"技术转让方"、"供给方"。技术贸易是市场经济条件下技术转让的最主要的方式。

技术贸易的标的物是技术,它是一种法定的知识产权,是供给方和受让方之间对制造某项产品、应用某项工艺或提供某项服务的系统知识等技术的交易。交易标的主要包括两方面:一是有工业产权的技术,如专利、外型设计等,这类技术受有关国家工业产权法保护;二是无工业产权的技术,主要是指专有技术(Know-how)。专有技术的内容主要通过图纸(Drawing)、设计方案(Designs)、具体指导(How-to)、技术说明(Instructions)、技术示范(Show-how)以及口头传授等予以表达。

一、技术贸易谈判的主要内容

技术贸易谈判的内容主要包括四个方面,即技术贸易方式谈判、技术部分谈判、商务部分谈判和法律部分谈判。

(一)技术贸易方式谈判

技术贸易的谈判双方必须首先明确采用何种方式进行技术交易。技术贸易主要形式有两种:一种是技术硬件,另一种是技术软件。技术硬件主要是成套设备或关键设备的买卖,一般又可归为货物买卖。因此,技术贸易主要是技术软件的交易。由于技术软件交易卖方只向买方转让了技术的"使用许可",又称为许可贸易。因此,许可贸易是技术贸易的主要方式,技术贸易也叫许可贸易。许可贸易是由交易双方通过签订许可协议,技术的供给方许可技术的受让方享有技术的使用权、产品的制造权和产品的销售权。

许可贸易方式很多,也十分灵活。从许可贸易的客体来看,包括专利技术使用权许可贸易、专有技术使用权许可贸易和商标使用权许可贸易。在许可贸易中,有时单独购买其中某一项使用权许可,但更多的是专利技术、专有技术、商标结合在一起购买,称为混合许可。

许可证贸易按照许可方授权的大小和受让方生产经营、使用范围和地域上所受限制等方面来划分,可以分为:(1)独占许可(Exclusive Licence),是指技术供给方给予技术受让方在规定地区拥有使用、制造、销售的独占权或垄断权。在合同的有效期内,技术供给方不得在合同规定的地区向第三方出售同一种技术的许可,供给方自己也不得在该地区内享有这一技术的使用、制造和销售。这种方式的特许权使用费要比普通许可高得多。目前,这种方式在日本、美国和西欧使用较为普遍,目的是垄断产品销售市场,独霸一方,获取高额利润。(2)全权许可(Sole Licence)又称排他许可,是指技术供给方给予技术受让方在规定地区拥有使用、制造和销售权。技术供给方在该地区自己保留这种权利,但不得再转给第三方。(3)普通许可(Simple Licence)是与独占许可相对而言的,是指技术供给方给予技术受让方在规定地区拥有使用、制造和销售权。技术供给方在该地区仍保留自己和再转让给任何第三方的权利。这种方式的特许权使用费要比独占许可和全权许可低得多,一般发展中国家在技术引进中经常采取这种形式。(4)从属许可(Sub Licence),是指技术受让方将其从技术供给方得到的权利在其所在的地区再转售给第三方。(5)互换许可(Cross Licence),可以是独占的技术,也可以是非独占的技术。指双方可以以各自的技术互相交换、互不收费。互换许可一般是在特定的条件下采用,如在合作生产、合作设计、共同研究开发等项目中采用。互换许可的交易双方更多的是合作关系,而不是单纯的买卖关系。

(二)技术部分谈判

技术部分谈判主要在文字资料的基础上,确定技术内容、技术性能、技术资料的交付、技术的咨询、人员的培训、技术的考核与验收、技术的改进和交换等。

1. 技术内容

技术内容是指该项技术的名称、运用条件及范围、工艺流程、技术加工对象等。在谈判中应注意对其关键词语应作出明确的定义。

2. 技术性能

技术性能是指技术的水平和特征。在技术贸易中,技术性能的规定相当于技术商品的质量要求,它可通过提供一系列的技术参数、指标反映技术在工艺加工生产上的水平和特点。有关技术性能的谈判是技术贸易谈判中最为重要的内容。在谈判中,对于技术性能,要用能够全面反映该技术水平与特征的指标明确地加以规定。

3. 技术资料的交付

技术资料用于表达并说明所转让技术的实际价值,向受让方表明技术运用的方法。技术资料是技术的载体,供给方应保证其完整、可靠、及时送达受让方。它是技术贸易的关键环节。

谈判中双方要规定:供给方提供技术资料的交付时间、交付方式(如文字资料、图纸、光盘等),技术资料的文字表达方式,技术资料交接过程中的风险责任等。当供给方提供的技术涉及专利问题时,受让方应当要求对方提供专利清单、专利内容,说明专利登记地点及机构、专利保护期限、地域范围等,以确定专利使用费。当供给方的介绍与其所提供的书面资料相矛盾时,应立即要求对方解释。另外,为保证资料完好无缺转给受让方,谈判合同中应明确规定资料的包装方式及标记,以免资料交付过程中出现损坏。

4. 技术培训和人员培训

技术咨询和人员培训是技术供给方为保证所转让的技术被受让方所掌握而必须承担的义务和责任。在谈判中双方应对技术咨询、人员培训中双方的义务和责任作出具体明确的规定。

5. 技术考核与验收

一项技术转让只有在最后考核全部合格、通过验收后,才能表明供给方已经完成其责任,因此技术考核与验收是技术部分谈判的重要内容。在谈判中双方应对考核方式及验收标准的具体指标予以明确规定。

6. 技术的改进和交换

由于科学技术的不断发展,在技术贸易有效期内,合同双方都有可能改进此项技术。在谈判中双方应对改进的收益和所有权予以明确规定。

(三) 商务部分谈判

商务部分的谈判主要涉及技术转让的范围、价格、支付方式、纠纷解决方法、税费承担等方面的内容。

1. 技术转让范围

技术转让范围直接关系双方的权益,也关系到技术价格的高低,是商务谈判中的重要内容,包括技术使用权、制造权、销售权等。

在磋商中,供给方为了保护其技术,往往会要求受让方在技术产品的种类、销售数量、销售价格、销售市场等方面进行控制并作出保证;受让方则要考虑这三大权利在一定时间、一定范围内的独家享有权,并以此为依据确定技术转让费的高低。

2. 技术价格

技术价格是指交易双方达成的技术使用权价格,是技术使用权转让的货币表现。

技术价格的确定,直接影响着交易双方的经济利益,是技术贸易的核心。技术贸易价格的确定与一般货物买卖价格不同，在技术贸易中，双方达成协议后技术由卖方转让给买方，只是使用权的转移，所有权不发生变化。所以，受让方付给技术供给方一定的款额，仅仅是对获得技术使用权的一种酬金。所以技术贸易价格的确定较为复杂，不仅要考虑抵补供给方的技术研究开发成本费用、合理的利润要求，还要考虑引进技术的先进程度、受让方自我研制该项技术的机会成本、技术产出品对于料件等的要求及其市场生命力以及可能给受让方带来利润的大小，有关税费及其支付方式等因素也都会对技术价格产生影响。

影响技术价格的因素通常有：直接费用的高低（指技术供给方为达成技术转让交易和完成技术转让过程所实际支出的费用）、供给方期望利润的大小、技术所处生命周期的不同、技术供给方提供协助的多寡、技术使用独占性程度的高低、许可方承担义务和责任的大小、受许可方对技术吸收能力的强弱、技术供求之间的竞争、技术使用可以带来的经济效益的大小；另外，还包括合同期的长短、技术使用范围的大小、交易双方国家的法律规定和政治条件等。除以上条件外，技术成交价格往往还由双方的谈判实力、谈判策略和谈判技巧决定。

3. 技术费用的支付方式

所谓支付方式是指技术受让方采取什么方式将许可合同中的技术使用费付给许可方。技术费用的支付方式是双方争论的焦点之一。支付方式的变化，直接涉及合同双方的经济利益，因此在支付方式的洽谈中，双方都力争采用对自己有利的方式来支付使用费款项。一般来说，技术转让费的支付方式有三种：

（1）一次总算，是指交易双方谈妥技术转让的固定金额，受让方一次或分期付清。一次总算是一种固定计价法，对技术转让方较为有利，对受让方较为不利。

（2）提成支付，是指技术引进方许可技术开始生产之后，以经济上的使用效果作为函数基础确定费用标准，按期连续支付的做法。提成是一种变动计价法，这一方式的优点是风险共担。采取提成支付方式，在谈判时应确定：提成基数、提成率、提成期限、最高提成和最低提成等，以保证合同中费用支付的顺利履行。

(3)入门费加提成结合支付,即签约后若干天内或收到第一批资料若干天内先支付一笔约定金额(称入门费),以后再按规定办法支付提成费。技术费用的支付一般都是通过银行进行的,采用汇票作为支付凭证。商务部分的谈判还包括技术保证条件、索赔和罚款条款。这对于加强转让方的责任,维护引进方的利益,促进合同的执行有着重要意义,当一方不履行责任时另一方有权要求赔偿。技术贸易中受损方的索赔方式主要为罚款方式。在谈判"索赔"条款时应根据可能造成违约的情况,通过协商订立切实可行的规定。

(四)法律方面的谈判

法律方面的谈判内容主要涉及侵权和保密条款、解决争议条款、不可抗力条款、仲裁、合同生效条款及其相关内容。在商务谈判中,侵权是针对专利技术的许可而言的,保密是针对专有技术的许可而言的。

二、技术贸易的特点

技术作为特殊的商品进行买卖,有其独有的特点:

1. 技术贸易大多数是技术使用权的转让。货物买卖的特点是所有权和使用权一起转移。而技术贸易的特点是只转让技术使用权,而不转让技术所有权。技术拥有方并不因为把技术转让给他人而失去所有权。他自己仍可使用或转让给其他企业使用(技术贸易合同规定不得使用的除外)。

2. 技术贸易中双方合作的关系具有持续性。在货物买卖中,双方一手交钱,一手交货,交易关系即告结束。而技术转让,其宗旨是使技术引进方消化和掌握这项技术用于生产。因此签订技术贸易合同后,履行合同一般要经过提供技术咨询、技术资料、技术人员培训、现场指导、技术设备的安装及调试,以及进行技术考核、验收,乃至继续提供改进技术等过程,这就需要技术贸易双方建立较长期的密切合作关系。

3. 技术贸易双方既是合作关系,又是竞争对手。在技术转让过程中,技术拥有方的目的是通过转让技术获取收益,但同时又担心接受方获得技术后,成为自己的竞争对手。因此,技术拥有方一般不会把最先进的技术转让出去，或者在转让时可能附加某些限制性条款，以束缚技术接受方的手脚，从而保持自己在竞争中的地位。

4. 技术贸易的价格较难确定。在一般商品买卖中，商品价格以价值为基础并反映供求的变化，双方报价虽有差距，但通常会在双方预期的水平上。技术贸易中技术的价格则不同，它无法以价值为基础，也不反映成本。决定技术价格的主要因素，是接受方使用这项技术后所能获得的经济效益。而接受方所获得的经济效益，在谈判和签订合同时往往是难以准确预测的，这就形成了确定技术贸易价格的复杂性。

5. 在技术贸易中政府干预较多。在一般货物买卖过程中，政府为鼓励本国产品出口，增强本国产品的竞争能力，一般都是给予出口的信贷支持和各种补贴，为其开绿灯。但是在技术贸易中，一般各国政府均采取谨慎态度。因为技术是一个国家立国之本，是竞争制胜的法宝，有些技术甚至关系到国家的安全。因此，许多国家政府都通过立法手段和行政干预的手段，加强对技术贸易中技术转让的管理，以维护本国的政治经济利益。

第三节　劳务合作谈判与租赁谈判

一、劳务合作谈判

国际间的劳务合作主要有两种形式，即国际工程承包和劳务输出。
（一）国际工程承包
国际工程承包谈判以招投标方式进行。它是指承包人通过国际通行的投标或接受委托等方式，与发包人签订合同或协议，以提供技术、劳务、设备、材料等，承担合同所规定的工程设计、建造和机器设备安装等任务，并按合同规定的价格和支付条款，向发包人收取费用及应得的利润。国际工程承包是一种综合性的交易，它是带动建筑材料、机电产品等货物买卖和带动技术、劳务等贸易的重要方式，在国际商务活动中占有重要地位。其谈判内容主要包括：材料、设备的品种与规格、数量与价格，技术、劳务价格，工程条件、工期、工程质量与验收等。

国际工程承包谈判与一般的商务谈判方式不同，具有以下特点：

1. 国际工程承包工程涉及的面广，程序复杂。从经济、技术和法律等方面的要求来看，它比一般商品贸易和一般经济合作项目复杂得多，并且要考虑国际惯例。在经济上，它包括商品贸易、资金信贷、技术转让，以及招标与投标、项目管理等；在技术上，往往包括勘探、设计、建筑、施工、设备制造和安装、操作使用、生产；在法律上，要熟悉东道国法律、法规；此外，还必须要了解东道国的风俗习惯等。否则，就很难签订一个平等互利并能顺利进行的合同。

2. 国际工程承包交易金额大，营建时间长，具有较大的风险。一个承包工程项目，从投标或接受委托到工程完成，一般要经过几年时间；最小的项目金额也有数十万美元，一般是几百万、几千万美元，大项目在十亿美元以上。国际政治、经济风云多变，承包人承担的风险很大。因此，承包人必须量力而行，认真研究，谨慎行事。

3. 国际承包工程市场的竞争十分激烈。由于承包工程是一项综合性的输出，它能带动商品、技术和劳务等贸易活动，许多国家都积极投入这一经济活动中，并采取措施，使本国的承包公司逐步壮大起来。有些国家的承包公司还采取与外国承包公司联合的方式，把各自的优势结合在一起，以增强竞争地位。

(二) 国际劳务输出谈判

1. 国际劳务输出是指国际间一国或地区向另一国或地区输出劳务的方法和途径，主要有如下几种：

(1) 通过国际承包工程输出劳务。

(2) 通过业主或第三国承包商开展工程劳务承包。

(3) 承建制劳务合作。

(4) 政府和有关机构聘请高级劳务。

(5) 雇主招聘劳工。

2. 在国际劳务输出谈判中应着重围绕以下几个方面进行磋商洽谈，以达成协议。

(1)劳务人员的派遣问题。谈判双方对所需劳务人员的类别、技术条件、年龄、数量、工作期限等内容进行详细的磋商;要明确规定如果合同签订后,输入方要求变更派遣日期或取消派遣时,要做什么处理。

(2)劳务输出、输入双方责任问题。

(3)劳务人员的待遇问题。谈判双方对劳务人员的工资标准、工资计价货币种类、保值方法、增长率、计发工资期限、支付办法等作出明确规定。

(4)劳务人员服务期限及节假日的规定问题。谈判双方应对劳务人员每日、每月的工作时间,休假日及休假日期间的待遇,加班及加班费用等进行协商并作出具体规定。

(5)劳务人员的食宿与交通安排问题。

(6)劳务人员医疗卫生及劳保福利待遇问题。

(7)其他费用的支付问题(动员费、国际旅费、税收等费用的确定)。

(8)争议解决办法的规定。

二、租赁业务谈判

所谓租赁业务,是指出租人(租赁公司)按照契约规定,将他的财产在一定时期内租给承租人(用户)使用,承租人则按规定付给出租人一定的租金。在租赁期间,出租人对出租的设备拥有所有权;承租人享有使用权和受益权;租赁期满后,租赁设备则退还出租人或按合同规定处理。租赁谈判是指我国的企业为从国外租用机器和设备而进行的谈判。它涉及机器设备的选定、交货、维修保养、到期后的处理、租金的计算及支付,在租期内租赁公司与承租企业双方的责任、权利、义务关系等问题。

从性质上来讲,租赁业务是典型的贸易与信贷、投资与筹资、融资与融物相结合的综合性交易,它既有别于传统的商品买卖,又不同于传统的企业筹资与信贷。租赁业务的最大特点是具有鲜明的融资性质。租赁业务是一种以租物形式达到融资的目的,将贸易与金融结合在一起的信贷方式。承租人所需的机械设备,由出租人提供或垫款购买。承租人不需付款购买,即可取得机械设备的使用权,也即出租人向承租人提供了信贷便利;承租人在设备正式投产后,以租金的形式支付租赁设备费用,这样企业可以在资金不足的情况下,提早使用设备,使生产早日上马,早获经济效益。租赁业务往往是三边交易,即租赁双方和供货人。租赁公司介于供货人和用户之间,租赁业务由销售合同和租赁合同共同完成。

租赁谈判主要包括:确定租赁的设备、租赁的类型、确定租金、设备的交货租赁期、终止设备的归还等。

第四节 三资企业谈判与三来一补谈判

举办三资企业谈判形式主要包括:举办外商独资经营企业谈判、中外合资经营企业谈判和中外合作经营企业谈判。三来一补,即来料加工、来样加工、来件装配和补偿谈判。

一、外商独资经营企业谈判

举办外商独资经营企业谈判,实际是外商根据中国政府的有关法律、法令、政策、规章制度以及对中国投资经营环境的分析研究而确立独资项目、产品内外销比例、劳动力雇佣、经营期限、纳税等方面内容的过程。

外商独资经营企业的设立程序主要有:

1. 委托代报项目建议书。
2. 向主管部门提交有关文件。如外商独资企业申请书、外商独资企业项目的可行性报告、企业章程、同中方单位草签的各项有关协议、董事会及高级管理人员名单、外国投资者给受托单位的委托书、行业主管部门对设立该企业的意见书等。
3. 办理工商登记手续。主管部门在收到上述文件后,在一个月内决定是否批准。若批准则颁发批准证书。外商投资者在收到批准证书一个月之内,凭批准证书向工商行政管理部门办理注册登记手续。

4.领取营业执照。营业执照签发日即为外商企业合法成立的日期。

二、中外合资经营企业谈判

中外合资经营谈判是国际经济技术合作的常见方式之一,也是国际投资的重要形式。它是由两个或两个以上国家或地区的公司、企业、经济组织或个人按一定资金比例联合投资、共同兴建企业的一种生产经营形式。合资企业是股权式企业。其主要特点为:

1.以货币计算各自投资的股权和比例,分担盈亏和风险。

2.必须建立具有法人地位的合资实体,合资企业组织形式为有限责任公司。合资各方实行共同投资、共同经营、共负盈亏、共担风险。

举办中外合资经营企业的谈判分为两个阶段,即与合作伙伴的谈判和设项审批阶段。与合作伙伴谈判的主要内容涉及:(1)投资总额和注册资本;(2)投资比例和董事会席位分配;(3)组织管理机构与职责权限;(4)出资方式和资产评估;(5)产品销售与外汇平衡;(6)企业的劳资管理;(7)合资经营年限和清算。另外还有税务、保险、不可抗力以及争议的解决办法等。

中外合资经营企业的设立程序为:(1)向主管部门提交项目建议书和可行性分析报告;(2)项目建议书的审批;(3)向主管部门提交企业可行性研究报告、合作双方商定的合同与章程及有关公证文件;(4)主管部门审批及核发批准证书;(5)办理工商注册登记手续;(6)领取营业执照。

三、中外合作经营企业谈判

中外合作经营,是由两个或两个以上的国家或地区的公司、企业、经济组织或个人,通过双方协商同意,按照双方所签协议和合同所规定的投资方式,共同兴办的契约式企业的生产经营。其主要特点为:

1.有关各方应以法人身份共同签订经营企业合同。它可以是具有法人资格的企业,也可以是不具有独立法人资格的合营实体。

2. 合作各方提供的合作条件,一般不以货币折算为投资股金,不以合作各方的投资额计股分配利润。合作各方对收益分配、风险和债务的分担,企业经营管理方式以及合作期满的清算办法,均应在合作经营企业合同中规定。

3. 合作经营企业,可以加速折旧还本或以其他方式提前收回投资。投资收回后,在未满的合营期限内,仍应按原投资额对合作经营企业的债务承担责任。

4. 合作经营企业的注册资本,可采用三种选择:仅以外国合作者无息提供的资金、设备(当己方合作者无现金投入时)为注册资本;以外国合作者无息提供的资金、设备,加上己方少量投入的现金为注册资本;将双方提供的合作条件均折算为投资本金,作为注册资本。其中以第三种选择最为普遍。

举办中外合作经营企业谈判的内容根据合作双方的合作意向而定。中外合作经营企业的设立程序与中外合资经营企业的设立程序基本相同。

四、"三来一补"谈判中的主要内容

"三来一补"即来料加工、来样加工、来件装配和补偿贸易。来料加工、来样加工、来件装配是进口和出口紧密结合的交易形式,其谈判的内容与货物贸易谈判内容有相似之处,主要涉及对来料、来样、来件的质量、数量和料件到货时间的规定,对成品质量的规定,对成品交付数量和交付时间的规定,关于工缴费及其支付办法的规定,关于料件消耗定额与成品合格率的核定办法的规定,保险、违约处罚条款以及争议解决办法的规定等。

补偿贸易又称产品返销,是指合作一方提供技术、设备、器材等兴建企业或改造老企业,待项目竣工投产后,合作的另一方以该项目的产品或双方商定的其他产品来偿还的合作方式。补偿贸易的谈判主要包括两方面的内容:一是购买技术设备谈判,谈判双方具体洽商技术设备的规格、性能、价格,交货时间、方式,保险等内容;二是技术设备货款的

补偿谈判,双方具体确定补偿方式与补偿产品、补偿产品的作价原则、补偿期限及各期补偿产品的数量、结算方法、违约及争议处理办法等。

案例分析 2-1

"纯达普"远嫁中国

天津市从德国慕尼黑买进一家著名摩托车厂的故事,非常富有启发性。

1984年9月底,正在德国考察的天津代表团偶然得知,慕尼黑市有一家工厂,生产名牌纯达普(ZUNDPP)摩托车,现已债台高筑,宣告破产,正急于出卖整个工厂。

这个消息,对于想引进德国摩托车生产技术的天津市太重要了。为了能买下这家工厂,天津市有关部门在不到半个月的时间内就完成了考察、论证等工作。

10月12日,一个电传通过国际线路将购买决定通知了德方。

10月17日市政府领导决定:以最快的速度组建一个15人的专家团,赴德国进行全面技术考察,商谈购买事宜。组团出国的各种手续和准备工作压缩在15天内办完,11月2日启程出国。

然而,遥远的欧洲那边传来电波,事有突变,情况紧急。

10月19日,联系人从德国发来告急电传:伊朗的商人抢先一步签署了购买纯达普厂的合同!

事情变化得令人猝不及防。但是否还有回旋的余地?我方即刻回电:请摸清情况详告,以作对策。

10月20日,联系人又发来电传:伊朗商人所签的合同上,规定的付款期限为24日。

10月21日晚,我方得到更为明确的信息:24日下午3时前,伊朗方面若付款未到,所签合同即告失效。

在紧迫而又严峻的形势之中,天津市领导冷静地分析研究了整个情况,认为虽然伊朗方面签订合同在先,但能否付款尚属悬案,如果逾期款额未到,那么我们仍有争取主动的机会。于是,10月22日上午10

点作出决策:迅速通知已确定的15名出国人员,想尽一切办法立刻办好出国手续,赶往首都机场,乘当晚国际航班飞赴德国,以便见机行事。市政府授权专家团:有权签署购买合同,可简化手续,开放绿灯。这意味着从作出决定到登机时刻,只剩下11个小时了。11个小时要办完原定15天的出国准备工作。出国审批手续、出国护照、使馆签证、提取经费、买机票、赶路程等,困难就不用多说了。但是,10月23日当地时间上午11点半,中国专家代表团竟奇迹般地到达慕尼黑市。旅途共经历17小时航程。之后,他们默不作声地住进当地一家设在市区边上、价格便宜而又不引人注意的小旅馆,等待着可能会出现的偶然性。

24日下午3时,时机终于来了,伊朗方面未按时付款,合同失效,等待着的人们大为振奋。按照预定计划,谈判组的人员立即出动,跳上汽车,向纯达普厂方向急驰飞奔。

"中国人突然到来,要求商谈购买纯达普厂设备!"消息传开,德方人员甚感吃惊:这些中国人躲在哪里?竟如此准时地冒了出来!

慕尼黑市债权委员会主管倒闭企业事务的米勒先生,马上在厂里会见了中国谈判小组。

在德国,凡宣告破产的企业,均由政府机构组成的债权委员会接收处理,出售或拍卖企业的全部财产,以便清理企业所欠的债务。米勒这位慕尼黑市的前任市长,现在正是主管处理纯达普厂财产的负责人。

"你们要购买纯达普厂吗?很好,很好,非常欢迎!"米勒先生面带着友善的笑容,与中国谈判小组的人一一握手,态度热情,彬彬有礼。他从未与中国人做过交易。

当进入实质性谈判时,米勒先生就变得极为精明,利益问题上分寸极严。

经过中方代表紧张而又得体的周旋,双方迅速达成合作的意向。

25日早晨7点,纯达普厂的大门口就闪现出15位中国人的身影,接着他们便出现在生产车间。发动机、电气、机械、工艺管理等方面的中国专家各负其责,对全厂的设备状况、机械性能、工艺流程进行了全面考察。

时间已到中午,专家们经过考察得出了最终结论:买下全部设备非常合算。

10月25日下午2时整,中国专家团进行全面技术考察后,中德双方举行合同谈判。

10月25日深夜,中德双方签署了合同。三天,创造了中国谈判史上的奇迹。①

问题:结合商务谈判的内容,谈谈此案例给你哪些启示?

案例分析 2-2

合作谈判中的平衡艺术

1982年4月12日,中国上海工业仪表公司(SIIC)和美国福克斯波罗公司在北京签订了为期20年的合资协议。上海——福克斯波罗有限公司(SFCL)作为这一谈判的结晶,成为美国和中国最早成立的技术转让合资企业之一。而且更值得一提的是,它是首家涉及高技术转让的美中合资企业。

应该说,这场谈判开始时,双方实力与地位的差距是非常悬殊的。美国福克斯波罗公司创建于1908年,到1985年它已成为在各种型号与不同复杂程度的气动和电子操纵仪器以及计算机控制系统方面领先的全球供应商。1984年福克斯波罗公司销售额超过5亿美元,业务范围涉及全球100多个国家,是一家规模巨大的跨国公司,在世界生产过程——控制设备市场拥有最大份额。而20世纪80年代初期的中国,刚刚走上改革开放的道路,市场机制还很不健全,在高新技术机械产品领域尚处于落后状态。而且,由于这一谈判涉及极为敏感的高技术转让,美国出口管理部门严格限制福克斯波罗公司向中国转让的产品和技术的种类。因此,对于中方谈判者来说,谈判对手的实力是强大的,谈判中所存在的阻力与障碍又将使谈判的进行困难重重,要想取得谈判的成功是非常不容易的。

为了将谈判一步步向成功的方向引导,中方谈判者在充分了解和

---

① 孙庆和、张福春:《商务谈判大全》,企业管理出版社,2000年第一版,第381页。

分析对手的基础上,首先向美方抛出了第一个"香饵":中国国家仪表和自动化局与美方进行初步接触并向美方发出邀请,请他们组成代表团到中国进行实地考察。在考察过程中,中国方面巧妙地利用各种方式向美方展示了中国机械和汽车产品领域的光辉前景。中国力求使美方确信,双方如果合作成功,将使福克斯波罗公司顺利占据这一世界上最后一个、同时也是最大的一个在电子操纵设备和计算机控制系统等业务方面尚未被开发的市场,而这一点则是福克斯波罗公司所迫切需要的。通过考察,他们已被这一诱人的"香饵"深深吸引。紧接着,中方谈判者又不失时机地抛出了第二个"香饵":为了表示合作的诚意,中方为美方特意选择了一个最佳的合资伙伴——上海仪表工业公司。这使美方既省去了进行选择的成本费用,又深感满意。随着谈判进入到实质性磋商阶段,中方谈判者又拿出了第三个"香饵":根据中国法律,合资公司将享受最优惠的税收减免待遇。正是这一系列"香饵"的作用,才使中方逐渐扭转谈判中的被动局面,并把这一历史性的谈判一步步推向成功。付出了"香饵",得到了"大鱼":通过成立合资公司,中方获得了先进的过程——控制仪器生产技术。这将使中国在高技术机械产品方面达到一个新的水平,从而缩短赶超世界先进水平的过程。

如果从谈判对手——福克斯波罗公司的角度出发,再来考察这一谈判,就会发现,美方在谈判中也同样巧妙地采用了这一策略。在双方刚刚接触的时候,福克斯波罗公司也不是没有竞争者。当时的赫尼威尔(Honeywell)、费舍(Fisher)控制公司以及其他同行业的跨国公司也正在虎视眈眈地盯着中国市场。福克斯波罗公司之所以战胜其他竞争对手,究其原因,一方面当然是由于该公司在技术方面的领先地位和丰富的专业化管理经验;另一方面是由于该公司向中方抛出了诱人的"香饵":福克斯波罗公司使中方确信,美方将保证使合资企业获得最先进的数字技术(而这恰恰是中方所梦寐以求的),并且美方向合资企业提供的"学习产品"(即最初转让的产品)是投入应用仅九年且仍旧处于更新换代中的先进产品——电子模拟生产线200型。正是这些针对中方迫切需要的诱人"香饵",才使福克斯波罗公司最终甩开了其他竞争对手,获得了中国这一富有潜力的巨大市场,为公司的长远发展开辟了道路。①

问题:
1. 你认为这次合作谈判成功的原因是什么?
2. 为什么双方都给予对方较大优惠?这样做是否值得?
3. 中方是如何把握谈判进程、变被动为主动的?

复习思考题

1. 货物买卖谈判的主要内容及要注意的问题是什么?
2. 货物买卖谈判中对于货物的品质,通常的表示方法是什么?
3. 货物买卖谈判中的价格条款主要有哪些内容?
4. 货物买卖谈判中的支付条款应注意哪些问题?
5. 货物买卖谈判中的包装条款应就哪些方面进行洽谈?
6. 货物买卖谈判中不可抗力条款涉及哪些问题?
7. 货物买卖谈判中的索赔问题应就哪些进行磋商?
8. 货物买卖谈判中的仲裁条款应协商哪些问题?
9. 技术贸易的对象是什么?
10. 技术贸易的内容主要包括什么?
11. 说明许可贸易的主要类型。
12. 技术贸易的特点是什么?
13. 说明技术贸易谈判的主要内容。
14. 技术贸易中技术价格的确定受哪些因素的影响?
15. 技术贸易中技术价格的支付方式主要有哪几种?
16. 简述工程承包谈判主要涉及的内容。
17. 简述租赁谈判主要围绕的问题。
18. 简述合资谈判涉及的主要内容。
19. 简述"三来一补"谈判主要涉及的内容。

---

① 樊建廷:《商务谈判》,东北财经大学出版社,2001年,第159页。

第二篇

国际商务谈判的程序

本篇叙述国际商务谈判的程序,主要包括两个方面:国际商务谈判准备和国际商务谈判的过程。谈判的准备阶段包括:谈判环境的调查、信息的准备、方案的准备、人员的准备及模拟谈判。商务谈判的过程包括:开局阶段、磋商阶段、成交阶段。

第三章 国际商务谈判的准备

　　一场谈判的成功，不仅要看谈判桌上的策略、战术和技巧的灵活运用，还有赖于谈判前的准备工作；谈判的准备工作是谈判策略、战术和技巧灵活运用的基础。俗话说，不打无准备之仗；知己知彼，百战不殆。准备工作做得好可以使己方增强自信，从容应对谈判过程中出现的各种问题，掌握主动权。尤其是在缺少经验的情况下，充足的准备，能弥补经验和技巧的不足。谈判的实践也证明，大部分重要谈判的成功都是与充分的准备工作分不开的。

　　国际商务谈判的准备工作包括：环境的调查、信息的准备、方案的准备、人员的准备、其他准备等项任务。

第一节　国际商务谈判环境的调查

　　谈判所处的环境条件，是影响谈判的重要因素，是谈判思想不可缺少的成分，是组成谈判的不可忽视的构件。国际商务谈判是在一定的政治经济、社会文化制度和某一特定的法律环境中进行的。这些社会环境会对谈判产生直接或间接的影响。

　　谈判的环境因素包括谈判对方国家的所有客观因素。谈判人员必须对此进行全面系统的调研与分析评估，才能制定出相应的谈判方针和策略。英国谈判专家 P. D. V. 马什在其所著的《合同谈判手册》中对谈判环境做了系统的分析和归类,他认为环境因素主要包括:政治状况、宗教信仰、法律制度、商业习惯、社会习俗、财政金融状况、基础设施与后勤供应状况、气候状况等。

一、政治状况

一个国家或地区与谈判有关的政治状况主要有:
(一)谈判对方国家的政治背景

谈判对方对谈判项目有否政治目的?程度如何?哪些领导人较为关注?他们的权力如何?商务谈判一般情况下是纯经济目的的,但是有时候可能会有政府和政党的政治目的掺杂其中;如果是这样,这场谈判的最终结果,则主要取决于政治因素的影响,而不是商务和技术方面的因素。尤其涉及国家大局的重要贸易项目或影响两国外交的敏感性强的贸易项目,都会受到政治因素的影响。一般来说,交易双方所在国若属友好国家,谈判的后顾之忧就少些,谈判中碰到困难可以借助国家干预,谈判比较顺利,成交可能性就大,谈判合同可靠性高。若属敌对国家,受到的限制就大,交易双方易受到政府的干预,谈判中的障碍就多,签约以后履行的难度也大。

(二)谈判对方国家的经济体制

如果对方国家实行的是计划经济体制,企业间的交往要看有没有列入国家计划,列入国家计划的交易项目才有计划指标,这样的项目才能谈判。如果对方国家是市场经济体制,那么企业就有较大的自主权,企业就可以自主决定交易内容。

(三)谈判对方国家对企业的管理程度

这主要涉及企业自主权大小的问题。如果国家对企业管理的程度较高,那么政府就会干预谈判内容及进程,一般关键性问题要由政府部门作出决定;谈判的成效不取决于企业自身,而主要取决于政府有关部门。相反,如果国家对企业的管理程度较低,企业就有较大的自主权,谈判的成败则取决于企业自身。

（四）谈判对方政府政局的稳定程度

谈判对方国家政局的稳定程度对谈判有着重大影响，如果政局发生骚乱，会使正在谈判的项目被迫中止，或者已达成的协议变成废纸，不能履行合同，造成重大损失。因此，必须事先了解清楚对方国家的政局。诸如，政局是否会发生变动？总统大选是否与所谈项目有关？谈判对方与邻国的关系如何，是否处于紧张的敌对状态？有无战争爆发的可能？这些必须事先搞清楚。

二、宗教信仰

一个国家或地区，与商务谈判有关的宗教信仰因素有：

（一）该国占主导地位的宗教信仰

由于宗教信仰对人们思想行为有着直接的影响，因此应首先搞清楚该国家或地区占主导地位的宗教信仰是什么，然后还要研究占主导地位的宗教信仰对谈判人的思想行为的约束。

（二）宗教信仰对一国政治、法律、国别政策等方面的影响

在政治事务方面，该国政府的施政方针、国内政治形势、民主权利是否受到该国宗教信仰的影响；在法律制度方面，对于宗教色彩浓厚的国家或地区，其法律制度的制定必须依据宗教教义，对于人们行为的认可，要看是否符合该国宗教的精神；在国别政策方面，由于宗教信仰不同，一些国家依据本国的外交政策，在对外经济关系上制定带有歧视性或差别性的国别政策，对宗教信仰相同的国家给予优惠政策，对于宗教信仰不同的国家，尤其是有宗教歧视和冲突的国家及企业施加种种限制；在社会交往与个人行为方面，信仰宗教的国家与没有宗教信仰的国家，在社会交往的规范、方式，谈判者个人行为方面存在很大不同，这些都会在谈判者的思维模式、价值取向、行为选择上产生很大影响；在节假日与工作时间方面，不同宗教信仰的国家都有自己的节日和活动，在制定谈判计划及日程的安排上不应与该国的宗教节日相冲突。

三、法律制度

一个国家或地区与商务有关的法律制度因素主要有以下几方面：

（一）该国的法律制度的状况如何

是依据何种法律体系制定的法律？是属于英美法系（判例法）还是大陆法系（成文法）？英美法与大陆法不同，必须调查清楚。

（二）该国在现实中法律执行的情况如何

法律执行情况不同将直接影响到谈判成果是否受到保护。在现实中，有的国家法律制度不健全，会出现无法可依的情况；有的国家法律较为健全，但执行中不完全依法办事，这些将会使谈判的结果受到侵犯。

（三）该国法院与司法部门是否独立，司法部门对业务洽谈的影响程度如何

（四）该国法院受理案件时间长短

法院受理案件时间长短会直接影响洽谈双方的经济利益。谈判双方在执行合同中往往会发生争议，一旦诉诸法律就要由法院来审理。如果法院受理案件的速度很快，对双方的利益影响不大；如果时间长，对双方来讲都是人力物力的极大耗费。

（五）该国对执行国外的法律仲裁判决需要什么程序

国际商务谈判活动一旦发生纠纷，并诉诸法律，就自然会涉及不同国家之间的法律适用问题。因此必须弄清，在某国的裁决拿到对方国家是否具有同等法律效力；如果不具备同等法律效力，那么需要什么样的条件和程序才能生效。

四、商业习惯

一个国家或地区与商务谈判有关的商业习惯主要有以下几方面：

（一）企业决策程序如何

有的国家企业决策时只要高级主管拍板即可，而有的国家企业的

决策则经上下左右沟通,达成一致意见后再由主管拍板。因此必须弄清谈判对手所在国家企业的决策程序的差异。

(二)文字的重要性

在谈判中双方的承诺是否必须见诸文字?文字协议的约束力如何?有的国家很严格,要求必须以文字为准;有的国家习惯上以个人的信誉与承诺为准。这是必须要了解的。

(三)在洽谈和签约过程中律师的作用如何

是否在洽谈和签约过程中必须有律师出场,由律师来全面审核整个合同的合法性,并在审核后签字才能生效;还是仅仅起到一种辅助作用。

(四)在商务往来中是否存在贿赂现象

如果有的话,其方式如何? 在某些国家交易中,行贿和受贿是要受到法律严厉追究的;但有些国家交易中的行贿、受贿属正常现象。对此己方一定要搞清楚,以便采取对策,防止己方人员陷入圈套,使公司蒙受损失。

(五)在商务往来中,该国有没有商业间谍活动,商业活动的习惯是什么

如果有,则应研究防范措施,以防机密被对方窃取。在商务洽谈中,该国是否允许对一个项目的洽谈,同时选择几家公司进行谈判,以便从中选择最优惠的条件达成协议?如果是这样,应研究保证交易成功的关键因素是什么,是否仅是价格问题。在几家公司同时竞争一笔生意时,己方必须紧紧抓住影响谈判的关键性因素,并围绕关键性因素展开洽谈工作,以获成功。

(六)该国商务谈判常用的语种是什么

如果对方在谈判中使用当地的语言,己方有没有可靠的翻译?合同文件是否用两国文字表示? 两国语言是否具有同等的法律效力?

五、社会习俗

谈判者要了解该国或地区的社会风俗习惯,这些风俗习惯能在一

定程度上影响谈判活动。要了解该国家或地区对业务洽谈的时间有没有固定要求？业余时间谈业务对方有没有反感？该国家或地区人们在称呼和衣着方面的规范或标准是什么？社交场合是否携带配偶？赠送礼物以及赠送方式有哪些习俗？在社会活动中妇女是否同男子具有同等的权利？人们如何看待荣誉、名声等问题？例如，美国前总统老布什访问澳大利亚，一切似乎都堪称圆满。可是，当他走上飞机舷梯，转身向友好的澳大利亚人告别时，一个小小的手势却惹出了一点不大不小的麻烦。布什竖起了大拇指！对北美的人来说，这是友好的赞誉表示，然而澳大利亚和新西兰人则视之为猥亵，结果此事沸沸扬扬了好几年！

第二节 信息的准备

信息的准备工作，既需要在商务谈判前开展，也贯穿于整个商务谈判过程中。在国际商务谈判中，全面、准确、及时的信息是谈判成功的可靠助手，是选择和确定谈判对象的基础与前提，是谈判双方沟通的纽带，是制定谈判战略的依据，是控制谈判过程，掌握主动权和确定报价水准的保证。谈判的信息是指那些与谈判活动有密切联系的条件、情况及其属性的一种客观描述，是一种特殊的人工信息。

谈判信息对于谈判活动的影响是极其复杂的，有的信息直接决定谈判的成败，有的信息则间接地影响谈判的成败。准确的信息能帮助己方在谈判中成功，不准确的信息会使己方在谈判中被动甚至失利。

本节拟从谈判信息收集渠道、收集方法出发，着重介绍谈判信息收集的主要内容以及对谈判信息资料的整理等。

一、信息收集的渠道

为了充分了解谈判对手，可通过多方面的调查研究，搜集谈判对手的信息资料。信息收集工作首先要寻找到信息源，这样才能获得比较准确可靠的信息资料。收集信息通常有以下几条渠道：

1. 活字媒介。活字媒介是指报纸、杂志、内部刊物和专业书籍、图片和数字等。这是资料收集的主要渠道,也是最大的渠道。这些媒介均会不时刊登你所需要的资料,作为外向型企业,应尽可能地多订购有关报刊杂志,并由专人保管和收集、整理资料,并及时向有关人员汇报。

2. 电脑网络。电脑网络是 21 世纪获取信息的重要渠道。在电脑网络上可以非常方便快捷地查阅国内外许多公司的信息、市场信息、产品信息以及其他信息。

3. 电波媒介。电波媒介就是广播电台、电视台播放的有关国际新闻、经济新闻、金融动态、市场动态、各类记者招待会乃至各类广告。电波媒介作为重要的信息收集渠道,它比活字媒介要迅速和准确。

4. 统计资料。这主要包括各国及国际组织、各国有关地方政府的各类统计年鉴或月刊,也包括各大银行或国际咨询公司的统计数据和各类报表。上述资料收集方法的好处,是可以将各类资料、数据加以综合分析,能够了解有关事情的过去、现在和发展趋势;同时,通过数据的综合分析,还可以辨别资料的真伪,它往往比公布的单项数据更可靠。

5. 驻外机构。要了解有关国际商务方面的资料,可通过我国驻当地使、领馆,商务代办处,中国银行及国内其他金融机构在国外的分支机构,本行业集团或本行业在国外开设的营业、分支机构,各大企业(或公司)驻外商务机构及其他民间机构和地方贸易团体等。因为当今世界上许多国家的贸易部门(或商业团体)经常将国内或行业内的工商企业的名称、地址、供求商品的种类或业务范围等资料编成图册,分送到有贸易关系的各国(各地)政府的贸易部门或商业团体,以便各国工商机构可以与其取得直接的接触,建立贸易往来。各国使、领馆的商务处也负有沟通贸易的责任,如果需要和某一国家的商业机构建立关系或了解其信息情况,可以通过驻外使馆或中国银行给予协助,也可以通过外贸部门的驻外机构或往来的商业团体给予协助,还可以到国内的各外贸机构、各经贸研究所和各贸易咨询部门等机构中去查找有关资料或进行咨询。

6. 知情人员。通过老朋友、老客户、留学生、华侨、外籍华人、外国友好人士以及出国访问者、参观考察者等知情人士或方便人员去了解所需要的资料。这些人是实地了解，其获得的资料就具有更高的可靠性。当然委托的人员要可靠、负责，否则适得其反。

7. 会议。参加各种会议，诸如各类商品交易会、展览会、订货会、博览会等，以及有关可以进行直接商务活动的会议、商务报告会、讨论会等。在这些会议上，可以有的放矢地调查商品的生产、流通、消费乃至市场趋势和竞争现状及发展前景等，是收集资料的最好场所和了解商情的最好渠道，所以有条件的外贸部门和企业要尽可能地举行或参加这类会议。

8. 公共场所。诸如车站、码头、餐馆、商店、集会场地、娱乐场等公共场所。

9. 函电、名片、广告。函电不但是贸易洽谈的主要形式之一，还是日常商品市场调研的工具，通过它可以获取销售信息、生产信息、价格信息等；名片也是收集资料的重要渠道，往往可以通过名片的媒介作用扩大商务、结交朋友、获取资料；广告中都载明商品的产地、厂家、电话以及产品的性能乃至销售价格，有些广告册还登了商品的照片和简单说明书等情况，通过对其收集往往能得到一些意想不到的资料。

国际商务信息收集渠道很多，国外特别重视信息资料的收集工作，美国商务部、巴西外交部做得很出色。美国商务部的各个职能机构除积极收集各国的市场情报资料外，还努力帮助各公司打进国际市场。它在首都华盛顿设立对外咨询服务机构，在全国42个主要城市设立商务部外地办事处，各个公司都可以通过私人咨询方式，从咨询机构获得进入国际市场的各种环境资料和情报资料。此外，商务部还针对企业的需求办了许多专业周刊，例如《美国商业》、《海外商业报道》等，都是了解世界贸易近期发展情况、了解国际商务信息资料的重要途径。巴西外交部在20世纪80年代中期即为世界16万家公司和企业建立起各种档案，并在外交部内装置了80多部电脑终端机，以联网形式连通该国驻外的各种机构和国内数千个重要商家，随时把在国际市场上收集到的各种最新信息传送到有关的企业、单位和个人。

二、信息收集的方法

国际市场信息收集的方法多种多样,有传统的调研方式,也有现代的经济谍报方式,有的是两种交叉运用。概括起来主要有以下几个方面。

(一) 市场调研形式(调查消费者)

根据不同调查目的和调查对象可以分为以下几种方法:

1. 观察法

观察法是指调查者亲临调查现场收集事物情景动态信息,它包括直接观察法、间接观察法、比较观察法。直接观察法即亲自到现场去观察消费者选购商品的反应及购货成交率。间接观察法即调查者围绕要调查的问题,采取各种措施,从侧面进行间接观察。例如,一家美国广告公司,为了了解公司的广告在拉丁美洲各国的收视率,选择了中美洲的两个城市,并在征得有关国家政府和有关家庭的同意后,在数千个家庭的电视机上装上特定的装置,把用户所看的电视节目记录下来,然后再把这些资料进行汇总,以了解广大用户平时喜欢看哪些电视台的节目。比较观察法即调查者要了解消费者最欢迎哪些种类商品,就把需要比较的商品,置于同一商店或同一城市里销售,以比较顾客的选择态度。

以上观察方法的优点是可以得到较为真实可靠的信息,但这种方法有时会受到客观条件的限制。比如受交通条件限制不能亲自去现场直接观察,或是受技术条件的限制不能间接观察,或是受观察者主观意识的影响而带有偏见,易使信息失真。

2. 访谈法

调查者围绕要调查的问题选择访问对象,进行面对面的问答,可以是个别访谈,也可以是召集众多人的座谈会,听取他们对有关商品或合作项目的意见和要求,了解国际市场竞争态势。这种座谈会可以定期举行,也可以根据市场变化临时召集。这种方式的调查,在访谈之前,调查者应拟好调查提纲,根据主题有针对性地涉及一些问题,做到有的放矢。

3. 问卷法

问卷法是调查者根据所要调查的内容事先印刷好问卷,发放给相关人士,填好后集中收集上来进行分析。如可以出是非题、选择题、问答题、顺位题、评定题等。这种方法的优点是利于实现调查者的主导意向,可以广泛得到相关信息。难点是如何把被调查者的积极性充分调动起来,使填写的问卷内容真实可靠。

4. 归纳法

这是一种综合的分析方法,是通过平时对各种资料(有声的、无声的信息)的收集,进行整理归类、研究、分析,去伪存真,然后推断出自己需要的信息。这种调查方法要求调查人员有较好的综合能力,头脑灵活,应变能力强。例如,1959年9月26日,中国在黑龙江省松嫩平原打出第一口油井,取名大庆油田。然而,由于当时国际环境复杂多变,中国并没有向外界公布大庆油田的地理位置和产量。到了20世纪70年代,随着中日关系的正常化,日本商家极想与中国达成有关石油设备的贸易协议。日本深知中国开发石油需要大量的石油设备,却又苦于信息不足,善于收集资料的日本人广泛地收集了中国的有关报纸、杂志,进行一系列的分析研究。他们从刊登在《人民画报》封面上的"大庆创业者王铁人"的照片分析,依据王铁人身穿的大棉袄和漫天大雪的背景,判断大庆油田必定在中国东北地区;从《王进喜到了马家窑》的报道推断大庆油田所在的大体方位;从《创业》电影分析出大庆油田附近有铁路且道路泥泞;根据《人民日报》刊登的一副钻井机的照片推算出油井直径的大小,再根据中国政府工作报告计算出了油田的大致产量;又将王进喜的照片放大至与本人1:1的比例(通过王进喜与毛泽东、周恩来等国家领导人的合影),判断其身高,然后对照片中王进喜身后的井架进行分析,推断出其井架的高度、井架间的密度,据此进一步推测中国对石油设备的需求量。日本人把这些陆陆续续收集到的资料信息进行综合整理分析之后,勾勒出中国石油开采的发展势头及对设备、技术的必然需求,并着手进行各种必要的设计和生产的准备工作。后来果真谈判成功,给日本有关公司创造了丰厚的利润。

5. 试销调查法

顾名思义它是指通过试销某种商品,收集有关该商品的调查资料。使用此种方法时先要拟定试销方法,选择试销地点、时间,试销范围一般由小到大逐步扩展。采用这种方法时应该注意及时跟踪用户使用情况,认真总结用户的呼声,把反馈的意见及时公布于众,扩大商品的影响。

(二)外销汇报形式(调查外销员)

在国际市场调研中并非所有的商品和项目都能直接向消费者或买方征求意见,还可以通过以下三种形式进行:

1. 直接信息收集方法

直接信息收集方法,即通过召开外销人员或公关人员座谈会,听取他们就有关国家对有关商品或合作项目的意见和要求,了解国际市场竞争态势。这种座谈会可以定期举行,也可以根据市场变化形式临时召集。

2. 间接信息收集法

间接信息收集方法,即定期向外销人员递交或邮寄调查表,调查有关商品和项目的推销与竞争现状。

3. 抽样收集法

抽样收集法,即根据不同商品、不同项目、不同的外国市场和不同的需求季节,邀请部分有代表性的外销人员书面或口头报告有关国际市场的最新信息,向有关专家提供所要调查课题的背景资料,制发调查表,继而把专家们的意见进行综合、整理、归纳,然后再反馈给专家,进行第二轮征求意见。一般经过两轮调查,专家意见就相当集中了,可以得出必要的结论。

(三)专家会议调查

专家会议调查有多种形式,如讨论汇总法,即开会讨论各个专家的调查报告,然后进行汇总,提出参考性意见;征求意见法,即会前先发给专家有关课题资料,开会时,由调查者拿出调查报告,请专家分析评判;头脑风暴法,即会议上大家围绕调查课题,各抒己见,各种想法相互启发,仿佛在思想上刮起一阵旋风。

(四)文献及电子媒体收集方法

通过对公开发行的报纸、杂志、书籍和未公开的各种资料、文件、报告的收集,应及时把有价值的资料整理好,编好目录,以备今后查找。文献收集方法的特点是信息具有权威性、准确性,但应注意资料的时效性。

通过网络、电子媒体收集,例如电话、电脑、电视、传真、广播等,可以迅速获得所需信息。电子媒体的特点是信息传播速度快、范围广,可以在短时间内收集到各个国家或地区的重要信息。

(五) 委托代理形式

委托代理收集可以通过驻外大使馆、领事馆或其他驻外机关就某些市场的变化情况和合作机遇收集专门信息;委托兄弟公司驻外的代表处或子公司将其收集的有关信息定期转送给自己做参考;委托本公司在国外的代理商作为自己的信息收集人,并按提供的信息数量及质量付给相应的报酬;委托出国访问、开会、留学、服务的人员就近了解信息情报并及时传递给本公司或本部门参考;委托友好国家的信息情报部门将其所有的信息情报与自己分享,同时以适当的信息情报进行交换。

(六) 现代化的经济谍报方式

现代商务信息情报的收集系统和收集手段十分复杂,除通过一些正常手段以外,有些国家的政府机构或公司集团甚至采取通过窃听、贿赂、欺诈、美色、绑架等非法手段进行。这是必须加以防范的。

1995年5月26日"澳洲广播公司电视网"披露了一件事:20世纪80年代末期,"澳洲安全情报组织"的人员曾受美国指使,趁中国驻澳大利亚使馆兴建之际在地板、天花板、墙壁及办公室等处安装了许多光纤电子窃听装置,把有价值的资料先传送到附近的英国大使馆的一个接收器,然后再转送到华盛顿,为美国的决策机关、经济部门和公司企业提供参考。又如1991年夏天国际商用机械公司的老板惊奇地发现,该公司刚刚研制成功的一种先进军用计算机软件系统已成为德国一家大公司的产品,并经过谈判签约出口到了一些阿拉伯国家。经过调查,发现自己的女秘书脖子上挂的那串漂亮项链与众不同,经检查,项链的环扣上装有高密度的窃听器和无线电传送装置。国际商业机械公司内部的重大决策和机密几乎无一幸免地被窃听并传递出去。这条项链是一个在德国公司工作的法国人送的。

总之,收集资料的方法是很多的,但不管采用哪种方法,均应做到:

1. 灵活性,即收集资料的渠道、方法,不要一成不变。一般来讲,收集同一资料的渠道越多,越能对各条渠道收集起来的资料进行综合分析,资料的可靠性就越高。同样,资料收集的方法如能根据不同的情况灵活运用,就会收集到质量较好的资料。

2. 系统性,了解一个市场、一类商品或某一方面的商情,必须掌握比较系统、全面的系列资料。比如要了解一种商品的市场情况,不但要了解它的主要产地的产销情况,还要了解各主要进口地的需求情况,同时还要了解与它相关产品的产销情况等。

3. 可比性,是指收集的资料具有可比性,既可以进行横向比较,也可以纵向比较。针对要调查的对象的各方面情况、各个时期的情况进行分析,找出事物发展的规律性。如调查钢材的价格,可以用钢材在不同时期不同情况下的价格进行比较,也可以与不同型号钢材的不同时期的价格进行比较。

4. 连续性,资料的收集不能时断时续,要建立完善的信息收集网络,不间断地将各种重要信息随时进行存档,分类登记。不要事到临头才匆匆忙忙搞调查,这样很难保证调查工作的周密和完善。

5. 可靠性,收集资料的目的是为了使用,如果不准确则贻害无穷,故要特别重视资料的可靠性,要将收集起来的资料认真分析研究,去粗存精,去伪存真。

三、信息收集的内容

为了避免信息收集的盲目性,有必要对谈判所需要收集的信息进行归纳。谈判信息收集的主要内容包括:市场信息、技术信息、金融方面的信息、有关政策法规以及有关谈判对手的资料。

(一)**市场信息**

1. 市场信息的概念

市场信息是反映市场经济活动特征及其发展变化的各种资料、数据、消息、情报的统称。它是通过语言来表达传递的,有自然语言和人工语言。自然语言包括口头语言、书写文字;人工语言是根据传递信息的特征而由人们创造出来的,如数学上的专用语言、计算机语言等。人工语言的使用,能够弥补自然语言结构容易产生误解以及意思不够明确、不够精练等缺陷,使意思表达更准确。

2. 市场信息的主要内容

市场信息的内容很多,归纳起来主要包括以下几个方面:

(1) 国内外市场分布情况

国内外市场分布情况主要包括:与贸易相关的商品市场的政治经济条件、分布的地理位置、运输条件、市场辐射的范围、市场潜力和容量以及某一市场与其他市场的经济联系等。随着科学技术的进步、国际分工的不断深化,使得国际贸易中交换的商品品种增多、数量不断扩大,因此,调查摸清产品在国内、国外市场的分布情况,有助于谈判目标的确立。

(2) 市场商品需求信息

市场商品需求信息主要包括:与贸易谈判有关的商品的市场容量、消费者的数量及其构成、消费者家庭收入及购买力、潜在需求量及其消费趋势、消费者对该商品及其服务的特殊要求,以及本企业产品的市场覆盖率、市场占有率及市场竞争形势对本企业销售量的影响等。

(3) 市场商品销售信息

市场商品销售信息主要包括:与贸易谈判有关的商品的市场销售量、商品的销售价格、该商品的发展趋势及市场寿命周期、拥有该类产品的家庭所占比率、消费者对该类产品的需求状况、购买该类产品的频率、季节性因素、消费者对新老产品的评价及要求、商品营销的策略等。通过对产品销售方面的调查,可以使谈判者大体掌握市场容量、销售量,有助于确定未来的谈判对象及产品销售(或购买)数量。

(4) 市场竞争方面的信息

市场竞争方面的信息主要包括:竞争对手的数目;竞争对手的经济实力;竞争对手的营销能力;竞争对手的产品数量、种类、质量及其知名度、信誉度;消费者偏爱的品牌与价格水平;竞争性产品的性能与设计;各主要竞争对手所能提供的售后服务的方式;各主要竞争者所使用销售组织的形态,即是生产者的部门推销,还是中间商负责推销;各主要竞争者所使用销售组织的规模与力量;各主要竞争对手所使用的广告类型与广告支出额等。

通过对产品竞争情况的调查,使谈判者能够掌握己方同类产品竞争者的情况,寻找他们的弱点,有利于在谈判桌上击败竞争对手;也能使谈判者预测己方的竞争力,使自己保持清醒的头脑,在谈判桌上灵活掌握价格弹性,更好地争取己方产品的广阔销路。

(二)技术信息

在技术方面,应收集的主要资料有:该产品生命周期的竞争能力以及该产品与其他产品相比在性能、质地、标准、规格等方面的优缺点方面的资料,同类产品在专利转让或应用方面的资料,该产品生产单位的工人素质、技术力量及其设备状态方面的资料,该产品的配套设备和零部件的生产与供给状况以及售后服务方面的资料,该产品开发前景和开发费用方面的资料,该产品的品质或性能鉴定的重要数据或指标及其各种鉴定方法,以及导致该产品发生技术问题的各种潜在因素。

(三)金融方面的信息

在金融方面应收集的主要信息有:随时了解各种主要货币的汇兑率及其浮动现状和发展趋势;收集进出口地主要银行的营运情况,以免因银行倒闭而影响收汇;收集进出口地的主要银行对开征、议付、承兑赎单或托收等方面的有关规定,特别是有关承办手续、费用和银行所承担的义务等方面的资料;收集商品进出口地政府对进出口外汇的管制措施或法令等。

(四)有关政策法规

在谈判开始前,应当详细了解有关的政策、法令,以免在谈判时因不熟悉政策、法令而出现失误。应收集的政策法规主要有:谈判双方有关谈判内容的法律规定,这是当事人经营是否合法的依据。了解有关国家或地区各种关税(诸如进口税、出口税、差价税、进口附加税、过境税或过境费等)的税率与其关税的税则和征税方法方面的资料;如果我国与交易国订有贸易协定或互惠关税协定时,还必须了解其详细情况。了解有关国家或地区的外汇管制政策。有些国家或地区,为了保证收汇和防止逃税、套汇、黑市买卖外汇,通过颁发进出口许可证等办法来加强对外汇的管制。例如,我国对于各种外汇票据的发行和流通以及外汇、贵金属和外汇票证等的进出国境,都有较详细的规定,对此必须事先加以了解。了解有关国家或地区的进出口配额与进口许可证制度方面的情况。配额制度是一个国家在一定时期内,对某些商品的进口数量或金额事先规定一个限额,从而起到限制某些商品的进口数量的作用。在这种制度下,进口的商品若是在规定的数量或金额的范围内则可以进口,超过限额则不准进口或征收高额关税乃至罚款以后方可进口。进口配额往往与进口许可证联系在一起。一个政府采用了进口配额,就必须要发放进口许可证。其做法是,政府在规定某些商品的进口配额后,根据进口商的申请,在其配额限度内发给进口商一定数量的进口许可证,配额用完为止。当然,有些没有配额限定的商品也需要许可证,因此,许可证比配额在范围上用得更广泛。目前,世界各国绝大多数都不同程度地采用了进口配额制。对此,必须加以详细了解。

(五)有关谈判对手的资料

在信息收集过程中,对谈判对手的情况资料的收集并进行调研与分析是非常重要的。如果同一个事先毫无了解的对手进行谈判,其困难程度和风险程度是可想而知的。谈判对手的情况是复杂多样的,这里从了解贸易客商的类型入手,着重阐述对谈判对手的合法资格的调查和对谈判对手资信情况的调查,并且对谈判者自身的实力加以认定,从而判定谈判双方的谈判实力。

1. 贸易客商的类型

贸易客商的类型如表 3-1 所示。

表 3-1　贸易客商的类型

客商类别	特征	我方应对措施
在世界上享有一定声望和信誉的跨国公司	资本雄厚,有财团做后台,机构健全,聘请法律顾问,有自己的信息咨询机构	作好充分准备,己方要有充足自信心,积极发展合作关系
享有一定知名度的客商	资本比较雄厚,产品在国内外有一定的销售量,靠引进技术、创新发展起来,在国际上有一定的竞争能力	客商迫切希望与我国合作,一般条件比较优惠,是很好的合作伙伴

续表

客商类别	特征	我方应对措施
没有任何知名度的客商	没有任何知名度,却可提供完备的法人证明,具备竞争条件	确认其身份,了解其情况,是很好的合作伙伴
"皮包商"	俗称中间商,无法人资格,无权签署合同,只是为了收取佣金而为交易双方牵线搭桥	确认其介绍客商的资信情况,谨防打着中介旗号行骗
知名母公司下属的子公司	其资本比较薄弱,无注册资本和法人资格,打着母公司的招牌做生意,在未获授权许可前,无权代表母公司	确认其与母公司的关系,防止"借树乘凉"
利用本人身份搞非其所在公司业务的客商	在某公司任职的个人,打着公司的招牌,从事个人买卖活动,谋求暴利或巨额佣金	弄清真面目,谨防上当受骗
骗子客商	无固定职业,专门靠欺骗从事交易,以拉关系、行贿等手段实施欺骗活动	提高警惕,不要被给予的优惠条件和好处所迷惑,谨防误入圈套

(1)在世界上享有一定声望和信誉的跨国公司。这类公司或企业的特征为:资本比较雄厚,有财团作自己的后台支柱;机构十分健全,有自己的技术咨询机构,并聘请法律顾问,专门从事国际市场行情和金融商情的研究与预测,以及技术咨询论证工作。这类公司或企业在与我们交往时,讲信誉,办事讲原则,工作效率高,对商情掌握较为准确,并要求我方提供的技术数据要准确、先进和完整。由于对方在各方面的要求都较高,在谈判中提出的问题往往比较尖锐。因此,与这类客商进行业务洽谈时,一定要事先作好充分的准备,要有充分的自信心。

(2)享有一定知名度的客商。这类客商的特征为:资本也较为雄厚,产品在国内外有一定的销售量。企业大多靠引进技术、创新发展起来,其产品在国际市场上具有一定的竞争能力。这类企业在与我们进行业务洽谈时,都比较讲信誉,迫切地希望占领我国市场,技术服务及培训工作比较好,对于我方在技术方面的要求比较易于接受,对于技术转让和合作生产的条件较为优惠,是我们较好的合作伙伴。

(3)没有任何知名度的客商。这类公司的特征为:虽然没有知名度,但能够提供法人证明来确认其身份,诸如公证书、法定营业场所、董事会成员的副本及本人名片等,具备一定的竞争条件。与这类客商交往,只要确认其身份,了解其资产情况,也是我们很好的合作对象。这类客商比较愿意与中国打交道,并希望在与中国合作中打出知名度,一般来说谈判的条件不会太苛刻。

(4)从事交易中介的中间商,也称"皮包商"。这类客商的特点为:无法人资格,无权签订合同,只是为了收取佣金而为交易双方牵线搭桥。对待这类客商,要确认他们所介绍的客商的资信情况,防止他们打着中介旗号行骗。

(5)知名母公司的下属子公司,也称"借树乘凉"的客商。这类客商是知名母公司下属公司,其母公司资本雄厚,往往具有较高的知名度;而其子公司可能刚刚起步,资本比较薄弱,无注册资本和法人资格。这种客商常常打着其母公司的招牌做大生意。对待这类客商不要被其母公司的声望所迷惑,应当持谨慎的态度,应要求对方出示母公司准予洽谈业务并且承担一切风险的授权书;否则,母公司与子公司完全是两个自负盈亏的经济实体,根本无任何连带责任关系。因此,一定要把好关,不能让这类客商达到"借树乘凉"的目的。

(6)利用本人身份搞非其所在公司及非经营贸易业务的客商。这类客商一般在某公司任职,但他往往是以个人身份进行活动,关键时刻打出其所在公司的招牌,干着纯属自己额外的买卖,以牟求暴利或巨额佣金。这类专干"私活"的客商国内外皆有,应当严加提防;否则一旦上当,追悔莫及。

(7)"骗子"客商。这类人往往无固定职业,专门靠欺骗从事交易,以拉关系、行贿、私刻公章、搞假证明、假名片、假地址等手段来从事欺骗活动。对于这类客商,我们应保持冷静的头脑,弄清其本来面目,提高警惕,谨防上当。尤其不要被骗子客商虚假的招牌、优惠的条件所迷惑,使自己误入圈套。

2. 对谈判对手资信情况的审查

对谈判对手资信情况的审查是谈判前准备工作的重要环节,是我们决定谈判的前提条件。谈判主体资格不合格或不具备合同要求的履约能力,那么所签订的协议就是无效的协议,谈判者就会蒙受损失。对谈判对手资信情况的调查主要包括:对谈判对手的合法资格进行调查,对前来谈判的客商的资本信用和履约能力进行调查。

(1)对客商合法资格的调查

作为参加商务谈判的企业组织必须具有法人资格。在民法上,法人作为权利义务的主体,在许多方面享有与自然人相同或类似的权利。比如,它们有自己的名称、自己的注册营业场所,有拥有财产的权利,有参与各种经济活动的权利,有起诉他人的权利,也可被他人起诉。法人在以自己的名义从事各种经济活动时,要独立承担法律责任。

从法律上讲,法人必须具备三个要件:一是法人必须有自己的组织机构、名称和固定的营业场所,组织机构是决定和执行法人各项事务的主体;二是法人必须有自己的财产,这是法人参加经济活动的物质基础与保证;三是法人必须具有权利能力和行为能力。所谓权利能力是指法人可以享受权利和承担义务,而行为能力则是指法人可以通过自己的行为享有权利和承担义务。满足以上三方面的条件,在某国进行注册登记,即成为该国的法人。

对于谈判对手的法人资格的审查,可以要求对方提供有关的文件,譬如,法人成立地注册登记证明、法人所属资格证明、营业执照的经营范围等。在取得这些证明文件后,还应通过一定的手段和途径验证其真伪,在确认其资格合法以后,再查清以下几个方面的问题:一是弄清对方法人的组织性质,是股份有限公司、有限责任公司还是合伙企业。其组织性质不同,所承担的责任不同。二是弄清谈判对手的法定名称、管理中心地址及其主要的营业场所。有些公司注册地点与实际营业场所完全不同,发生纠纷时找不到对方的行踪。三是要确认其法人的国籍,即其应受哪一国家的法律所管辖,发生纠纷时应适用哪一国的法律来解决。因为依据不同国家的法律,解决问题的方法和结果往往会有很大的差别。

对谈判对手的法人资格的审查还应包括对前来谈判的客商的代表资格或签约资格进行审查。一般来讲,前来洽谈的客商可能是公司的董事长、总经理,但更多情况下则是公司内部的某一部门的负责人。如果来者是该公司内部的某一部门的负责人,那么就存在一个代表资格或签约资格的问题。事实上,并非一家公司或企业中的任何人都可以代表该公司或企业对外进行谈判和签约。从法律的角度来讲,只有董事长和总经理才能代表其公司或企业对外签约。公司其他人员代表董事长和总经理签约必须有授权书,必须加以验证,否则企业对其工作人员超越授权范围或根本没有授权而对外所应承担的义务是根本不负任何责任的。在国际上经常有某一公司或企业的职员以其公司或企业的名义,到处招摇撞骗,洽谈业务并签订协议,从中牟利,却很少履行协议。因此,在洽谈签约之前,我们一定要求对方出示法定代表资格的文件,如授权书、委托书等证明材料,以证明其确实是合法的代表人。

(2)对谈判对手资本信用及履约能力的调查

对谈判对手资本调查主要是审查对方的注册资本、资金状况、收支状况、销售状况、资产负债等有关事件。对方具备了法律意义上的主体资格,并不一定具备很强的行为能力。因此,应该通过公共会计组织审计的年度报告,银行、资信征询机构出具的证明来核实。谈判对方公司的营运状况,主要是指对方公司的经营好坏。即使是一个注册资本很大的股份有限公司,也会由于经营不善而负债累累、濒临破产或实际已破产。根据大多数国家的公司法和破产法的规定,公司一旦破产,股东对公司的债务承担仅以其持有股票所代表的金额为限,如果股票总额和公司其他财产不足以偿还债务时,债权人只能按清算比例收回债权。因此,如果在谈判前不了解对方公司的营运情况,一旦对方公司破产,很可能收不回全部债权。

(3)对谈判对手商业信誉情况的审查

商业信誉是指在同行业中,由于企业经营管理处于较为优越的地位,能够获得高于一般利润水平的能力而形成的一种价值。形成商业信誉的主要原因,是企业长期保持优良的商品质量、良好的信誉和周到的服务、著名的商标及牌号等。

在了解以上信息之后,还要了解谈判对方的真正需求。例如,是什么因素构成了对方谈判的动机,对方谈判要达到的目标是什么,对方可能接受的最低条件,对方可能采用的谈判策略以及谈判的诚意等。还要了解对方参加谈判人员的实力。例如,对方谈判小组的决策者和幕后决策者的个性特征,对方谈判小组成员的知识结构,人际交往及谈判的能力,心理素质、性格特征、个人经历、爱好,对方的谈判作风,以往参加谈判的经验及成败记录等。还要了解对方谈判的时限,主要是指对方所拥有的谈判时间及其谈判的最后期限。还要了解对方掌握的信息情况,包括:对方拥有的信息和可能掌握的核心机密,对方对我们的了解程度及信任程度等。

综上所述,我们可以看出,在举行国内外技术、商务业务洽谈之前,必须对客商的资格、信誉、注册资本、法定营业地点和谈判者本人等情况进行审核,对有些情况还要请客商出示公证书来加以证明。这些都是进行谈判的基础,必须予以审查或取得旁证。如果在许多问题尚未弄清楚之前就开始谈判,其结果势必会给工作带来麻烦乃至经济损失。

(六)对谈判者自身的了解

在谈判前的准备中,不仅要调查分析谈判对方的情况,还应该了解和评估谈判者自身的状况。谈判者自身的情况,是指谈判者所代表的组织及本方谈判人员的相关信息,主要包括以下几方面:

1. 对本方经济实力的评价

本方经济实力主要包括:本方产品及服务的市场定位、财务状况、销售情况、企业有形资产和无形资产的价值、企业经营管理的水平及决策的成败记录等。

2. 对贸易谈判项目的可行性分析

进行项目可行性分析需要对项目涉及的资金、原材料、技术、管理、销售前景及其对企业综合实力的影响进行全面的评估。

3. 本方贸易谈判的目标定位及相应的策略定位

谈判的目标定位包括最低目标定位和最高目标定位,即预先设定贸易谈判的界点和争取点。本方的谈判方案及相应策略的谋划也需要进行可行性研究分析。

4. 对本方贸易谈判人员的实力评价

内容包括本方参加谈判人员的知识结构、人际交往及谈判的能力、心理素质、成员之间的熟悉及配合水平、士气状况,以往参加谈判的经验及成败记录等。

5. 本方所拥有的各种相关资料的准备状况

内容包括拥有相关资料的齐全程度,特别是对核心情报的把握程度,以及本方谈判人员对资料的熟悉程度,如哪些资料可以在谈判中作为背景资料提供给对方,哪些资料将在关键场合发挥独特的作用等。此外,了解本方在谈判中所拥有的时间也是相当重要的。

通过以上对谈判双方情况的综合分析,就可以对双方实力加以判定,便可制定和策划本方的谈判策略,使谈判朝着有利于己方的方向发展。

四、谈判信息资料的处理

对收集来的资料进行分析整理的目的,一是为了鉴别资料的真实性与可靠性,二是根据资料制定出具体的谈判方案与对策。对谈判信息资料的处理主要有两个环节:一是对资料的整理与分类,二是对信息资料的交流与传递。

(一)信息资料的整理与分类

1. 对资料的评价。要对收集的资料进行鉴别和分析,应毫不犹豫地舍弃无关的资料,剔除那些不真实的、不能有足够证据证明的、带有较多主观臆断色彩的信息;保存那些可靠的、有可比性的信息,避免造成错误的判断和决策。对需要保存的资料,也要根据其重要性不同,将其分为:可立即利用的资料、将来肯定要用的资料、将来有可能派上用场的资料。

2. 要在已经鉴别资料可靠性的基础上将其进行归纳和筛选。资料的筛选可采取:(1)查重法,剔除重复资料,但是,重要资料只要不是完全相同,可以保存一部分。(2)时序法,即按时间顺序排列,在同一时期内,较新的取,较旧的舍弃。(3)类比法,将信息资料按市场营销业务或按空间、地区、产品层次,分类对比,接近实质的保留,否则舍弃。(4)评估法,即对自己所熟悉的业务范围,凭市场资料的题录决定取舍。这种方法需要信息资料收集人员有比较扎实的市场学专业知识。

3. 在筛选的基础上进行分类、保存。这是极其重要的环节,可以说,不做好分类、保存,就不可能充分利用资料。资料的分类可将原始资料按项目、时间顺序、问题性质、问题反映的程度、资料之间的联系等进行分门别类的排队,以便查找。对资料的保存是把分好类的资料妥善地保存起来,即使经常使用的资料也不要随便搁放,要分类放到专门的资料架或卡片箱中,以便随时查找该类资料或加放同类资料。

4. 在资料整理分类的基础上,写出背景调查报告。调查报告是调查工作的最终成果,对谈判有直接的指导作用。调查报告要有充足的事实、准确的数据,还要有对谈判工作起指导作用的初步结论。要写好调查报告,就要对整理好的资料做认真的研究分析,从表面现象探求其内在本质,由此问题按逻辑推理到彼问题,由感性认识上升到理性认识,然后提出有重要意义的问题。对提出的问题作出正确的判断和结论,并对谈判决策提出有指导意义的意见,供企业领导和谈判者参考。

(二)信息资料的交流与传递

为了在谈判中掌握主动权,谈判者应选择信息的传递方式和恰当地选择传递的时机,实现信息交流和沟通,保持谈判者与己方的有效联系,最大程度地实现己方的谈判目标。谈判信息的传递方式的选择既要考虑自身谈判的目的、自身条件和环境影响,同时又要注意自身条件、环境的变化和对方的变化情况。谈判者为了减少特定的谈判信息传递方式对自己的不利影响,必须注意观察、收集、识别对方以不同方式作出的反应;根据反馈的信息,敏锐地作出推断,及时修正、调整、变换谈判信息传递方式。谈判信息的传递形式是谈判者或者信息机构之间借助于口语、手势、文字、形象等进行信息传递。

信息的传递可分为直接传递、间接传递、暗示传递以及意会等方式。

1. 直接传递方式

所谓直接传递就是指谈判者以语言、文字的形式,在有关的、恰当的场合,明确地提出谈判的条件、要求,阐明谈判的立场、观点,表明自己的意图、态度和打算。直接传递的方式可以通过拜访、洽谈、电话、信函等渠道,还可以通过社交场合,如双方初次相见的谈判场合、宴会厅、群众性集会场合、官方或团体会议场合、单独会见场合,业务洽谈场合等渠道。直接传递具有针对性强、交流手段丰富、信念反馈既快又真实的特点。

2. 间接传递方式

所谓间接传递是指通过第三者将信息传给对方。间接传递的方式可以借助第三者与对方直接见面的形式,也可以通过大众媒体、广告等形式。间接传递的优点是渠道较多;具有一定试探性,但间接传递的信息内容易失真;反馈易发生中断。无论直接的还是间接的谈判信息传递都有公开的和秘密的两个方面。

3. 暗示传递方式

所谓暗示传递方式是指谈判者在有关的、恰当的场合,用含蓄的、间接的方法向对方表示自己的意图、要求、条件和立场等。暗示一般不明确表示自己的意思,而以隐蔽、含蓄的语言或动作情景使人领悟其含意之所在,给人以启示。运用暗示的方法传递信息,可以充分利用人的丰富联想,使被传递者感悟和接受暗指的信息;也可以用特定的暗号,让同伴配合采取某些策略。暗示具有隐蔽性、借代性、便于把握分寸的特点,但反馈易发生中断。所以在此类传递中,有时需采用重复传递或多渠道传递,使对方能明白无误地得到所传递的信息。

暗示在谈判中具有重要意义。它可以避免不必要的直接对抗,传递出在明示条件下无法传递的谈判信息。这种信息传递方式,既不失自己的身份,又向对方表达了自己的意愿,所以常常在外交或政治谈判中使用,在贸易谈判中也能达到较好的效果。

4. 意会传递方式

所谓意会传递方式是指谈判信息的发出者与谈判信息的接受者早有沟通,早已对信息交流的背景有所了解,早已就信息传递的渠道达成了某种默契,是既不同于明示又不同于暗示的一种特殊的谈判信息传递方式。它是为了避免明示或暗示给各自带来的不利影响,同时也为了避免信息泄露而采取的一种较为谨慎的谈判信息的传递方式。

意会在传递谈判信息方面有着特殊的作用。采用意会方式传递,当谈判各方传出或接受的信息彼此矛盾或尖锐对立时,不会在"面子上"引起相互关系的紧张;采用意会方式传递给对方的信息一般都是明白无误的。所以它不同于明示那样直截了当,也不同于暗示那样,因为过于含蓄而产生理解障碍甚至歧解。

但需注意的是,意会也极有可能成为无效的信息传递方式。这主要取决于人们对信息传递后的理解、体会、推断及社会生活经验,取决于人们对意会的积极或消极态度。如果当谈判信息交流的双方能够意会出彼此传递信息的全部含义,而双方或一方预感到后果对自己不利,就可能采取消极的态度不予理会。

信息的传递和信息的收集一样,不仅在谈判前要做,而且在谈判进行的整个过程中都要频繁地去做。从某种意义上说,谈判的过程就是互相传递和接受谈判信息的过程。因此,学会信息传递的各种方法与学会信息收集、分析、研究的方法是同样重要的。

信息工作在谈判实践中越来越显示其特定的作用和价值,谈判的各方比以往任何时候都重视信息工作。随着信息工作中自我信息的保密意识在不断增强,辨别对方信息真伪等方面工作的难度也在不断增加,这就给从事信息工作的人员和参加谈判的人员提出了更高的要求。

案例分析 3-1

正确的信息能帮助谈判者取胜,错误的信息会使谈判者陷入被动的局面,谈判信息的保密工作是必须要注意的。下面的案例足以说明这些问题。

王光英兵贵神速

拿破仑有一句名言:战场上的形势瞬息万变。商场就是战场,兵贵神速。

我国著名的实业家王光英先生,就是以这种大将风度,卓越地指挥了一场闪电般的谈判,一举为国家节约了 2500 万美元的外汇。

1983 年 4 月,香港光大实业公司成立不久,一份重要情报摆在董事长王光英先生的办公桌上:"南美智利一家铜矿厂倒闭了。矿主在矿厂倒闭前订购了美国的'道奇'、西德的'奔驰'等品牌各种型号的大吨位载重车、翻斗车共计 1500 辆,全部是未曾启用的新车。为了偿还债务,矿主决定将这批新车折价拍卖。"

年过花甲的王光英先生看到这里,精神为之一振。可以想象得到,此时此刻,内容大致相同的报告,很可能也摆到了全世界的许多实业家的桌面上。1500 辆新的二手车,这是一笔相当诱人的财富!这是我国建设急需的设备!王先生知道,在这千钧一发的时刻,时间就是胜利,时间就是金钱。王先生当机立断,组织采购人员,出国谈判。经过一番激烈的讨价还价,使 7 吨以上 30 吨以下的载重车以原价 38% 的低价成交,不但节约了大批外汇,而且仅用 3 个月的时间!

王光英先生的成功,一是信息抓得快。从得到最初消息到分析出精确情报仅用了几天时间。二是决策拍板快,当机立断。在非常时期,"将在外,君命有所不受"。三是谈判时机正好选择在对方急切希望汽车早日出手以便还债之际,既准又快。这三快使得王光英先生排除其他对手,捷足先登。

合同纠纷

某年我国某公司与荷兰某商号就合同是否成立的问题发生了纠纷。事情是这样的:某年 6 月 27 日,我国某公司应荷兰某商号的请求,报出 C514 某初级产品 200 公吨,每公吨 CIF 鹿特丹人民币 1950 元,即期装运的实盘。但对方接到我方报盘,未作还盘,而一再请求我方增加数量,降低价格,并延长有效期。我方因库存量大,求售心切,将数量增至 300 公吨,价格减至每公吨 CIF 鹿特丹人民币 1900 元,有效期经两次延长,最后延至 7 月 25 日。荷商于 7 月 22 日来电接收该盘。但我方在接到对方接受电报时,才发现 C514 主产地巴西受冻灾而影响了该产品的产量,国际市场价格猛涨,从而我方拒绝成交,并复电称:"由于世界市场的变化,货物在收到接受电报前已售出。"但对方不同意这一说法,认为他们在发盘有效期限内接收,坚持要按发盘的条件执行合同,并提出要么执行合同,要么赔偿差价损失人民币 23 万余元,否则提交有关方面仲裁解决。这场纠纷经过多次激烈的电报谈判,以我方某公司承认合同已成立的事实而告终。这笔交易由于我方公司信息不灵,对国际市场价格变动信息反应太慢,损失差价达 23 万多元(外汇人民币)。

以上正反两例足以说明信息的重要性。

严守机密

要非常注意你的谈判小组的保密问题。在漫长而艰巨的商谈过程中,前前后后可能要涉及许多的人,其中掌握一些关键性信息的人也难免会多起来。而对方的任务则是侦察你的信息,并利用探得的信息有效地对付你。如果你不采取必要的保密措施,一次气氛融洽的宴会或一次热情的谈话都有可能使请客的人或谈话的另一方得到原本不属于他的好处,这就意味着你的损失。

事情发生在美国一家生产家用厨房用品的工厂和他的采购商之间。合同即将签订,一切都仿佛可以顺利进行了。然而有一天工厂接到了采购负责人打来的电话:"真是很遗憾,事情发生了变化。我的老板改了主意,他要和另一家工厂签订合同,如果你们不能把价钱降低 10%的话,我认为就会毁掉我们双方所付出的努力,真是有些不尽情理。"

工厂慌了手脚,经营状况不佳,已使他们面临破产的危险,再失去这个客户就像濒于死亡的人又失去了他的救命稻草。他们不知道在电话线的那一方,采购负责人正在等着他们来劝说自己不要放弃这笔生意,工厂的主管无可避免地陷入了圈套,他问对方能否暂缓与另一家工厂的谈判,给他们以时间进行讨论。采购负责人很"仗义"地应允下来。工厂讨论的结果使采购负责人达到了目的,价格被压低 10%。要知道这 10%的压价并不像采购负责人在电话里说的那样仅仅是 10%,它对工厂着实是个不小的数目。

如果我们能看清这场交易背后的内幕,就会发现工厂付出的代价原本是不应该的。那么采购方是如何把这笔金额从工厂那里卷走而只留给他们这项损失的呢?

事情还要追溯到合同签订的前一个月,工厂的推销员在一次与采购负责人的交谈中无意地给工厂泄了底。他对精明的采购人说他们的工厂正承受着巨大的压力,销售状况不佳,已使他们面临破产。对于他的诚实,作为回报,采购负责人并没有对他们寄予同情,而是趁机压榨了一下,因为他已知道工厂在价格问题上不硬。

一次不注意的谈话,使工厂被掠走大量利润。所以,讨价还价者们应时刻提醒自己提高警惕,对涉及己方利害关系的信息三缄其口,在这种情况下,如果再能讨得对方的信息,则是上上策了。

作为讨价还价的负责人,应严格控制其成员严守秘密,需要透露的重要信息只能由负责人传递给对方。当涉及人员太多、负责人无法监督其成员是否能贯彻保密制度时,保密工作就更为重要了,利益攸关的关键信息只能由几个关键人物掌握。①

第三节 方案的准备

为了有效地组织和控制商务谈判活动,使其既有方向,又能灵活地左右复杂的谈判局势,必须在谈判的准备阶段制定出一套考虑周全的谈判方案。谈判方案是指在谈判开始以前对谈判目标、议程、谈判策略预先所作的安排;是在对谈判信息进行全面分析、研究的基础上,根据双方的实力对比,为本次谈判制定的总体设想和具体实施步骤;是指导谈判人员行动的纲领,在整个谈判中起着非常重要的作用。

一、制定商务谈判方案的要求

从形式上看,谈判方案应该是书面的,文字可长可短,可以是长达几十页的正式文件,也可以是短至一张纸的备忘录。见表3-2。

---

① 孙庆和、张福春:《商务谈判大全》,企业管理出版社,2000年,第399、405页。

表 3-2 谈判方案(备忘录)

谈判主题：
谈判总目标：_____
谈判标的：1. _____ 2. _____
      _____ _____

拟谈判期限：从___年___月___日至___年___月___日
谈判的议程：时间安排　　　　　　确定谈判议题
谈判方：
   甲方：_____ _____
   乙方：_____ _____
以前是否有过接触：　有/无
      姓名　　职务　有/无　姓名　　职务　有/无
甲方谈判人员：1._____ 2._____
       3._____ 4._____
乙方谈判人员：1._____ 2._____
       3._____ 4._____
拟谈判条件及目标：
  谈判条件　　　　本方目标　　　　对方目标　　相同/相异
  谈判目标　　　　可接受目标　　　谈判目标　　可接受目标

1. _____

2. _____

3. _____

4. _____

5. _____

法律问题：拟交换的法律文件　　　　拟聘请的法律顾问
     1.　　　　　　　　　　　　1.
     2.　　　　　　　　　　　　2.

备注：

制定商务谈判方案的基本要求是：简明、具体、灵活。

（一）简明

所谓简明是以高度概括的文字加以叙述，要尽量使谈判人员在头脑中对谈判问题留下深刻的印象，能容易记住其主要内容与基本原则，在谈判中能随时根据方案要求与对方周旋。

（二）具体

所谓具体是指要以谈判的内容为基础，具有可操作性。谈判总目标应该细化成若干个分目标或子目标，即从高处着眼，从低处着手，形成环环相扣、层层相接、首尾呼应的目标体系和策略体系。运用组合策略的优势在于每一步的推进看似简单，不施花招；整体合成起来，却是玄机妙藏，疏而不漏。

（三）灵活

所谓灵活是指在谈判过程中灵活机动地去掌握。谈判过程中会发生很多突然的变化，要求谈判人员在复杂多变的情况下取得比较理想的结果，就必须使谈判方案具有一定的灵活性。谈判人员在不违背谈判原则的情况下，视情况变化，在权限允许的范围内灵活处理有关问题。因为谈判方案只是谈判单方的主观设想或各方简单磋商的产物，不可能把影响谈判过程的各种随机因素都估计在内。所以，在制定谈判方案时，对可控因素和常规事宜可安排得细些，对无规律可循的事项可安排得粗些，便于在谈判过程中灵活机动地去掌握。例如，谈判目标可以有几个供选择的目标，谈判指标有上下浮动的余地，如果情况变动比较大，原方案不适应，可以实施另一种备用的方案。

二、商务谈判方案的内容

商务谈判内容的准备应围绕谈判标的进行，明确谈判标的的技术性能、成本费用、生产规模、市场分布等情况；另外，还要注意对包装、运输、保险有无特殊要求。谈判人员对所磋商的所有交易条件要心中有数，并根据客观情况分析出哪些交易条件易于达成一致意见，哪些条件不容易达成一致意见，进而制定针对性较强的谈判目标。一套完整的谈判方案应该包括：谈判的目标体系、谈判的相应策略、谈判的期限和谈判议程等要素。

（一）商务谈判的目标

商务谈判的主题是谈判活动的中心。依据不同的谈判主题制定不同的谈判目标是谈判顺利进行的关键。

商务谈判目标的确定是指制定方案时，对所要达到的结果的设定，即它是谈判者本次谈判的期望水平。商务谈判目标是指导贸易谈判的核心。在商务谈判的整个过程中，从策略的选择、准备到实施以及一系列其他工作，都以谈判目标为依据。

商务谈判目标通常可分为三个层次。

1. 最低目标

最低目标是谈判者在作出让步后必须保证达到的最基本的目标。最低目标是谈判成功的最低界限，即谈判的界点目标，它是一个点。对己方来说，如果达不到这个目标，宁可谈判破裂也不能降低这一标准。因此，最低目标是一个限度目标，是谈判者必须坚守的最后一道防线。显然，它是谈判者最不理想的目标或最不愿意接受的目标。

2. 可以接受的目标

可以接受的目标是谈判人员根据各种主、客观因素，经过对谈判对手的全面估价，对己方利益的全面考虑、科学论证后确定的目标。如果最低目标用一个点来表示的话，可以接受的目标则是一个区间范围；己方可努力争取或作出某些让步，经过讨价还价，争取可接受目标的实现。可接受的目标是谈判者期望实现的目标。

3. 最高期望目标

最高期望目标是对谈判者最有利的一种理想目标，实现这个目标，将最大化地满足己方利益。当然己方的最高期望目标可能是对方最不愿接受的条件，因此很难得到实现。因而，它一般是可望而不可及的理想目标，很少有实现的可能性。它也是一个点，如果超过这个点，谈判往往要冒着破裂的危险。但是确立最高期望目标是很有必要的，它激励谈判人员会尽最大努力去实现高期望值，也可以很清楚地评价出谈判最终结果与最高期望目标存在多大差距。在谈判开始时，以最高期望目标作为报价起点,有利于在讨价还价中使己方处于主动地位。

谈判目标的确定是一个非常关键的工作,在订立谈判目标时应注意几方面的问题:首先,应具有实用性。实用性要求谈判双方要根据自身的实力与条件制定切实可行的谈判目标,离开这一点,任何谈判的协议结果都不能实现。其次,具有合法性。合法性要求制定谈判目标要符合一定的法律准则和道德规范。再次,谈判目标要有一定弹性。定出上、中、下限目标,根据谈判实际情况随机应变、调整目标。另外,所谓最高期望目标不仅有一个,可能同时有几个目标,在这种情况下就要将各个目标进行排队,抓住最重要的目标努力实现;而其他次要目标可作让步,降低要求。最后,己方最低限度目标要严格保密,除参加谈判的己方人员之外,绝对不可透露给谈判对手,这是商业机密。如果一旦疏忽大意透露出己方最低限度目标,就会使对方主动出击,使己方陷于被动。

(二)商务谈判策略

商务谈判目标明确以后,就要拟定实现这些目标所应采取的基本途径和策略。谈判策略是指谈判者在谈判过程中,为了达到某个预定的近期或远期目标,人为采取的一些行动和方法。

谈判策略不是客观的谈判程序,而是针对预期谈判效果而采取的进攻或防卫措施;谈判策略也不是谈判者追求的客观条件,而是为达到其谈判目标单方面采取的行动;谈判策略的形态千变万化,他们追求的不是形式而是结果;谈判策略是谈判者智慧的结晶,是他们丰富经验的总结;谈判者采用这些方法和行动时,追求的不是一时一事的公正,而是整个谈判的公正。

运用谈判策略,首先应掌握如何选择策略。从商务谈判过程的运作来看,谈判策略很多。如开局策略、报价策略、磋商策略、成交策略、让步策略、打破僵局策略、进攻策略、防守策略、语言策略,等等。要根据谈判过程可能出现的情况,事先做好准备,做到心中有数,以在谈判中灵活运用各种策略。

(三)商务谈判的期限

谈判期限关系到谈判的效率,因此谈判方案的制定应对谈判期限做一规定。一般来说,谈判期限是从确定谈判对手并着手进行各种准备开始,至谈判结束的日期。时间的长短主要依据谈判双方时间的充裕程度和正常进行所需要的时间来定。

商务谈判的议题时效性很强,特别是时令商品和季节产品,如果超过了规定的期限就要受到损失。因此,买卖双方在谈判前对谈判的时间要作出精确的计算和安排。

需要注意的是,千万别将本方实际的时间泄露给对方,这会造成不必要的被动局面。

(四)商务谈判的议程

谈判议程的安排对谈判双方都非常重要,谈判议程安排的本身就是一种谈判策略,必须高度重视这项工作。谈判议程一般要说明谈判时间的安排和谈判议题的确定。谈判议程包括通则议程和细则议程。

1. 时间的安排

时间安排即确定谈判在什么时间举行、时间的长短。如果谈判需要分阶段,还要确定分为几个阶段、每个阶段所花费的大约时间等。谈判时间的安排是议程中的重要环节。

在谈判准备过程中,有无时间限制,对参加谈判的人员造成的心理影响是不同的。如果谈判有严格的时间限制,即要求谈判必须在某短时间内完成,这就会给谈判人员造成很大的心理压力,那么他们就要针对紧张的谈判时间限制来安排谈判人员,选择谈判策略;如果时间安排得很仓促,准备不充分,仓促上阵,会使己方心浮气躁、乱了方寸,不能沉着、冷静地在谈判中实施各种策略;如果时间安排得很长,不仅会耗费时间和精力,还会增加谈判成本,而且随着时间的推延,市场和各种环境因素都会发生变化,会错过一些重要的机遇。

谈判中的时间因素还有另一个重要的含义,即谈判者对时机的选择与把握。常有人会感叹:来得早不如来得巧。时机选得好,有利于在谈判中把握主动权;相反,时机选择不当,则会丧失原有的优势,甚至会在一手好牌的情况下最后落败。

(1) 谈判议程中的时间策略

第一,合理安排好己方各谈判人员发言的顺序和时间,尤其是关键人物的重要问题的提出,应选最佳的时机,使己方掌握主动权。当然也要给对方人员足够的时间表达意向和提出问题。

第二，对于谈判中双方容易达成一致的议题，应尽量在较短的时间里达成协议，以避免浪费时间和无谓的争辩。

第三，对于主要的议题或争执较大的焦点问题，最好安排在总谈判时间的 3/5 之前提出来，这样双方可以充分协商、交换意见，有利于问题的解决。

第四，在时间的安排上，要留有机动余地，以防意外情况发生。当然机动时间也不可太多，否则会使谈判进程节奏过于缓慢，显得没有效率。

第五，适当安排一些文艺活动，以活跃气氛。文艺活动既可活跃双方气氛、消除疲劳，又可以增进友谊、加强了解、发展关系。但应注意，文艺活动安排得不宜太多，内容安排不要重复，不能使文艺活动成为疲劳对方、实现其谈判目标或达到其他目的的手段。

(2)在确定谈判时间时应注意的问题

主要有以下几方面：

第一，谈判准备的程度。俗话说不打无准备之仗。如果没有做好充分准备，不宜匆匆忙忙地开始谈判。

第二，谈判人员的身体和情绪状况。参加谈判人员的身体、精神状态对谈判的影响很大，谈判者要注意自己的生理时钟和身体状况，避免在身心处于低潮和身体不适时进行谈判。尤其参加谈判的多为中年以上的人，要考虑他们身体状况能否适应较长时间的谈判；如果身体状况或精神状态不太好，可以将一项长时间谈判分割成几个较短时间的阶段谈判。

第三，市场的紧迫程度。市场是瞬息万变的，如果所谈项目是季节产品或是时令产品应抓紧时间谈判，不允许稳坐钓鱼台式的长时间谈判。

第四，谈判议题的需要。谈判的议题有不同的类型，对于多项议题的大型谈判，所需时间相对长，应对谈判中的一切可能出现的问题做好准备。对于单项议题的小型谈判，如准备得充分，应速战速决，力争在较短时间内达成协议。

第五,谈判对手的情况。谈判是双方的洽谈,对于对手的情况也应充分考虑,只有这样双方才能合作愉快,达成双方满意的协议。

2. 确定谈判议题

谈判议题就是谈判双方提出和讨论的各种问题。确定谈判议题首先要明确己方要提出哪些问题、要讨论哪些问题。要把所有问题全盘进行比较和分析:哪些问题是主要议题,列入重点讨论范围;哪些问题是非重点问题,列入其次;哪些问题可以忽略,这些问题之间是什么关系,在逻辑上有什么联系。还要预测对方要提出哪些问题,哪些问题是需要己方必须认真对待、全力以赴去解决的,哪些问题是可以根据情况作出让步的,哪些问题是不予讨论的。

3. 通则议程与细则议程的内容

(1) 通则议程

通则议程是谈判双方共同遵照使用的日程安排,可由一方准备,也可双方协商确定,一般要经过双方协商同意后方能正式生效。它包括双方所谈事项的次序和主要方式。在通则议程中,通常应确定以下一些内容:双方谈判讨论的中心议题,尤其是第一阶段谈判的安排;列入谈判范围的各种问题以及问题讨论的先后顺序;谈判总体时间及各分阶段时间的安排;谈判中各种人员的细节安排;谈判地点及招待事宜等。

(2) 细则议程

细则议程是谈判己方根据通则议程拟订的对谈判事项涉及的细节安排,供己方自己使用,是本方谈判方案的具体体现,具有保密性。其内容一般包括以下几个方面:对外谈判中口径的统一,如文件资料说明、发言观点、证明材料、提供的证据等;对谈判过程中可能出现的各种情况的对策安排;己方发言的策略,何时提出问题,提什么问题,向何人提问,谁来提问,谁来补充,谁来回答等;谈判人员更换的预先安排;己方谈判时间的策略安排、谈判时间期限。

除了已提到的谈判目标、谈判策略、谈判期限、谈判议程外,谈判方案还应包括确定谈判的班子、谈判的地点、模拟谈判等,这些在后边各节将做专门的阐述。

案例分析 3-2

关于引进美国 A 公司矿用汽车的谈判方案

谈判背景：

2002 年我公司曾购买过 A 公司的矿用汽车，经使用性能良好。为适应我矿山技术改造的需要，准备通过谈判再次引进 A 公司矿用汽车及有关部件的生产技术。A 公司代表于 3 月 23 日应邀来我公司洽谈。

谈判主题：

以适当价格谈成 30 台矿用汽车及有关部件生产的技术引进。

谈判目标的设定：

(1) 技术要求。

① 矿用汽车车架运行 15000h（小时）不准开裂。

② 在气温为 40 摄氏度条件下，矿用汽车发动机停止运转 8h 以上，在接入 220V 电源后，发动机能在 30min 内启动。

③ 矿用汽车的出动率在 85% 以上。

(2) 试用期考核指标。

① 一台矿用汽车试用 10 个月（包括一个严寒的冬天）。

② 出动率达 85% 以上。

③ 车辆运行 3750h，行程 31250km。

④ 车辆运输达 312500 立方米。

(3) 技术转让内容和技术转让深度。

① 利用购买 30 台车为筹码，A 公司无偿地转让车架、厢斗、举升缸、转向缸、总装高试等技术。

② 技术文件包括：图纸、工艺卡片、技术标准、零件目录手册、专用工具、专用工装、维修手册等。

(4) 价格。

① 2002 年购买 A 公司矿用汽车，每台 FOB 单价为 23 万美元；现在如果仍能以每台 23 万美元成交，此价格为下限。

② 2002 年～2006 年，按国际市场价格浮动 10% 计算，今年成交的可能性价格为 25 万美元，此价格为上限。

小组成员在心理上要做好充分准备,争取价格下限成交,不急于求成;与此同时,在非常困难的情况下,也要坚持不能超过上限达成协议。

谈判程序:

第一阶段,就车架、厢斗、举升缸、转向缸、总装调试等技术附件展开洽谈。

第二阶段,价格洽谈。

第三阶段,商订合同条文、合同签字。

日程安排(进度):

拟谈判期限从3月24日到3月27日。

3月24日上午9:00~12:00,下午2:00~6:00为第一阶段。

3月25日—3月26日上午9:00~12:00,下午2:00~8:00为第二阶段。

3月27日上午9:00~12:00,下午2:00~6:00为第三阶段。

谈判地点:

第一、二阶段的谈判安排在公司第一洽谈室。

第三阶段的谈判安排在华富宫大饭店二楼会议厅。

谈判人员的分工:

主谈:王钢——谈判小组总代表,负责主要的谈判任务。

副主谈:张继——为主谈提供建议或见机而谈。

成员:徐冰——负责谈判中技术方面条款的记录及技术支持。

成员:李文——负责分析对方动向、意图,提供信息支持及财务方面条款的记录。

成员:赵钢——负责分析对方动向、意图,提供信息支持及法律方面条款的记录,完成合同条款的起草和订稿工作。

翻译:韩芳芳——为谈判主谈、副主谈担任翻译,并留心对方的反应情况,协助完成合同条款的翻译工作。

矿用汽车引进谈判小组
2006年3月13日。

资料来源:徐春林,《商务谈判》,重庆大学出版社,2007年第2版,第81页。

第四节 人员的准备

商务谈判是谈判主体间一系列的行为运动过程,谈判者素质和能力的高低直接影响到谈判的成败得失。因此,欲使谈判成功,获得预期的经济利益和社会效益,除了靠本企业的产品质量、企业的信誉外,在谈判准备中对谈判班子的组成和谈判人员的分工及配合作出恰当的安排是一项十分重要的内容。一个高效的强有力的谈判小组,人员之间应该形成各种能力的互补,以使个人的能力和素质得到放大,并形成新的集体力量。

一、谈判人员的选择标准

谈判人员的选择标准应从四个方面考虑:基本素质、知识结构、能力结构、年龄结构。

(一)基本素质

谈判人员的基本素质泛指谈判者个人综合素质,它是由谈判者的政治素质、心理素质、业务素质、文化素质等构成的,它是谈判者所具有的内在的特质。

1. 政治素质

政治素质包括:思想觉悟、品德水平、价值观、法律意识。

在国际商务谈判中,谈判人员应具有爱国心,坚决维护国家利益、企业利益,不能损公肥私,甚至与外商合伙损害国家、企业利益;谈判人员应为人正直、廉洁奉公、不谋私利、尊重别人、平等待人,具有谦虚、协作、敢于承担责任的品德;谈判人员应以维护国家和组织的利益为荣,具有高度的原则性、责任感和纪律性,有对事业的献身精神;谈判人员应该具有较强的法律意识,尊重法律和社会公德。

2. 业务素质

业务素质包括:基础知识、专业知识以及语言表达、判断分析、谈判策略运用等能力。

谈判人员应该具备较高的学历和相当广泛的阅历,有较强的求知欲和获取新知识的能力;谈判人员者应具备相关的专业知识,熟悉本专业领域的科学、技术及经营管理的知识,能够担当专业性较强的谈判任务;谈判人员应能够熟练运用口头、书面、动作等语言和非语言表达方式,准确地向对手表明自己的意图,达到说服和感染对方的目的;谈判人员应善于观察对手,及时捕捉对方信息,发掘其价值,冷静地预见谈判前景,适时地调整己方的谈判策略,促使谈判成功。

3.心理素质

心理素质包括:工作责任心、自控能力、协调能力。

谈判人员应具有较强的工作责任心、事业进取心,才能在竞争性极强的商务谈判中既坚持原则,又充分发挥自己的能力;谈判人员的自控能力表现在谈判人员在激烈的谈判中控制、调整情绪,克服心理障碍,维护组织利益的能力。在谈判过程中,谈判人员应尽可能保持稳定的心理状态,避免忽喜忽忧或言行过激;谈判人员应善于同己方人员相处,并善于同来自不同文化背景的谈判对手交往,善于协调各方面的关系。

4.文化素质

谈判者应该具有比较高雅的情趣,注重以文化艺术陶冶自己的情操,注重礼仪和形象。

(二)知识结构

一个谈判人员的知识结构是由多方面组成的,包括:商务基础知识、专业知识、法律法规和其他相关知识等。国际商务谈判涉及的知识是多方面的,商务谈判人员除了必须具备本行业产品、市场、用户等相关业务知识外,还必须具备经济学及相关学科的基本知识,才能构成谈判人员的综合知识能力。

(三)能力结构

谈判人员除具备基本的知识结构,还要将知识转换成能力,具有较强的运用知识的能力。知识和能力是密切相关的,只有掌握了一定的知识,并能灵活运用,才能使知识转变为能力。国际商务谈判人员的能力概括起来有以下几种:

1. 协调能力

谈判是一项需要密切配合的集体活动,要求每个成员在发挥出自己作用的同时还要相互协调关系,从而把个人的力量凝结起来,以形成更大的战斗力。

2. 表达能力

谈判人员应该具有较强的口头表达和文字表达能力,善于用语言有理、有力、有节地表达己方的观点;同时要精通与谈判相关的各种公文、协议合同、报告书的写作,以及电脑技术的掌握。

3. 分析应变能力

谈判中会发生许多意想不到的事件和变化,谈判人员应能准确地分析、冷静地思考、迅速采取措施,机敏地由被动变为主动。

4. 创新能力

谈判人员应有丰富的想象力,勇于开拓、创新、拓展商务谈判的新思路、新模式。

(四)年龄结构

谈判者年龄在 30 岁~55 岁之间较为合适。处于这个阶段的就业人员社会阅历丰富,思想比较成熟,精力充沛,富有进取心。一些专家研究认为:人在就业早期,具有竞争力较强的特点和理想主义的特征,在这个时期的人关心的是个人的社会地位,希望尽快提升。而人在就业的晚期,变得比较宽容,对组织及社会有较高的责任感,但竞争性不足。所以在 30 岁~55 岁这个中间阶段的人最适合作为谈判人员。当然,这只是一般的情况,谈判中选择什么年龄段的人员,应根据具体情况进行具体分析。

二、选择谈判人员的基本原则及方法

贸易谈判中人是至关重要的,谈判实质上是买卖双方人才的竞争,人的综合素质是决定谈判胜负的关键,因此选用合格的谈判人才是关键的一环。

（一）基本原则

1. 善于发现人才。企业组织应对任用的人员，建立业务档案，经过考核、评价，及时发现各类人才，委以重任，使其才智得以发挥，并为其发展创造良好的条件。

2. 坚持德才兼备选才。谈判人员首先应具备良好的思想道德，同时又具有较好的业务素质。坚持重德、重才的原则。

3. 坚持扬长避短用才。每个人的发展不可能全面，对人才的使用，应取其长处，避其短处。

4. 坚持学历与能力并举。一个人的综合能力不能单凭学历高低来衡量。学校教育是培养人的重要因素，但它不是唯一的因素。人的能力的大小，很大程度上还受到社会实践经验的影响，因此看一个人的能力，既要看学历，还应看能力，看其是否能把自己所学的东西转化成实践的能力。能力是学识和经验的共同积累，所以要坚持学历与能力并举的原则。

（二）选择谈判人员的方法

选择谈判人员的方法很多，总的来说可以概括为：

1. 跟踪经历法。该方法是对欲选用的人才在较长时间内的情况进行跟踪，比如，工作经历、工作业绩、受教育情况、社会评价、谈判技能、性格特征等情况。

2. 谈话法。通过与欲选用人才进行语言交流，设计一些场景了解备选者的语言表达能力、应变力和驾驭谈判的能力及心理特点等。

3. 观察法。该方法是观察备选者日常的言行、表情，对环境的适应力、工作能力和驾驭能力，尤其是在一些典型事件发生时备选者处理事件的能力。观察法可采取直接观察和间接观察相结合的方法。

4. 谈判能力测验法。谈判能力测验是根据预先准备好的测验内容，以答卷的形式进行测验评分，检测备选者的谈判能力和心理特点。测试方法见本章练习题。

三、谈判组织的构成

一个高效而强有力的谈判组织团队,应该由多方面的专门人才组成,并且需要相互密切的配合。

(一)谈判人员的构成

国际商务谈判的规模、内容、难易程度不同,谈判班子的构成也多种多样。根据谈判人员在谈判中所起的作用,谈判班子可由负责人、主谈人和辅谈人组成;从技能角度看,谈判班子又可包括商务人员、金融人员、法律人员、翻译及其他人员构成。

1. 谈判首席代表的选定及职责确定

谈判首席代表是谈判小组的全权负责人,是谈判成功与否的关键人物。除了具备一般谈判人员应当具备的知识及能力外,还应具备领导指挥、判断决断能力。谈判负责人应对谈判小组成员具有较强的影响、协调能力,熟悉谈判班子成员的学习及商务经历,清楚谈判成员间的相互需要及个人需要。谈判负责人既要善于采纳来自组员的建议,又要有独立的调查、判断能力,能迅速作出正确的决定。在选择谈判首席代表时,还应综合考虑谈判的重要程度、对方谈判首席代表的职别,一般应采取对等原则。

谈判首席负责人的主要职责是:负责挑选谈判小组成员,组成谈判班子;合理分派谈判成员的职责,协调各成员的关系及言行,调动人员的积极性;负责制定谈判计划、谈判目标及谈判策略;以全权代表的身份与对方谈判、签订各项谈判合同和协议;负责请示和传递上级主管部门或负责人的指示,引导谈判小组工作;落实谈判情况及谈判结束时的总结汇报工作等。谈判首席代表与其小组成员是责任者与助手之间的关系。

2. 各类人员的构成及职责

商务人员,由熟悉贸易、市场行情、价格形势的贸易人员担任。主要负责提供有关价格决策咨询,介入合同条款及价格谈判。

技术人员,由熟悉生产技术、工艺、设备、产品标准和科技发展动态的工程师担任。主要负责谈判中涉及的商品、劳务质量,有关生产技术、产品性能、产品验收、技术服务等问题。

金融人员,由熟悉金融业务和会计业务的人员担任。主要负责提供有关货币及结算方式的咨询,介入谈判中的价格核算、支付条件、支付方式、结算货币等方面的工作。

法律人员,由熟悉国际经济贸易法律法规、国际惯例条款,以及法律执行事宜的专职律师、法律顾问或本企业熟悉法律的人员担任。主要负责起草合同、协议等文件,对合同、协议等文件的条款进行法律论证和解释,做好合同合法性、完整性、严谨性的把关工作。

翻译人员,由熟悉业务、精通外语的专职或兼职人员担任,主要负责口头与文字翻译工作,准确传递和表达谈判者的语意,沟通双方意图,配合谈判语言等策略的运用,有时还可以通过翻译更正己方的失误。

除以上几类人员之外,还要配置礼宾人员、心理专家、情报人员和一些其他的辅助人员,但数量应根据谈判规模、内容设置,避免人浮于事。

3. 各型性格人员的配备

在配备上述谈判人员时,若条件允许的话,应兼顾各组员性格上的相互补充,以充分发挥每个人的特长及发挥整体配合的优势。各种性格的人,思维方式及行为特征是不同的。人们的性格可以分为四大类:

暴躁型。这类人的特征为,头脑灵活,处事果断胆大、争强好胜,给人以敢作、敢为、直爽的感觉。但这类人由于脾气暴躁,一旦遇到对方的强烈刺激,难以冷静,考虑问题欠周到,容易在愤怒冲动中失去理智。

忧郁型。这类人责任心强,遇事沉着、冷静,办事心细,严守秘密,办事不容易失误。但这类人过于拘谨,头脑转弯慢,一旦受到冲击,常常自己难以应付和解脱。

活泼型。这类人思维敏捷,亲切随和,在受到攻击和困境时常常能以巧妙的方式解脱。但这种人缺乏责任心。

粘液型。这类人处于暴躁型与活泼型之间,给人的印象既亲切随和,又坚定倔强;既有较严谨的逻辑思维,又容易受感情的支配;既有敏锐的观察力,又表现出优柔寡断。

总之,这四种类型的人若在一个谈判小组,分别给不同性格的人配以相应的角色,将起到意想不到的作用。

(二)谈判班子内部成员的配合

在挑选了合适的人员组成谈判班子以后,要对班子进行配合及分工。

1. 主谈人与辅谈人配合

在谈判班子中要确定不同情况下的主谈人和辅谈人的位置、责任与配合关系。主谈人是指在谈判的某一阶段或针对某方面的议题的主要发言人,也称谈判首席代表。除主谈人以外的小组成员处于配合位置,辅谈人也称助手。

主谈人的责任是将己方确定的谈判目标和谈判策略在谈判中得以实现。助手的责任是配合主谈起到参谋和支持的作用。主谈和助手的密切配合是非常重要的,一般主谈人表明了己方的意见、观点,助手必须与之一致,必须支持和配合。例如,在主谈发言时,助手自始至终都要从口头语气上或身体语言上随之附和,并随时为主谈的观点提供有力的说明。当谈判对方设局,使主谈人陷入困境时,助手应设法使主谈人摆脱困境,以加强主谈的谈判实力。当主谈需要修改已表述的观点,而无法开口时,助手可作为过错的承担者,维护主谈人员的声誉。助手还可以作为难言之言的代言人,帮助主谈人渡过难关等。另外现代助手概念已超出了人的范畴,如电脑越来越经常地充当谈判助手。

2. 台上台下人员配合

在比较重要的谈判中,为了提高谈判的效果,可组织台下配合的班子。台下班子不直接参加谈判而是为台上谈判人员出谋划策或准备各种必需的资料和证据。台下人员有时是负责该项谈判业务的主管领导,可以指导和监督台上人员按既定目标和准则行事,以维护己方利益;有时是具有专业水平的各种参谋,例如,各种专家,针对不同的问题提供专业方面的参谋建议。但是人员不宜过多,不能干扰台上人员的工作。要发挥台下人员应有的作用,协助台上人员实现己方目标。

3. 谈判班子中不同性格的人的配合

如前,我们介绍了四种性格的人,不同性格的人在谈判中的配合,是很重要的。在配备不同类型的谈判组员时,应充分考虑不同类型性格的人的特点,比如,粘液型性格的人一般作负责人比较合适,活泼性格的人充当调和者,暴躁型性格的人主要充当"黑脸者",忧郁型性格的人做记录者比较合适。在配备各种类型的谈判组员时,还要看对方人员的性格,比如,若对方人员中多数属暴躁型性格,我方则应适当增加粘液型性格的人的比例,以收到"以柔克刚"的效果;若对方人员活泼型性格的人较多时,我方需增加暴躁型和粘液型性格的人,做到双管齐下;若对方忧郁型性格的人占多数时,则需增加暴躁型和活泼型性格的人数,使对方在压力面前自动让步,当然要掌握分寸。

另外,在谈判中"黑脸者"(暴躁性格)和"调和者"(活泼性格)的配合也是很重要的。例如,当谈判中发生问题时,视情况由"黑脸者"出局,甚至采取无理的态度去激怒对方,使对方怒中失态;当有时主谈人不便出面拒绝时,"黑脸者"可挺身而出;当己方主谈陷入困境时,"黑脸者"可披挂上阵,转移对方的视线,使主谈解脱(一般采取上述行动时,己方负责人应找借口避开)。一般当己方目标达到后,通常会使对方愤怒或采取报复行动,使谈判陷入低潮。这时"调和者"出场,以调和者的姿态出现,以"诚恳"的态度,"和解"的语言,以提出"合情、合理"的条件来缓和气氛,甚至可以假意"责备"己方"黑脸者"的行动,以促使僵局的转换。

总之,在配备谈判组员时,不仅要顾及各人的专业能力,在有条件的情况下,还要考虑己方组员之间性格搭配和与对方人员之间的性格的配合,还要考虑不同时期不同人出场化解难题使谈判收到好的效果。

案例分析 3-3

程控交换机交易的谈判

卖方:加拿大 N 通讯公司香港分公司(以下称甲方)中国部经理、市场工程师等 3 人。

买方:青海 W 厂(以下称乙方)总工程师与代理进出口公司业务员

等5人。

交易标的：程控交换机生产设备与成套组件（SKD）及成套散件（CKD）。

交易过程：

乙方询价，甲方报出了生产线设备和散件组件的价格。经初步比较，乙方认为甲方的报价比其他供应商报的价格便宜，于是乙方决定选择N公司作为交易对象，并邀请N公司人员到北京其代理进出口公司（以下称丙方）处谈判。为了方便甲方，暂不去青海工厂谈判。三方人员在丙方办公楼会议室进行了谈判。先花了一天时间彼此介绍标的内容与技术细节，核对了各部分的价格。三方气氛融洽，进展也较快，尤其讨论设备性能与成套组件（SKD）组成水平，以及成套散件（CKD）的成套细目购件时间虽较长，但很有效果。三方在小结第一天谈判时，一致认为配合得不错，彼此沟通与理解令人满意。

第二天双方进入了商务条件的谈判，丙方虽为商务主谈，但因乙方总工在场，又是最终用户，所以丙方让乙方先提要求。乙方以生产设备的通用性、竞争性为由要求甲方降价15%，SKD和CKD价再降5%。对该要求甲方很惊讶，认为自己报价不含水分，是考察了市场竞争性后报的极具竞争力的价。乙方不松口，要求甲方考虑乙方的要求。一来一往，使本来融和的谈判气氛变得紧张起来。丙方主谈在一旁静听，不插话，似乎认为谈判仍处在正常状态。甲方看到乙方和丙方毫无退意，自知不改变条件是过不了关的。于是提出了一个进退结合的方案：设备价已比市场价便宜，若乙方认为还有便宜的，可以自己去找。若支付条件为第一次发货以信用证支付95%，余款5%验收后付；第二次发货亦以信用证支付95%，余款5%验收后付，那么CKD价可降2%。

乙方与丙方对甲方条件不予接受，经商量（休会时），乙方提出了新的方案：设备价可以考虑甲方条件，但支付条件应改为开证时，到货先支付90%，5%验收后付，5%保证期满再支付，SKD与CKD价仍要求降5%。

这个方案表现了乙方、丙方的极大让步，使甲方很满意。但其他条件甲方仍未表示接受，这又让乙方很不高兴，丙方主谈只做点评，不评价乙方观点,也不批评甲方,但态度明显支持乙方。这一天虽有进展,但双方均不满意,彼此希望对方能考虑自己的意见。

第三天一开始,谁也不先讲具体条件,以闲话开始,尤其对对方的某些理由调侃了一通。这么一说笑,会议室的气氛松弛下来了,又回到了第一天的状态。这时甲方主动进入了正题。甲方主谈:我方报价已很优惠,这一点贵方是行家,心中一定有数。作为交易,贵方要求我们改善条件,我方理解,不过,我方只能做力所能及的事。尤其贵方这么看重我公司,我们也愿意尽力表现我方同样的诚意。今天我方再给贵方一个优惠,为了减少贵方外汇压力,贵方可以用SKD和CKD生产出的产品支付货价的10%,不过支付比例按我方条件办。返销对乙方来说不仅是外汇问题,还有占出口市场的问题,于是三方的兴趣一下子转到返销的具体条件上来。以什么条件返销呢?时间、质量好定,双方就价格进行了激烈的谈判。开始甲方提出每门(线)按80美元回购。可该价比该类程控交换机市场单价低了几十美元!乙方坚决不同意,认为甲方这么做不但不优惠,反而两头赚钱!丙方主谈肯定这个方式,但建议返销价应公道。甲方也觉有点尴尬,原以为"返销方式"会引起乙方对销价的注意力。在表示理解丙方意见后又将价提到100美元。乙方认为:100美元/门(线)仍太低,返销价应与支付金额等值。甲方解释一阵后,提出最后价:120美元/门(线)。乙方提出128美元/门(线)的新条件。双方重新陷于对峙之中,甲方认为乙方要求太过分,乙方认为这是市场价。甲方认为让了多次了,不能没完没了。乙方认为这是甲方造成的。这时,丙方主谈看到条件确已变化很大,成功在即,不能错过机会,于是出面斡旋,先评判了双方的理由,特别表扬了甲方的诚意与苦心,充分肯定了甲方所做的努力。然后提了建议:甲方不改价,但加大返销比例,即15%,120美元/门(线);或改价,即返销10%,128美元/门(线)。两个方案由甲方选择,其他支付条件按甲方要求办。在胶着中,丙方的建议无异于一个"梯子",让甲乙双方均好下台阶。围绕这两个方案进行讨论后,甲方选择了返销10%,128美元/门(线)的方案。

价格差距仍未解决,这是最后的分歧了。甲方提出可再送几块调试系统仪器的备用板等,但乙方不同意。这个分歧又把一天的好心情破坏了。丙方主谈眼看一天的谈判时间将尽,于是又插入谈判,先是肯定甲方已做的让步,随后让甲方计算一下,该让步占货价多大比例,甲方计算后讲:赠送的备用板价值1.28万美元,占货价的1.5%。丙方主谈说:乙方要求再降5%,还差3.5%,即2.5万美元,建议甲方重视乙方的要求,也重视乙方是甲方这种产品在华的第一个客户,尽量想办法满足乙方的要求,希望双方解决最后的分歧。

第四天早上,谈判一开始,甲方就提示解决困难应双方努力,不能单靠一方,并让乙方、丙方认可该原则,丙方和乙方不得不表示认可。甲方马上抓住丙方和乙方的表态,说:双方达成第一个协议!引得会议室里一片笑声。等笑声落下后,甲方主谈严肃地表示:我方听从丙方主谈建议,决定再努把力,希望乙方能同意,具体条件为:再送两种备件(折4800美元),同意乙方三名专家去加拿大和香港地区各7天考察甲方工厂,费用由甲方承担(3人7天加拿大的考察费用2750美元,3人7天香港地区的考察费用1250美元,共4000美元)。

这个方案反映甲方动了脑筋,想办法解决价格分歧。但乙方考虑到组装线的质量保证问题,又是第一次采购甲方装配线,认为这个考察人数太少,另外技术培训也没有。于是从解决分歧的方向上同意甲方的思路,但具体量上提出不同意见:考察人数应从3人改为7人(折5500美元),再提供6人4周在甲方工厂实习,按甲方报价,该费用折8750美元,若甲方能同意该方案,尚存的6000美元~7000美元的差距乙方负责解决。

乙方的回复也有进步,尤其是双方达成了解决分歧的努力方向。但甲方认为乙方要求太高,只能同意将3人增到7人7天的考察免费,8750美元的培训费不免。

丙方等乙方把不满的理由说完后,接着分析双方的立场:首先,到目前为止,双方均有退让,也就是说均做了努力。其次,仅剩的8750美元分歧对甲乙双方均不是大数,但对于甲方来讲是个服务水平的问题、形象问题。对于上百万美元的生意,这个数不应成为交易的障碍,更不应为此数断送双方的谈判成果。乙方诚心与甲方成交,请甲方再考虑。甲方人员态度平静,但不马上回应丙方建议,只是表示无权决定,要向大老板请示。丙方见甲方未否定其建议,马上追问:能否理解为贵方无反对意见,但要等大老板确认?若这样我们可以先准备合同文本,待双方的老板都确认今天的最终交易条件后再签约。甲方表示同意。于是双方人员对合同文本进行了讨论并草拟了协议,等双方老板确认后,再正式签合同。

分析:

该案例反映了谈判组织中商务主谈与委托人(企业负责人)之间在谈判桌上的配合技巧,在主谈人的地位变化、加强谈判力方面颇有创意,值得参考。

1. 丙方与乙方对内,在法律上为委托与受托的关系;对外,是谈判代理与项目主人的关系。在案例中应由谁出面对阵,丙方与乙方的负责人如何分工?如何反映了两人的配合,又适合自己的身份?

2. 作为实质的主谈人(幕后主谈),如何做到自持有度?

3. 在乙方和丙方负责人分工后,若两人发生分歧怎么办?

4. 若甲方并不认可丙方的出场,甚至不尊重丙方人员,更倾向于与乙方对话,作为代理人的丙方怎么办呢?

资料来源:丁建忠,《商务谈判教学案例》,中国人民大学出版社,2005年第1版,第17页。

第五节 其他准备

一、商务谈判地点的选择

谈判总是要在某一个具体的地点展开的。商务谈判地点的选择往往涉及一个谈判的环境心理因素的问题,它对于谈判效果具有一定的影响,谈判者应当很好地加以利用。有利的地点、场所能够增强己方的谈判地位和谈判力量。

商务谈判的地点选择与足球比赛的赛场安排比较相似,一般有四种选择方案：一是在己方国家或公司所在地谈判（主座），二是在对方所在国或公司所在地谈判（客座），三是在双方所在地交叉谈判（主客座轮流），四是在谈判双方之外的国家或地点谈判（主客座以外场地）。不同地点均有其各自的优点和缺点，需要谈判者充分利用地点的优势，促使谈判成功。

（一）在己方谈判（主座）

谈判的地点最好选择在己方地点谈判，因为人类是一种具有"领域感"的动物，他的才华的发挥、能量的释放与自己所处的环境密切相关。在己方地点谈判的优势表现在：谈判者在自己领地谈判，地点熟悉，具有安全感，心理态势较好，信心十足；谈判者不需要耗费精力去适应新的地理环境、社会环境和人文环境，可以把精力集中地用于谈判；在谈判中"台上"人员与"台下"人员的沟通联系比较方便，可以随时向高层领导和有关专家请教，获取所需资料和指示；利用东道主的身份，可以通过安排谈判之余的各种活动来掌握谈判进程，从文化习惯上、心理上对对方产生潜移默化的影响，处理各类谈判事务比较主动；谈判人员免除车马劳顿，可以以饱满的精神和充沛的体力去参加谈判，并可以节省去外地谈判的差旅费用和旅途时间，降低谈判成本，提高经济效益。

对己方的不利因素表现在：在己方谈判，身在公司所在地，不易与公司工作彻底脱钩，经常会由于公司事务分散谈判人员的注意力；离高层领导近，联系方便，会产生依赖心理，一些问题不能自主决断，而频繁地请示领导也会造成失误和被动；己方作为东道主要负责安排谈判会场以及谈判中的各项事宜，要负责对客方人员的接待工作，安排宴请、游览等活动，所以己方负担比较重。

商务谈判活动最好争取安排在己方地点谈判。犹如体育比赛一样，在主场举行获胜的可能就大。有经验的谈判者，都设法把对方请到本方地点，热情款待，使自己得到更多的利益。日本与澳大利亚的煤铁谈判就是很好的例证。日本的钢铁和煤炭资源短缺，渴望购买煤和铁。澳大利亚盛产煤和铁，并且在国际贸易中不愁找不到买主。按理来说，日本人的谈判地位不如澳大利亚。但是，聪明的日本人把澳大利亚的谈判者请到日本去谈生意。澳大利亚人一般都比较谨慎，讲究礼仪，而不会过分侵犯东道主的权益。澳大利亚人到了日本，使日本方面和澳大利亚方面在谈判桌上的相互地位就发生了显著的变化。澳大利亚人过惯了富裕的舒适生活，他们的谈判代表到了日本之后不几天，就急于想回到故乡别墅的游泳池、海滨和妻儿身旁去，在谈判桌上常常表现出急躁的情绪；而作为东道主的日本谈判代表则不慌不忙地讨价还价，他们掌握了谈判桌上的主动权。结果日本方面仅仅花费了少量款待作"鱼饵"，就钓到了"大鱼"，取得了大量谈判桌上难以获得的东西。

（二）在对方地点谈判（客座）

在对方地点谈判，对己方的有利因素表现在：己方谈判人员远离家乡，可以全身心投入谈判，避免主场谈判时来自工作单位和家庭事务等方面的干扰；在高层领导规定的范围，更有利于发挥谈判人员的主观能动性，减少谈判人员的依赖性；可以实地考察一下对方公司的产品情况，获取直接信息资料；己方省去了作为东道主所必须承担的招待宾客、布置场所、安排活动等事务性的工作。

对己方的不利因素表现在：与公司本部相距遥远，某些信息的传递、资料的获取比较困难，某些重要问题也不易及时磋商；谈判人员对当地环境、气候、风俗、饮食等方面会出现不适应，再加上旅途劳累、时差不适应等因素，会使谈判人员身体状况受到不利影响；在谈判场所的安排、谈判日程的安排等方面处于被动地位；己方也要防止对方过多安排旅游景点等活动而消磨谈判人员的精力和时间。到对方地点去谈判必须做好充分的准备，比如摸请领导的意图和要求，明确谈判目标，准备充足的信息资料，组织好班子等。

（三）在双方所在地交叉谈判（主客座轮流）

有些多轮大型谈判可在双方所在地交叉谈判。这种谈判的好处是对双方都是公平的，也可以各自考察对方实际情况。各自都担当东道主和客人的角色，对增进双方相互了解、融洽感情是有好处的。它的缺点是这种谈判时间长、费用大、精力耗费大，如果不是大型的谈判或是必须采用这种方法谈判，应少用。

（四）在第三地谈判（主客场地以外）

在第三地谈判对双方的有利因素表现在：在双方所在地之外的地

点谈判,对双方来讲是平等的,不存在偏向,双方均无东道主优势,也无作客他乡的劣势,策略运用的条件相当。

对双方的不利因素表现在:双方首先要为谈判地点的确定而谈判,而且地点的确定要使双方都满意也不是一件容易的事,在这方面要花费不少时间和精力。第三地点谈判通常被相互关系不融洽、信任程度不高的谈判双方所选用。

二、商务谈判场所的选择与布置

谈判场所的选择和布置对谈判有很大的影响,好的场所可以提高谈判的效率,特别是谈判场所布置的好坏,可以直接影响谈判者才智的发挥。应警惕一些不太道德的商人利用场地搞一些阴谋诡计。

(一)谈判场所的选择

谈判场所选择应该满足以下几方面要求:

1. 谈判场所应在交通、通信方便,便于有关人员来往,便于满足双方通讯要求的地方,便于双方与总部联系。

2. 谈判场所应宽敞、舒适,具有良好的通风和采光条件。

3. 谈判场所应布置的幽雅、舒适,具有较高的文化品位。

4. 谈判场所应相对比较安静,避免外界干扰。

5. 谈判场所应配备必要的办公设施(如计算机、打字机、投影仪、录像设备等),便于双方人员及时处理文件。

(二)商务谈判场所的布置

谈判场所的布置主要包括座位的安排与必要的谈判设备,如计算机、打字机、投影仪、录像设备等的准备。对于特别重要的谈判,尚需准备双方国旗和签字用具,以备举行签字仪式时用。场所的布置对大型谈判来说是很重要的,不容忽视。

1. 商务谈判座位安排

谈判场所的布置及座位的安排是检验谈判人员素质的标准之一。谈判室的布置往往是给客人的第一印象,有些商人会根据谈判室的布置状况去判断主方对本次谈判的重视程度和诚意,所以谈判会场的布置与座位的安排,有时还可能影响谈判的成败。

商务谈判座位一般宾主双方相对而座,各自的组织成员坐在主谈者两侧,以便交换意见,加强团结的力量。谈判桌的形状多种多样,长方桌、圆型桌、椭圆桌均有。商务谈判通常用长方形的条桌,其座位安排参见图 3-1、图 3-2 所示。

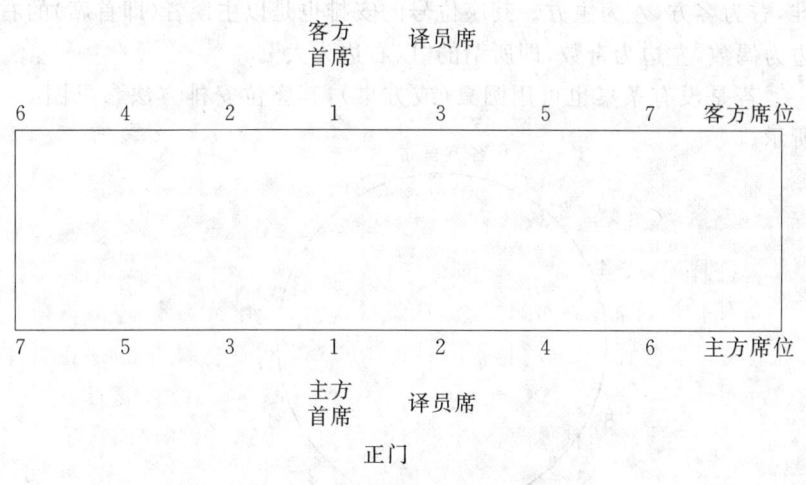

图 3-1　谈判人员座位安排(1)

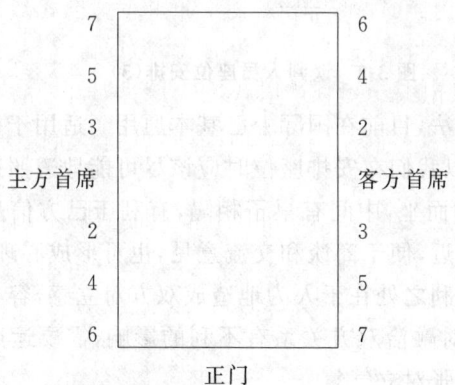

图 3-2　谈判人员座位安排(2)

根据图 3-1 所示,若以正门为准,主人应坐背门一侧,客人则面向正门而坐,其中主谈人或负责人居中。我国及多数国家习惯把译员安排在主谈人的右侧即第二个席位上,但也有少数国家让译员坐在后面或左侧,遇到这种情况,悉听主人安排,一般靠近主谈的位置为上座。

根据图 3-2 所示,若谈判长桌一端向着正门,则以入门的方向为准,右为客方,左为主方。其座位号的安排也是以主谈者(即首席)的右边为偶数,左边为奇数,即所谓的"以右边为大"。

若是没有条桌也可用圆桌(或方桌),其座位安排方法参见图 3-3 所示。

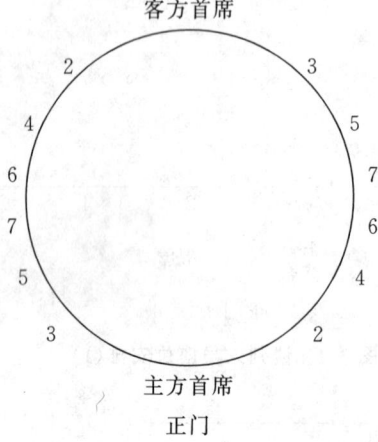

图 3-3　谈判人员座位安排(3)

以上座位安排法,目前在国际上已基本通用。适用于比较正规、比较严肃的谈判。所以我们在安排座位时应该尽可能地遵照这一通例。它的好处是双方相对而坐,中间有桌子相隔,有利于己方信息的保密;一方谈判人员相互接近,便于商谈和交流意见,也可形成心理上的安全感和凝聚力。它的不利之处在于人为地造成双方对立感,容易形成紧张、呆滞的谈判气氛,对融洽双方关系有不利的影响,需要运用语言、表情等手段缓和这种紧张对立气氛。

为了接待工作的方便,客方应将参加谈判人员的名单、职务等告知主方。作为主方,在会场要安排足够的座位,必要时准备好麦克风,事先放置好中外文座位卡等。在作为客方参加谈判时应注意有些不太道德的商人有时会利用座位的安排去影响对方才智的充分发挥,对此,我们也应提高警惕。例如,坐在对着太阳的一侧,让强烈的太阳光直射着,谈判者不仅不能有效地观察对方的表情,以窥测对方的思路,还会因强烈的阳光刺激而心情烦躁,从而影响其才智的发挥。如果坐席面对没有窗帘的窗户,窗外紧靠街道,繁杂的环境就会影响谈判人思路的集中。凡此种种,均会影响到谈判人员水平的充分发挥。所以如果遇到对方故意施行上述行为时,应毫不留情地提出,要求其马上采取措施予以补救。

2. 签字仪式的各项准备及程序

一般来讲,签字仪式都是在国家与国家之间就政治、经济、军事、文化等某一领域内的相互关系达成协议时举行的仪式。国与国之间经济业务部门签订专业性协议,一般不举行签字仪式;不过若是有必要的话,也是可以举行签字仪式的。

(1) 签字仪式准备工作及程序

第一,准备好签字文本的定稿、翻译、校对、印刷、装订、盖火漆印等项工作,同时准备好双方的国旗、签字用的文具等物品,并布置好签字厅等。

第二,双方参加人员进入签字厅,待签字人入座时,其他人员分宾主按身份顺序排列于各自的签字人座位之后入座。双方的助签人分别站在各自签字人的外侧,协助翻揭文本,指明签字处。

第三,先由双方签字人在本国保存的文本上签字,由双方助签人负责传递交换相互文本;再由双方签字人在对方保存的文本上签字,然后由双方签字人交换文本;相互握手以表示诚意和祝贺。

第四,签字完毕后,通常备有浓度低的诸酒水,由参加签字的全体人员举杯庆贺,祝贺完毕退场。

(2)各国举行的签字仪式的种类

各国举行的签字仪式不尽相同,主要有以下三种:

第一,国际通行的签字仪式,通常是在签字厅内设置一张长桌作为签字桌,桌面上覆盖深绿色台呢,桌后放两把椅子为双方签字人员的座位,客右主左。双方座前摆着各自保存的文本,上端分别放置签字文具,中间设一旗架,悬挂双方的国旗,如图3-4所示。

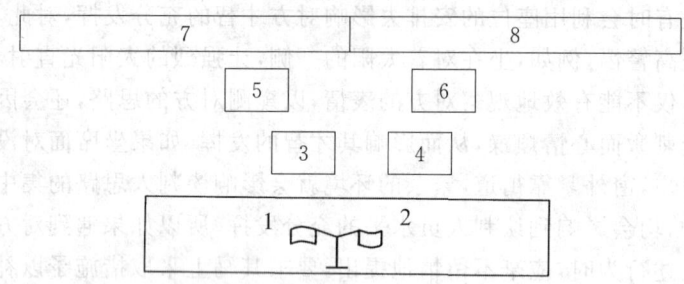

1. 客方国旗
2. 主方国旗
3. 客方签字人席位
4. 主方签字人席位
5. 客方助签人位置
6. 主方助签人位置
7. 客方参加签字仪式人员席位
8. 主方参加签字仪式的人员席位

图 3-4

第二,有些国家设置两张方桌作为签字桌,双方签字人员各坐一桌,双方的国旗分别用旗架悬挂在各自的签字桌上,参加仪式的人员坐在签字桌的对面。如图3-5所示。

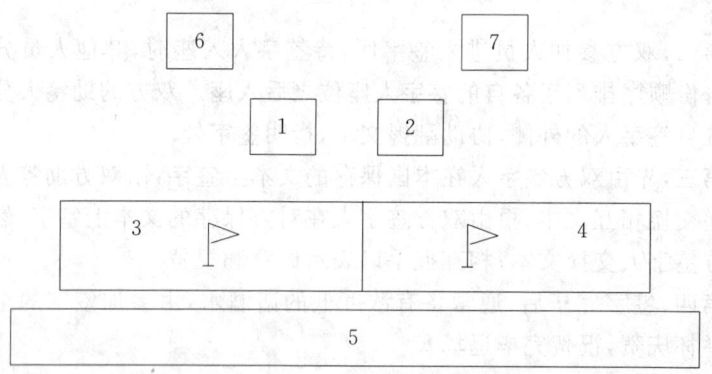

1. 客方签字人席位
2. 主方签字人席位
3. 客方国旗
4. 主方国旗
5. 双方参加签字仪式的人员席位
6. 客方助签人位置
7. 主方助签人位置

图 3-5

第三,有的国家虽然安排一张长方桌为签字桌,但双方参加仪式的人员坐在签字桌前方两旁,双方国旗挂在签字桌的后面。如图3-6所示。

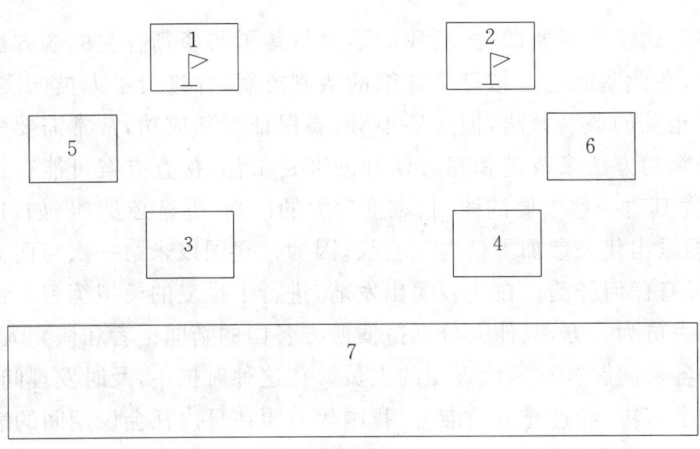

1. 客方国旗　　　　　5. 客方助签人位置
2. 主方国旗　　　　　6. 主方助签人位置
3. 客方签字人席位　　7. 双方参加签字仪式的人员席位
4. 主方签字人席位

图 3-6

(3)在举行签字仪式中,应注意国旗的悬挂方法

第一,以旗本身面向为准,右挂客方国旗,左挂东道国国旗。

第二,国旗不能倒挂,同时有些国家由于文字和图案的原因,也不能竖挂或反挂,且国旗均宜以正面(即旗套在旗的右方)面向观众,不能用反面。

第三,各国国旗图案、式样、颜色比例均由本国宪法规定,故必须尊重。但是,若并排悬挂不同比例的国旗,可将其中一面略放大或缩小,以使旗的面积大致相同。

总之,谈判场景的选择和布置要服从谈判的需要,要根据谈判的性质、特点,根据双方之间的关系、谈判策略的要求而决定。

三、模拟谈判

在正式谈判开始前,虽然我们尽力收集了与谈判有关的各方面信息资料,在此基础之上拟订了详细的谈判方案,并进行了人员的准备,选择了相关的谈判策略,但这还不够;要保证谈判成功,常常需要采取模拟谈判的方法来改进和完善谈判的准备工作,检查方案可能存在的漏洞。尤其对一些重要的谈判、难度较大的谈判,更显必要。例如,1954年,我国派出代表参加了日内瓦会议。因为是建国以来第一次与西方打交道,没有任何经验。在代表团出发前,进行了反复的模拟练习。由代表团的人员为一方,其他人分别扮演西方各国的新闻记者和谈判人员,提出了各种问题"刁难"代表团的人员。在这种对抗中,及时发现问题,及时给予解决。经过充分的准备,我国代表团在日内瓦会议期间的表现获得了国际社会的一致好评。

模拟谈判是贸易谈判准备工作的重要组成部分。所谓模拟谈判,就是将谈判小组成员一分为二,或在谈判小组之外,再组建一个实力相当的谈判小组;由一方实施本方的谈判方案,另一方以对手的立场、观点和谈判作风为依据,进行实战操练。谈判者预先搞"扮演角色"不仅是一二次,而是多次。利用不同的人扮演对手这个角色,提出各种他所能想象得出的问题,让这些问题来难为自己,在为难之中,做好一切准备工作。美国著名律师劳埃德·保罗斯特莱克在他的《辩护的艺术》一书谈过这一方法的好处。他说:"我常常扮作证人,让助手对我反复盘问,要他尽可能驳倒我,这是极好的练习,就在这种排演中,我常常会发现自己准备的还不够理想。于是我们就来研讨出现的失误及其原因。然后,我和助手互相换个角色,由我去盘问他。就这样,新的主意逐渐形成。"

(一)模拟谈判的作用

模拟谈判的作用主要表现在:

1. 模拟谈判能使谈判人员获得一次临场的操练的实践,经过操练达到磨合队伍、锻炼和提高本方协同作战能力的目的。

2. 在模拟谈判中,通过相互扮演角色会暴露本方的弱点和一些可能被忽视的问题,以便及时找到出现失误的环节及原因,使谈判的准备工作更具有针对性。

3.在找到问题的基础上,及时修改和完善原定的方案,使其更具实用性和有效性。

4.通过模拟谈判,使谈判人员在相互扮演中,找到自己所充当角色的比较真实的感觉,可以训练和提高谈判人员的应变能力,为临场发挥做好心理准备。

总之,模拟谈判是一种无须担心失败的尝试。通过模拟谈判可以启发和开阔人们的视野,有可能将预演中的弱点变为真实谈判中的强点。通过总结不但可以完善本方的谈判方案,还可以在无敌意心态的条件下,站在对方的角度进行一番思考,从而将丰富本方在消除双方分歧方面的建设性思路,有助于寻找到解决双方难题的途径。

(二)模拟谈判的主要任务

模拟谈判的主要任务为:

1.检验本方谈判的各项准备工作是否到位,谈判各项安排是否妥当,谈判的计划方案是否合理。

2.寻找本方被忽略的环节,发现本方的优势和劣势,从而提出如何加强和发挥优势、弥补或掩盖劣势的策略。

3.准备各种应变对策。在模拟谈判中,须对各种可能发生的变化进行预测,并在此基础上制定各种相应的对策。

4.在以上工作的基础上,制定出谈判小组合作的最佳组合及其策略等。

另外,模拟谈判还有一些具体的问题也需要确定。例如,确定暗号。贸易谈判是协同作战,需要参与谈判的成员之间密切的配合,随时进行必要的交流。但是,在谈判中,有些话很难当着谈判对手的面直接交谈,因此,谈判成员之间有必要事先商定一些暗号。模拟谈判可以采取多种形式,例如,分组辩论式、戏剧式、沙龙式等。

当然,并非每一次谈判前都需要模拟谈判,这要根据谈判议题的复杂程度、谈判人员的经验能力和对对手的了解程度而做灵活适当的准备。

案例分析 3-4

一次成功的公司内部谈判

曼梯是一家生产成套办公设备的中型企业,于20世纪80年代初在主管产品设计的副总经理琼斯主持下,研制出新型的"500系列"成套办公设备。它的最大转速为1300转/小时,为将其输出能力提高一倍,琼斯的设计班子继而探寻转速达2600转/小时的新设计方案。

然而,公司的总经理却不愿等待下去,断然决定立即将"500系列"推向市场销售。琼斯不同意这种做法,但又无可奈何,于是在执行指令时向总经理提出了先决条件——面市的"500系列"必须明确规定"最高转速不得超过1300转/小时"。

其实,琼斯公开提出先决条件,骨子里是担心主管销售的副总经理索·帕克的为人,想防患于未然。而索·帕克自当上副总经理后更想出人头地,极欲使销售部门的成交量最大化,根本不考虑由此而给其他部门带来的麻烦。果然,这次他接手"500系列"销售,所做的第一件事情就是对"先决条件"阳奉阴违,规定手下推销员不要对用户说明新产品的限速,声称"充分发挥新产品的潜能,是赢得市场竞争的最佳策略"。

索·帕克得逞了,新产品销售一路看好。但用户根本不知道产品的额定工作能力,便让它超速运转,导致故障频频发生。

琼斯在指导维修时知道了内情,掌握了索·帕克耍弄的手法,恼恨索·帕克的伎俩既会断送"500系列",又会损害设计部门的声誉和自己的研制事业。于是一场激烈的唇枪舌剑之战不可避免地爆发了。

总经理郑重地约见了琼斯和索·帕克,但只对两人意味深长地说了一句话:"对于'500系列'销售中出现的问题,我请求你们两位自行解决。"两人当场约定一星期后举行谈判。

一星期"场外准备",两人表现截然不同。情绪型的索·帕克大量收集"赢牌"——客户对"500系列"超速运转性能良好的表扬信,想选择最佳时机在谈判桌上毫不客气地亮出来,一举击败琼斯。

理智型的琼斯却一开始就不愿意大张旗鼓地收集对方的短处,而是先冷静地回顾技术与销售两个部门以往的关系、有过的龃龉以及自己应负的责任。接着他又对自己的行为和情感作了反省。此番省悟使琼斯最终选定了维护自尊的办法：与索·帕克达成一项不止对一个部门有利的协议，并使总经理相信这项协议兼顾了公司短期效益和长期增值的需要。为顺利地与索·帕克达成谈判协议，琼斯随即做了缜密的准备：

他立刻找来自己的副手哈利，指示他全面了解销售情况、用户的技术水平，调查索·帕克与用户的往来关系，详细统计报修率等。当哈利完成了这些工作，琼斯就将本部门的骨干召集起来，一起研究哈利搞来的那些资料，他们对问题进行"即兴讨论"，虽说有些建议不着边际，但琼斯已渐渐构想出一套计划来。他写出计划草稿，由哈利作为帕克的替身，由哈利提出他们认为帕克可能会作出的各种反应，由他们一一作出应答。会后，琼斯继续为这次谈判做了扎实的准备，他冷静思考了有关的各种假设——他自己的假设和对帕克经理的假设。经过一番推敲，他发现其中至少有三个假设是有问题的。他假设，销售部帕克经理感兴趣的只是向手下的人员灌输最能蛊惑人心的销售神话。可是这符合事实吗？他又发现，他对谈判的准备都建立在这样一个假设之下："500系列"以更高的速度运转是不可靠的。的确，以这样的速度运转（机器）设备有时会出毛病，但没有得到进一步的情况汇报，他不能如此轻率地作出此种假设。

把自己的假设仔细梳理一番后，琼斯还要预料帕克可能据以行动的各项假设。据他看来，帕克可能认为技术部门对本公司的销售业务的来龙去脉和存在问题毫不关心，一无所知。帕克还可能认为，注重理论的设计人员对目前"500系列"的实际应用情况不甚了解，而他负责的那个部门是处于"第一线"的，他们掌握着更确凿的情况。帕克可能还认为，琼斯经理就想迫使推销人员强调设备的能力极限，而且他将会全力对这一要求进行辩驳。

在对各种情况作了全盘考虑后，琼斯就能很有把握地筹划对策了。

接着琼斯经理又考虑到了帕克的一些心理活动：首先，他想保住自己的职位而且他想往公司上层发展。和大部分干销售的人一样，帕克很合群，他很想讨人喜欢。琼斯必须承认帕克几次主动向他们发出午餐和其他活动的邀请是为了增进同琼斯及其下属的友好关系，帕克的言行是一致的。其次，帕克对自己的职位和能力颇感自豪。他的办公室里挂着各种不同的证书和奖状，只要有人注意到这些，他就会扬扬自得，喜不自禁。这就是帕克的全部需要吗？经过一番思考，琼斯认为还不止这些，帕克是个很实际的人，颇想得人赏识，他内心有着一股冲劲，要把销售部门的工作干得出类拔萃，人们都说他是一个主动进取的人。这次谈判的任何决策，都必须考虑到帕克的自尊心。

帕克不仅力求与琼斯及其助手们交往，而且还力求了解他们的成绩。对可能使他在与别的公司角逐中占上风的事特别有兴趣。他尊重知识，尊重不同意见；懂得如何正确提问，也懂得如何听对方回答。总之，琼斯要把所能收集到的"赢牌"全都握在手中，以求不间断地把握态势。做完这些工作之后，琼斯便制定谈判对策。他把制胜策略集中在暗渡陈仓的基点上——以规定最高转速的备忘录为栈道，在是否遵守"限速"上发起佯攻，引诱索·帕克倾力争夺，一旦他深入到明修的栈道中，就暗渡陈仓，隐蔽地实现谈判目标。

一星期后，琼斯、索·帕克率领各自的班子，在谈判桌前相向而坐。琼斯抢先拍马叫阵："帕克，我翻阅了'500系列'投放市场前彼此交换的备忘录。我们技术部门一清二楚地申明，此种产品的最高转速不得超过1300转/小时，你们销售部门当时并无异议。然而这些写在备忘录上的约定没有被遵守，是不是？"琼斯不露声色地放出了诱饵。

索·帕克笑了笑："那些备忘录的内容我是知道的。你们技术部门不是一直在改进'500系列'吗？据我所知，琼斯，你不是表示用不了多久，它的额定工作能力可以大幅度提高吗？"

琼斯见帕克迎着自己提出的问题接谈，不由心中一喜，趁势把他往栈道的深处引："帕克，你说的不假。但我们并没有讲定在什么时候可以提高产品的额定工作能力。现在的事实是，我们不能保证'500系列'在超时速下正常运转，可你的人员却怂恿用户作超时速运转……"

帕克急忙打断说："我们销售部门没有去怂恿用户作超时使用，我的人员建议客户们使用'500系列'的最佳转速是1300转/小时。"琼斯见帕克咬紧诱饵,就不紧不慢地收线了。他说:"规定是规定,建议是建议,如果对'500系列'的转速不作严格控制,再说别的什么,不过是装装样子而已。"

"装装样子?你是说我的人员没有如实向客户介绍公司产品?琼斯,你最好拿出证据来!"帕克不知中计,反倒迫使对手亮出手中的牌。

琼斯见谈判已陷进自己明修的栈道上交锋,便从容不迫地按预定计划控制"温度",不使交锋白热化。他故意将手中握着的确凿证据深藏不露,让引兵来守的帕克再忙乱一阵。琼斯于是笑了笑说:"嗯,证据并不很重要,但销售一种很可能在运转中发生故障的设备,帕克,难道你不觉得有危险吗?难道你不担心销路和公司的声誉吗?"

索·帕克顺手推过一只胀鼓鼓的文件夹,胸有成竹地说:"琼斯,里面都是客户的来信,他们证明'500系列'高速运转根本没出岔子。你最好仔细看看。"

琼斯不屑一顾地说:"这些表示赞扬的信,都是客户主动写来的吗?"。

"你说的'主动'是什么意思?当然,我曾派人去客户那里检查设备的使用情况。但是,我们没有硬要客户做什么。"索·帕克一字一字地说。

"没有?"琼斯狡黠地一笑,俯身低声说:"要是我告诉你,有些客户向我们抱怨'500系列'不能以更高的速度运转,你又怎样解释呢?"

"你背着销售部门收集材料,破坏我们与客户的良好关系,如果我的话没有说错,你收集了客户的不满意见。你收到了这样的信,是吗?"索·帕克失去反击的气势,开始退守了。

琼斯摇摇头说:"可是,你得承认,技术部门有可能收到客户不满的信。如果考虑到这一点,那么这些文件夹中的东西还有什么意义呢?不过证明你收集了一包专讲好话的纸片而已。"

索·帕克笑了笑,表示和解地说:"好吧,我同意放弃这些捧场的信,不过,你得看其中有意义的东西,比如销售统计和推销计划。要知道,琼斯,你不可能中断我们的顺利推销,总经理不会允许。"

索·帕克亮出了最后一张"赢牌"。

琼斯知道这是帕克使自己立于不败之地的一张王牌,现在把它打出来,正说明帕克在后继的谈判中只有招架之功而没有还手之力,这正是暗渡陈仓的最好时机。他说:"我并不想中断你们顺利进行的推销计划,何况你的人并非只是急功近利。我的部门开发产品,你的部门销售产品,假如能够携手合作,双方的工作都会干得更出色。"琼斯向预定目标悄悄行进了一小步。

"如果与你们合作意味着我们的推销必须束缚手脚,那双方又怎么能合作呢?"索·帕克很是谨慎地反问道。

"完全不是这个意思。首先,我不再坚持限制客户的转速,不强调'500系列'的额定工作能力。我建议,你不妨告诉客户,1300转/小时是'500系列'绝对保证的工作质量,但它的转速是大有潜力可挖的。这样做不会使你的推销自缚手脚吧?"琼斯用设身处地为索·帕克着想的口吻说道。

索·帕克注意到琼斯提出了"绝对保证的工作质量"的新说法,一时弄不清它的言外之意。

琼斯继续说:"我希望把一切都告诉客户,并对客户说明若与曼梯合作,曼梯将提供价格优惠,比如高速使用'500系列',而且把运转情况告诉曼梯,将得到回扣。为了支持你们这样做,我保证,凡是与曼梯合作的客户都能迅速更换损坏的部件,使他们避免因机器故障而影响工作,这不是无形中改善了你们跟客户的关系吗?最后,也是最重要的,你在产品的改进上发挥了作用,这样,你在曼梯在本行业的声望能不提高吗?"琼斯说罢看着索·帕克。

索·帕克沉吟一刻便说:"我承认会得到你说的好处。可是,你别想隐瞒你自己想得到的好处!首先,你没有让步;其次,我的推销员把发现的情况反馈给你,使你们部门研制新产品有了主动权;还有,你能迅速掌握来自第一线的实情。"

琼斯不露声色地坐着,静静地听索·帕克说。

索·帕克最后说:"好吧,我同意合作。"①

---

① 王超:《谈判分析学》,中国外对经济贸易出版社,1999年第一版,第358页。

问题:
1. 琼斯的成功之处在哪儿?
2. 琼斯为什么在谈判中能够运用自如,始终把握谈判的主动权?
3. 琼斯是如何举行模拟谈判的?举行模拟谈判的目的是什么?
4. 由此案例论述谈判前准备工作的重要性。

案例练习 1

根据以下背景材料制定一份谈判方案。

甲方:中国工艺品进出口公司　　乙方:欧洲比尔公司

背景:2000 年 5 月,甲方向乙方推销制作圣诞树的机器,询盘后得到回音,一场涉外谈判即将开始。甲方在派出谈判代表谈判之前,需制定一个谈判方案。请你为甲方拟一份谈判方案(要求简明扼要,突出要点,能适应变化,使谈判人员便于把握)。

1. 设计人员组成:一行三人(应包括哪些人员、他们的职责、分工及注意事项)。
2. 谈判的时间(选择什么时间、时机及应注意的问题)。
3. 谈判的期限(规定最长宽限期、为什么要规定谈判日期)。
4. 谈判的地点(应注意的问题,例如环境、场地、座次)。
5. 汇报制度及联络方式(与国内公司的联系)。
6. 谈判内容的制定。

(1)谈判的利益目标

公司原先报价的预期利润幅度为销售总额的 33%(其中,商业性开支 14%,利润为 12.5%,风险 4%,谈判机动 2.5%)。在报盘的有效期内,如无意外风险,拟以 30.5% 的利润成交。影响预期利润率的意外风险因素有:

①支付方式

在出口贸易中,卖方常常会遇到一些不利的支付条件。买方提出只付 5% 的预付款,并要求把货款的 10% 放在两年以后支付。如果这样,就会造成占商业开支 2.5% 的利息损失。

②交货延期罚款金

按国际惯例分析,卖方报盘中的交货期应是签约后的两个月,但买方提出签约后一个月交货,而且按每迟交一周,罚金1%;如按买方的条件成交,卖方就要冒罚4%迟交金的风险。

③保证条件

卖方提出的保证期是一年,但买方提出保证期为两年,这样一来卖方就要增加1%的费用。

根据以上条件,卖方在以上几个方面的利益目标如何制定?

对预付金额_____

对对方延期付款的意见_____

对交货期_____

对保证期_____

(2) 定出最低接受目标

价格标准——如果在报盘的有效期内成交,就可以在预期利润幅度上作出让步,利润最大减让为(　　　　)。

支付方式——如果不增加卖方商业费用的话,应为(　　　　)。

交货方式——如果不增加额外罚金的话,(　　　　)。

保证期——如果能保证在保证期内没有多大风险的话,(　　　　)。

案例练习 2

完成模拟谈判丝绸销售

要求:学生每四人分为一组,其中两人作为卖方(范厂长),另外两人是买方(尼古拉)。从谈判的第二阶段继续谈判,达成最终协议。谈判尽可能在40分钟内完成。

背景介绍:

20世纪80年代中期,中国香港的丝绸市场主要是日本、韩国、中国台湾和中国香港制造商的天下。中国大陆生产的丝绸产品由于花色品种和质量等问题在香港的市场份额大幅度地下降,从90%已经下降到10%左右,企业的生存面临着挑战。为改变这一不利状况,绍兴丝绸厂决定以新的产品开辟新的市场,向欧美市场进军。在经过一番周密的市场调研,获取了对市场价格和消费者需求方面的信息之后,绍兴丝绸厂开始小批量地生产各种不同花色和图案的丝绸产品。产品的图案根据不同文化、习惯和品位设计,力求满足不同层次人群的需要。

谈判在一个凉爽的秋天,一个名为爱德华·尼古拉的美国商人来到了绍兴丝绸厂。该厂的范厂长在厂里的样品展览室接待了他。尼古拉仔细研究完展览室的样品后脸上露出了满意的神色,这时他突然转向范厂长并提出他打算预定其中七种款式,他的报价是每码3.5美元。听到尼古拉的报价后范厂长并没有对他的报价作出正面回答,而是报出了同类产品在意大利、法国和欧洲其他国家以及美国的价格之后,他才报出了5.36美元的价格。

听到这个价格尼古拉大叫起来,他说,5.36美元是香港的零售价,如果他以此价格成交,他的老板一定要骂他笨蛋。范厂长信心十足地回答说,这个价格是香港的零售价,但是目前香港市场上没有这样的货品。事实上,这个价格是产品的成本价,因为工厂所进的坯绸价格是5美元一码,印染加工费是每码0.36美元。而同类产品在欧洲市场上可以卖到每码30美元。范厂长进一步强调说,因为这是第一次与他做生意,建立友谊和关系是第一位的,因此他的报价是不赚钱的。

尼古拉不断提高自己的报价,从4美元到4.2美元,再到4.3美元,最后提到4.6美元。范厂长只是微笑不语,最后他让尼古拉再回去考虑考虑,并说中国有一句俗话,买卖不成友谊在。尼古拉没有多说什么就离开了。三天后,尼古拉发来电传,希望与范厂长再做进一步交谈。

资料来源:徐春林,《商务谈判》,重庆大学出版社,2007年第2版,第96页。

复习思考题

1. 贸易谈判前的准备工作包括哪些方面?
2. 社会环境各种因素对商务谈判产生哪些影响?
3. 贸易谈判目标分为哪几个层次?

4. 谈判者面对各类客商应注意哪些问题?
5. 什么样的客商具备合法谈判资格?请写出基本条件。
6. 谈判通则议程与细则议程有何异同点?
7. 选择谈判的时间和地点应考虑哪些问题?
8. 模拟谈判的关键是什么?如何开展模拟谈判?
9. 请你设计一份商务谈判方案。
10. 谈判人员的个人素质有哪几个方面?
11. 现有五人组成谈判班子,请你安排人员及各自职责。

第四章 国际商务谈判过程

在谈判的双方作好充分准备以后,谈判的行为主体就可以按双方约定的时间、地点进行正式谈判。正式谈判是双方能否达成协议的重要阶段。国际商务谈判从正式开局到达成协议,其过程虽然错综复杂、变化不定,但大体上也有一定的谈判程序。

国际商务谈判的过程可以划分为以下几个阶段:

由于谈判者的心理素质、性格、观念等特点,以及谈判涉及的方方面面的可控和不可控因素的影响,谈判过程中往往会出现许多令人意想不到的情况。在这种变化莫测、干扰纷呈的情况下,要想维持谈判的正常进行,就必须随时根据谈判的议程,从一开始就理清头绪,纠正偏差,注意把握谈判的正确方向,按照谈判的正常程序,一步一步地谈下去。

第一节 开局阶段

所谓开局,就是指一场谈判开始时,谈判各方间的寒暄和表态以及对谈判对手的底细进行探测,为影响、控制谈判进程奠定基础。

开局阶段的具体目标是在建立轻松、诚挚气氛的基础上,力求继续巩固和发展已经建立起来的和谐气氛,并在进入实质性谈判前,双方就谈判程序及态度、意图等取得一致或交换一下意见。此外还要摸清对方的真正需要,尽快掌握对方有关谈判的经验、技巧、谈判作风方面的信息,以及使用的谈判谋略等,特别应注意摸清对方对要成交买卖的期望值的大致轮廓,做到心中有数。

对整场谈判而言,谈判开局对整个谈判过程起着相当重要的影响和制约作用。它不仅决定着双方在谈判中的力量对比,决定着双方在谈判中采取的态度和方式;同时也决定着双方对谈判局面的控制,进而决定着谈判的结果。所以应该研究谈判的开局,把握、控制谈判的局势。

俗话说,"万事开头难","良好的开端,是成功的一半"。在国际商务谈判中,由于谈判开局是双方刚开始接触的阶段,是谈判的开端,谈判者之间彼此不了解,对谈判尚无实际的感性认识,各项工作又千头万绪,往往拿不准该谈些什么,容易出现停顿和冷场,双方都感到有点紧张。这时最好通过双方的寒暄,来缓解紧张的气氛。

一、建立洽谈气氛

国际商务谈判开局气氛是由参与谈判的所有谈判者的情绪、态度与行为共同创造的,任何谈判个体的情绪、态度与行为都可以影响或改变谈判开局气氛;与此同时,任何谈判个体的情绪、思维都要受到谈判开局气氛的影响,呈现出不同的状态。

可以说,哪一方如果控制了谈判开局气氛,那么,在某种程度上就等于控制住了谈判对手。

(一)影响谈判开局气氛的因素

万事开头难,开局形成的第一印象影响着谈判全过程的谈判气氛。良好的气氛一般在谈判开始的瞬间就形成了。国际商务谈判开局的气氛主要受到一些无声因素和有声因素的影响。

1. 无声因素

无声因素主要是指国际商务谈判人员的仪表、仪态和各种无声语言表达出的风度和气质。

(1) 服饰因素

服饰因素是指不同的谈判场合由于谈判者穿着的服饰不同,关系到与整个环境是否匹配,从而影响着谈判的气氛。正如意大利影星索菲亚·罗兰所说:"你的衣服往往表明你是属于那一类的人,它们代表着你的个性,一个和你会面的人往往自觉不自觉地根据你的衣着来判断你的为人。"在服饰仪表上,要求谈判人员要塑造符合自己身份的形象。因为与正规谈判场合不协调的衣着服饰不仅会破坏严肃的谈判气氛,还会使谈判者受到轻视。因此,谈判人员的服饰应该做到美观、大方、整洁。但由于经济状况和文化习俗的差异,各国、各地区、各民族的衡量标准也不尽相同,应视具体情况而定。

(2) 目光因素

一个人对谈判气氛的形成所产生的影响并非一定表现为明显的言与行。一个眼神,一束目光,一个微小的动作,都可能反映出本质的东西。古语所说的"眉目传情"、"暗送秋波",就不是很大的动作。"眼睛是心灵的窗户",就是说人的心理变化会通过目光表示出来。那么通过对目光变化的捕捉,就可窥其心理状况。如果谈判者进入会场时径直、大方,并以开诚布公、善意友好的姿态出现在对方面前,特别是他的目光非常可信、可亲和自信,那么就会向谈判对手传递出诚挚、合作、轻松、认真的信号,消除与对手之间无形的隔阂,建立一种融洽的气氛。西方心理学家认为谈判双方第一次目光对接交流意义最大,对手是活泼还是凝重、是诚实还是狡猾,一眼就可以看出来。谈判者由此所获取的信息必然会对谈判气氛产生深刻影响。

(3) 动作和手势因素

谈判是人们一种人际交往、相互交流和相互沟通的形式,是谈判双方相互传递某种信息的过程。谈判开始,双方走进洽谈室,礼节、仪表、手势、坐姿等,都在传递着某种特定信息,从而使谈判者产生某种预感:可能成功、可能失败、可能很棘手。这种预感是人受到外界信号的刺激而由潜意识接收下来并进行"翻译"的。这种"翻译"的结果可能是正确的,也可能是错误的。因此,谈判人员应对传递不同信号的身体语言事先有所研究，掌握它们究竟会对谈判气氛有何影响，而不能轻举妄动。

2. 有声因素

有声因素是指谈判双方见面时相互介绍、寒暄、交谈一些题外话时向对方所传递的信息，这也是影响谈判气氛的一个重要方面。

有经验的谈判人员在与对方见面之初，通常就要抓紧时机，通过双方相互介绍、彼此寒暄，交流感情，建立良好的气氛。语言传递的效果是不一样的，为什么同一句话出自不同人的口中效果不一样，给人留下不同的感觉？原因就在于言谈中的语气、语调。一般来讲，去声让人感到生硬、不快；平声使人感到和蔼亲切。因此，若双方要建立一个良好的、和谐的气氛，就要注意语声语调。通过语言的交流使对方感到亲切、自然、确有诚意，这样有助于缩短双方的距离，创造融洽的谈判氛围。

谈判双方在彼此介绍、寒暄之后，一般也不是马上进入谈判正题。经验丰富的谈判人员总是选择一些与正题不相干的中性话题，如讨论当天的天气情况，最近的体育新闻，文娱消息或者谈及当今的世界大事和社会新闻，也有人谈论个人爱好或双方共有的经历。但要注意不要涉及个人的隐私，应努力寻找共同语言，为下一步切入谈判主题做好充分的准备。

由于谈判结果的不可预测性、谈判过程的错综复杂，致使谈判双方在一见面就怀着谨慎的心理，从各个角度观察对手。从见面一开始，就注意对对手发出的信息在心里作分析、评价、判断，这样做的目的是很明确的，就是试图通过沟通感情，创造融洽、和谐的会谈气氛。如果双方感情尚未沟通，气氛尚未融洽就贸然进入正题，必然会使对方感到过于严肃，防范心理油然而生，气氛势必紧张起来。结果往往是针锋相对，互不相让，开始时的友好气氛也会化为乌有。因此，谈判人员一开始在这些方面就要花费一些时间，利用有声、无声信息的传递来影响谈判气氛，促使谈判气氛朝着有利于己方的方向发展。

例如，东南亚某个国家的华人企业要为日本一著名电子公司在当地做代理商。双方几次磋商均未达成协议。在最后的一次谈判中，华人企业的谈判代表发现日方代表喝茶及取放茶杯的姿势十分特别，于是他说到："从××君（日方的谈判代表）喝茶的姿势来看，您十分精通茶道,能否为我们介绍一下?"这句话正好点中了日方代表的兴趣所在,于是他滔滔不绝地讲述起来。结果,后面的谈判进行得非常顺利,那个华人企业终于拿到了它所希望的地区代理权。

在这个案例中,华人企业代表选择了对方最引以自豪、并希望别人注意的目标,作为突破口,从而成功建立起积极、和谐和融洽的谈判气氛,最终水到渠成,圆满完成了谈判任务。

(二)谈判气氛的类型

在国际商务谈判的实践中,洽谈气氛各具特色,主要有以下几种类型:

(1) 积极友好、和谐融洽的谈判气氛;
(2) 平静、严肃、拘谨的谈判气氛;
(3) 冷淡、对立、紧张的谈判气氛;
(4) 松弛、缓慢、旷日持久的谈判气氛。

不同的洽谈气氛对于谈判效果的影响是不言而喻的。某种谈判气氛可以在不知不觉中把谈判朝某个方向推进。比如:热烈的、积极的、合作的气氛,会把谈判向达成一致意见的方向推进;而冷淡的、对立的、紧张的气氛则会把谈判推向一个严峻而困难的境地。

谈判人员应很好地研究、分析谈判气氛的类型和特点,并结合己方的谈判目标加以灵活运用。

(三)国际商务谈判开局气氛的作用

国际商务谈判一般都是互惠式谈判,成熟的双方谈判人员都会努力寻求互利互惠的最佳结果。因为良好的气氛具有众多的良好效应:

(1) 为即将开始的谈判奠定良好的基础;
(2) 传达友好合作的信息;
(3) 能减少双方的防范情绪;
(4) 有利于协调双方的思想和行动;
(5) 能显示主持人的文化修养和谈判诚意。

这些要点说明在谈判之初建立一种和谐、融洽、合作的谈判气氛无疑是非常重要的。如果谈判一开始形成了良好的气氛,双方就容易沟通,便于协商,所以谈判者都愿意在一个良好的气氛中进行谈判。如果谈判一开始双方就怒气冲天,见面时拒绝握手,甚至拒绝坐在一张谈判桌上,则整个谈判无疑会蒙上一层阴影。

例如,1954年在日内瓦谈判越南问题时,曾经发生过美国前国务卿杜勒斯不准美国代表团成员与周总理率领的中国代表团成员握手的事情。尼克松为表示诚意,在1972年第一次访问中国下飞机时,要警卫人员把守机舱门,不让其他人下来,以便突出他一下飞机就主动地伸出手来和周总理握手的场面。握手的动作持续的时间不过几秒钟,却给这次谈判创造了一个良好的开端。相反,两伊战争后举行的两伊外长谈判,双方就拒绝握手。开始时甚至拒绝面对面谈判,有关的谈判内容都由联合国秘书长来回转达。这样的谈判气氛,能谈出什么样的结果是可想而知的。

(四)国际商务谈判开局气氛的营造

第一场谈判气氛十分重要,高明的谈判者通常都将创造良好的开局气氛列为首要任务。良好的谈判气氛从双方走到一起准备谈判时就应形成。在谈判过程中,气氛会有所发展,但谈判开始时是关键的。人是谈判的主体,每个谈判人员都应该在创造气氛的过程中发挥自己的主观能动作用,积极主动地去创造和谐气氛。如果出现不利于谈判的气氛,应该采取相应对策使之扭转,向好的方面转化,使之有利于协调双方的思想和行动。为了创造和谐的气氛,应该做到以下几点:

1. 开场白的节奏适当

应该清楚,开场白阶段,实际上是过渡阶段,有人将这个阶段称之为"破冰"阶段。"破冰"阶段是良好谈判气氛形成的重要环节,如果掌握得好,谈判全过程就会进行得比较顺利。至于"破冰"阶段谈什么内容,应是有利于谈判顺利进行的话题。

例如,中国一个彩电生产企业,准备从日本引进一条生产线,于是与日本一家公司进行了接触。双方分别派出了一个谈判小组就此问题进行谈判。谈判那天,当双方谈判代表刚刚就坐,中方的首席代表(副总经理)就站了起来,他对大家说:"在谈判开始之前,我有一个好消息要与大家分享。我的太太在昨天夜里为我生了一个大胖儿子!"此话一出,中方职员纷纷站起来向他道贺。日方代表于是也纷纷站起来向他道贺。

整个谈判会场的气氛顿时高涨起来,谈判进行得非常顺利。中方企业以合理的价格顺利地引进了一条生产线。其实,这位副总经理的太太并未生孩子,这只是他的一个谈判计谋。原来,这位副总经理在与日本企业的以往接触中发现,日本人很愿意板起面孔谈判,造成一种冰冷的谈判气氛,给对方造成一种心理压力,从而控制整个谈判,趁机抬高价码或提高条件。于是,他便想出了这个计谋来打破日本人的冰冷面孔。通过这一特殊插曲来引发普遍存在于人们心中的感情因素,使这种感情迸发出来,从而达到营造气氛的目的;营造一种有利于己方的高调气氛,以赢得谈判的成功。

由于正式谈判即将举行,在开局时双方都会感到紧张,随便闲聊,可以调整双方关系,营造融洽和谐的气氛。开场白阶段不要冷场或停顿,从而减缓随之而来的谈判速度。同时,开场白不宜讲得太快、慌慌张张,或是滔滔不绝,因为那样都是不妙的开端。谈判需要的是既轻松而又高效率的谈判速度。

2. 动作自然得体,讲究表情语言

由于各国、各民族文化习俗的不同,对各种动作的反应或见仁见智或大相径庭。比如,初次见面握手时稍微用力,有的外宾认为这是友好的表示,会产生一种亲近感;而有的外宾则会觉得对方是在故弄玄虚,有意谄媚,因此,厌恶之感会油然而起。谈判人员应事先了解对方的背景与性格特点,区别不同的情况,采取不同的做法。谈判人员是信心十足还是满腹狐疑,是轻松愉快还是紧张呆滞,这都可以通过表情流露出来。是诚实还是狡猾,是活泼还是凝重也都可以通过眼神表示出来。谈判人员应该时刻留意自己的表情,通过表情和眼神表示出友好、合作的愿望。

3. 破题引人入胜

如果说开局是形成谈判气氛的关键阶段,那么,破题可以算作关键中的关键因素。开局阶段的任务并不仅仅是为以后的会谈创造良好的气氛,还应该通过对对方的观察,了解对方的性格、态度、意向、风格、经验等。了解对方的目的在于制定相应的策略,为进一步谈判创造有利条件。例如,一位谈判人员,在开局之初或是瞻前顾后、优柔寡断,或是锋芒毕露、赤膊上阵,我们就可以断定,这是一个初出茅庐者;相反,如果对方在开局期间或是从容自若,侃侃而谈,设法调动我方的谈判兴趣,消除我方疑虑,或是旁敲侧击,想方设法探测我方实力、意向,那么,我们由此就可以断定,这是一位行家里手。双方都要通过破题来表明自己的观点和立场,也都要通过破题来了解对方。由于谈判即将开始,难免有些心情紧张,因此容易出现张口结舌、言不由衷或盲目迎合对方的现象,这对下面的正式交谈是十分不利的。为了避免这种现象发生,应该事先做好充分准备,有备而来,才能作到从容不迫、游刃有余。

每一场谈判都有它特殊的气氛,同时会随着谈判进程的推进而发生变化。良好的气氛不一定是热烈的、积极的、友好的,它主要服务于己方的谈判方针、策略,服务于己方的目标。对于谈判人员来说,关键问题是应根据己方的谈判目标去营造对己方有利的谈判气氛。例如,通过称赞对方来削弱对方的心理防线,从而焕发出对方的谈判热情,调动对方的情绪,营造积极、和谐和融洽的气氛;或者是诱发对方产生消极情感,致使一种低沉、严肃的气氛笼罩在谈判开始阶段。

总之,谈判开局气氛是出现于谈判开局阶段的气象或情势,谈判情势比较热烈,谈判双方情绪积极、态度主动,愉快因素主导谈判的开局气氛,那么,谈判对手往往只注意到他自己的有利方面,而且对谈判前景的看法也倾向于乐观,这种积极气氛就可以促进协议的达成。

二、申明本方意图

在建立了良好的谈判气氛之后,双方谈判人员就会进入正题。在进行实质性谈判之前,谈判双方应通过各种方式主动表达本方意图,或者对对方所表达的意图积极作出反应。

(一)申明本方意图的内容

1. 明确谈判议题

明确谈判议题就是要确定谈什么,把谈判及时引向既定的方向,或广泛、深入,或"以我为准"、"各说各的"。不同的议题可以阐明或隐藏谈判者的动机,既可以建立一个公平的原则,也可以使之对一方形势有利；既可以使谈判直接切入主题，富有效率，也可以使谈判变得冗长，进行无谓的口舌之争。

2. 双方应对谈判程序有所认同

这是正式开谈前的话题。这里说的谈判程序是指谈判的计划、议程，对谈判进程的控制、准备工作以及双方的预备会议和整个谈判的进度等问题，即所谓程序谈判。这个阶段应集中在四个问题上进行会谈，即比尔·斯科特所说的"四P"：目标（Purpose）、计划（Plan）、进度（Pace）、个人（Personalities）。

(1) 目标：说明为了什么问题要坐在一起谈判。为了探寻对方的需要和利益所在，为了发现共同获利的可能性，因此提出一些依据或阐明一些问题，目的是达成具体的或原则协议，认可已谈成的协议，检查计划的进度，解决有争议的问题。

(2) 计划：是指谈判的议程安排表。其内容有需要讨论的议题，以及双方必须遵守的有关规程、原则和纪律。

(3) 进度：是指双方谈判的进度，或是谈判前预计的谈判进度。

(4) 个人：是指每个谈判小组的单个成员的情况，包括姓名、业务头衔及其在谈判中的地位和作用。

"四P"是在谈判前就定好了的，但在此需要确认，以求取得双方的一致认识。关于"四P"进行的方式，只要把对方肯定会同意的事情用"贵方是否同意"来发问即可。如："我们是否就程序取得一致意见？""是的，我同意"等。

3. 架设桥梁

当双方开始谈判的议程确定后，接着应以同样的方式在谈判目标、进度、计划方面达成一致意见，然后开始交谈"四P"中的第四个"P"——个人问题。这个介绍已不是开局最初一般认识的介绍，而是简要地介绍每个人在谈判中的作用和各自感兴趣的东西。这种介绍应在轻松的气氛下进行，以期作为双方一致同意进行正式谈判的桥梁。

架设桥梁就是设法在谈判双方之间架起一座无形的桥梁，使大家汇合起来再继续前进，只要有可能，就要反复强调彼此谅解、合作的可能性并不断予以加强。同时要向对方表明双方之间在今后的谈判中间需要不断进行归纳和总结，使双方能够随时认识到谈判进行到哪一个阶段了，让双方看清形势，使大家明确：我们在谈什么，目前的问题是什么。

(二)申明本方意图的表达方式

申明本方意图应是在本方经过深思熟虑之后，根据具体场合、情况，采用不同的方式表达的。

1. 从表达效果区分

从表达方式所产生的效果看，可以分为明示和暗示两种。

明示是指我方以明确的方式表明本方在贸易谈判中的立场、观点、原则和利益要求等。在国际商务谈判中，这些通常都是通过明示的方式表达出来的。

暗示是指我方采取比较含蓄、间接的方式来表明我方在国际商务谈判中有关问题的立场、观点及利益要求等。这主要是针对谈判对手在某些问题上态度不明朗时，为了给双方更大的空间而采取的方式。例如，"关于我方价格的优惠程度，那就要看贵方订购的数量多少和交货期了"。

2. 从表达形式区分

(1)书面形式。这通常说明本方的意图是明确的、终局的，不容讨价还价的，对方除了接受或拒绝之外没有进行迂回的余地。这种表达方式主要是由于国家宏观政策、法律、法规等因素的约束，而必须遵守的结果。例如，国家公共设施的工程招标文件，有关工程的质量、材料、结构、完工期限等都不容许磋商。

(2)书面表达，并做口头补充。这主要是对本方书面表达形式中的重大、关键问题进行详细、透彻的解释、说明。由于这种形式仍侧重于书面表达，因此，适用的领域为双方分歧不大的问题。

(3)单纯以口头方式表达。在开局阶段，还没有任何书面文件，这时可以只在口头上表明我方谈判意图，具有很大的灵活性。谈判者可以根据谈判中所出现的各种情况及时调整己方的谈判条件，并对谈判的计划、策略进行修改。可以进一步通过磋商、接触，逐步摸清对方的意图，再作出相应的允诺，承担义务。面对面的口头陈述，实际上也是双方交流感情的过程，谈判人员可利用这种感情因素来陈述与强调己方的谈判条件和要求，有时会使对方不好意思提出异议。在聆听对方陈述时，通过察言观色,可以更多地了解对方的真实意图与所抱态度,为己方在谈判的磋商中提供有用信息。这种表达方式的优点是双方协商的空间较大,同时可以灵活地利用语气、语调中的情感因素来影响谈判对手。

三、了解对方意图

了解对方意图,也可以说是探测对方底细。通过我们与对方的接触、面对面的交锋,可以更准确、深入地了解对手的性格、态度、意愿、风格及生活阅历和谈判经验等,以便掌握和运用谈判谋略和策略,从而影响谈判进程。

(一)了解对方意图的方法

了解对方意图可以通过察言观色的方式来完成。所谓察言观色,是对一个人的行为动作、言谈举止、外表特征进行观察了解,并进行分析、综合、判断的过程。我们为什么说了解一个人要察其言、观其行呢?因为人的言和行,往往反映了一个人的本质特征。人有的行为可以伪装,甚至可以巧言令色;但一些本质的东西是不能伪装的,也是掩盖不了的。一个经验丰富的谈判家,会通过对对手进行一系列的察言观色作出分析、判断,从而了解对手的经验多寡、风格如何,以及更深层的东西。

(二)了解对方意图主要包括的内容

1. 了解谈判对手对谈判议题的看法

国际商务谈判双方所处的地位、立场、利益需要都会存在差异,那么,对同一个问题必然会有各自的观点。例如,在西方,市场对火鸡的巨大需求主要是在圣诞节期间,因此大宗火鸡如果错过了圣诞节之前的交货期,销量必然会受到影响。而在不把圣诞节作为传统节日的国家,如果迟延交货,影响就不会那么明显。

2. 了解对手谈判的诚意

在国际商务谈判中,谈判对手千差万别,不能排除有些资信较差的外商进行恶意磋商。他们的目的可能只是通过谈判刺探我方的商业情报,而没有签约的意图;或者想通过接触了解我方是否能够给他们带来最大利益,而在签约时却退却。在这类谈判过程中我方所付出的缔约成本就不会获得回报。

3.了解对手的利益目标

为了了解对手的谈判意图,掌握对手的利益目标,要通过开局,分析对手的假象和伪装,捕捉和观察出对方的内心世界;了解对方通过谈判急于要解决什么问题,这是对方实力上的虚弱点。例如,对方真正关心的是运输包装还是销售包装。因此,谈判人员必须认真分析、辨别,以免落入圈套。

在双方建立良好的气氛、申明本方的意图、了解对方的意图之后,就进入谈判实质性阶段了。

案例 4-1

日本一家著名汽车公司刚刚在美国"登陆",急需找一个美国代理商来为其推销产品,以弥补他们不了解美国市场的缺陷。当日本公司准备同一家美国公司谈判时,谈判代表因为堵车迟到了,美国谈判代表抓住这件事紧紧不放,想以此为手段获取更多的优惠条件,日本代表发现无路可退,于是站起来说:"我们十分抱歉耽误了您的时间,但是这绝非我们的本意,我们对美国的交通状况了解不足,导致了这个不愉快的结果,我希望我们不要再因为这个无所谓的问题耽误宝贵的时间了,如果因为这件事怀疑我们合作的诚意,那么我们只好结束这次谈判,我认为,我们所提出的优惠条件是不会在美国找不到合作伙伴的。"日本代表一席话让美国代表哑口无言,美国人也不想失去一次赚钱的机会,于是谈判顺利进行下去了。

启示:

(1)美国公司谈判代表连续指责日本代表迟到,这是一种情感攻击,目的是让日本代表感到内疚,处于被动,美国代表就能从中获取有利条件,开局气氛属于低调气氛。

(2)日本公司谈判代表面对美国人的低调开局气氛,一针见血地指出:如果你方没有诚意,咱们就不要浪费时间,想和我方合作的公司很多,与你方不谈也罢!日本人用高调开局气氛进行反击,使谈判进入实质阶段。

案例 4-2

拉弟埃创造积极和谐的谈判气氛

积极和谐的谈判气氛，使人心情较为轻松，彼此都能理解对方的需要，有一种立场相近的感觉，双方对达成协议充满信心。

"空中客车"飞机制造公司成立于20世纪70年代，是由法国、联邦德国和英国合资经营的。由于当时世界经济萧条，各国航空公司营业均不景气，而"空中客车"公司又是个才起步的新公司，要想打开局面，搞好外销工作，更是难上加难。

公司想向印度销售一批飞机，但印度政府初审后未予批准；能否挽回机会、改变印度政府的决定，就要看谈判人员的技巧了。贝尔那·拉弟埃受命于危难之机。拉弟埃稍做准备就飞往印度首都新德里，面对接待他的印航主席拉尔少将，拉弟埃开口第一句话是："我真不知该怎样感谢您，因为您给了我这样的机会，使我在生日这一天又回到了我的出生地。"通过开场白，他告诉拉尔少将，他出生于印度并深爱这片国土。随后拉弟埃解释，他出生时，父亲是作为法国企业家的要人派驻印度的。这些话使拉尔少将感到开心愉快，于是设宴款待拉弟埃。初战告捷，拉弟埃削弱了对手的敌对情绪，逐渐创造和谐、融洽的谈判气氛。紧接着，拉弟埃又从包中取出一帧珍藏已久的相片，神色庄重地呈给拉尔少将："少将，请看这张照片。""啊，这不是圣雄甘地吗！"拉尔少将无限崇敬地感叹道。众所周知，甘地是印度人民衷心爱戴的一代伟人，在印度可说是妇孺皆知。拉弟埃正是投其所好，一步一步赢得拉尔少将的好感，以建立良好的谈判气氛。"请少将再看看，圣雄甘地旁边的小孩是谁？"少将注意到伟人身边那个天真的小男孩，但他端详许久，未能认出。"那就是我呀！"拉弟埃满怀深情地说，"那时我才3岁半，随父母离开贵国返回欧洲。途中，有幸与圣雄甘地同乘一艘船，并合影留念。"拉弟埃无限幸福地回忆着往事。拉尔少将完全被感动了。

至此，拉弟埃成功地建立起积极、和谐、融洽的谈判气氛，最终水到渠成，圆满完成了此行谈判任务，这笔生意顺利达成协议。

案例 4-3

消极、冷淡、紧张的谈判气氛

消极、冷淡、紧张的谈判气氛会给谈判对手造成强大的心理压力，迫使对方作出妥协让步。谈判人员运用正面对抗或冲突的方式，采用强硬的手段给对手施加压力，以实现本方的谈判目标。

1986年初，我国大庆油田为了试验采油新技术，向美国H公司购进一批采油设备。货到之后，经检验发现，其中价值48.82万美元的玻璃油管在试验压力时尚未达到合同规定要求时即出现渗漏，无法正常使用。H公司两次派专家前来复验，亦承认产品确实不符合合同要求，于是，大庆油田提出索赔。不料，H公司却在1987年2月向美国达拉斯地方法院提起诉讼，指控大庆油田石油管理局将其所售合格产品判为不合格，损害公司名誉，倒打一耙，要求大庆油田向他们赔偿损失。大庆石油管理局局长决定应诉，并电告美国法庭。

1987年2月25日晚，由大庆标准计量局副局长、高级工程师刘紫阳，大庆油田引进办副主任、高级工程师许柯和大庆油田物资处长、经济工程师王虎群组成的大庆诉讼谈判小组飞抵美国休斯敦市，准备出庭辩论。

3月2日，双方首次见面交锋。H公司的谈判代表律师Z先生一出场，就摆出盛气凌人的架势，忽而双脚高高翘于上，忽而拍桌子乱喊乱叫，想尽办法刁难我方。一次，他要我方代表回答合同中关于玻璃油管的全部技术要求，但当刘紫阳准备查阅资料时，他却大叫："不许你看资料。"这种强词夺理的行为是想让我方谈判代表回答失误。但刘紫阳镇定自若，略加思索就回答出一连串数据，17条技术条款无一差错。Z先生刹时面无血色。刘紫阳不失时机，突然站起，对在场的法庭速记员严正指出："H公司律师的这种行为是故意刁难，为美国法律所不允许。在此，我方提出强烈抗议。"Z先生无言以对，大庆谈判代表怒责H公司律师，为以后胜利打下了基础。

从这个案件我们可以看出,H公司律师虽然最初也想先发制人,制造紧张的谈判气氛来压制对方,但毕竟理屈词穷;我方谈判代表据理力争,无情地揭露、痛斥H公司的阴谋,使谈判气氛虽然紧张、激烈,我方却操纵自如,最终取得谈判的胜利。

资料来源:任廉清,《贸易谈判过程》,东北财经大学出版社,2000年,第80页。

第二节 磋商阶段

谈判的磋商阶段,即实质性谈判阶段,是指谈判开局以后到谈判终局之前,谈判双方就实质性事项进行磋商的全过程,这是谈判的中心环节。

谈判的磋商阶段也就是谈判的实践阶段,这不仅是谈判主体间的实力、智力和技术的具体较量阶段,而且也是谈判主体间求同存异、合作、谅解、让步、妥协的阶段。在谈判的磋商阶段,双方开始真正根据对方在谈判中的行为,来调整己方的谈判策略,修改谈判目标,从而逐步确立谈判协议的基本框架。

在谈判的磋商阶段,谈判各方都有己方欲从谈判中获利的目标,而能否达到目标就要依靠谈判者正确、灵活、有效地运用智慧、策略、技巧和手段来获得谈判的成功,最重要的是能够创造一种有利于谈判合作与竞争的良好气氛。有了轻松良好的气氛,就给谈判的顺利进行创造了积极和谐的条件。国际商务谈判磋商阶段在程序上包括明示与报价、讨价与还价、评估调整等几个方面。

一、明示与报价阶段

(一)明示阶段

1. 明示的内容

明示的内容也就是摆出问题。由于谈判双方的需求和利益不同,必然会产生一些不同的意见和看法;明智的谈判者应当尽早把问题提出来,以求早日和彻底解决。

一般而言,谈判双方包含着四类主要问题:己方需求,对方需求,双方互相的需求,以及表面上看不出来的内蕴需求。谈判者既要追求自己的需求与目标,同时又要适当考虑对方的需求与目标,这是谈判的关键所在。因此双方应当心平气和地就这些问题进行谈判。当然,这样做要注意两点:一要弄清楚对方的真正需求,二是双方要有合作的诚意。

例如,1986年2月,菲律宾举行了总统大选,阿基诺夫人接任总统。她上台后设立"总统府廉政委员会",追查传说有200亿美元的前总统马科斯财产。可廉政委员会经过数年的努力,也没有查出马科斯的财产。他们意识到,要想追回财产,必须得到马科斯家人的配合,于是与马科斯家人举行了谈判。谈判在长时间内毫无进展。因为阿基诺夫人始终认为:这笔财产是不义之财,马科斯家人不应分享;马科斯家人中有人犯罪,应绳之以法;马科斯家人现有的不动产,有的应收归国有等。这样的报价无疑是与虎谋皮,自然不能指望马科斯家人会有什么配合。直到阿基诺夫人同意:撤销所有对马科斯家人的控诉;现有的不动产和个人财产仍归马科斯家人;查出的海外财产,政府与马科斯家人按比例分配,等等。再经过细节上的讨价还价,政府方面的报价终于被马科斯家人所接受,就在阿基诺夫人离任前四天,双方达成了第一个协议。1993年,根据总统拉莫斯的授权,廉政委员会又与马科斯家人签署了第二份协议,双方分配的比例是:政府占75%,马科斯家人占25%。不久就查到了第一笔价值为4.75亿美元的财产。

2. 明示信息的传播途径

在谈判的明示阶段,双方之间会出现众多的信息传递方式。信息传递得当,会增加己方的谈判力量;而传递不当,就会无形中削减己方实力。而且,用不同的媒介传递同样的信息,传播效果也是各不相同的。所以,谈判人员在明示阶段要根据需要,选择最适宜的传播媒介或沟通渠道。在国际商务谈判中经常使用的传播媒介有这样几类:

(1)印刷品。如统计报表、调查报告、文书文件等。

(2)视听媒介。如录音、录像、照片、表演等。

(3)实物模型。如产品、样本等。
(4)双方的谈话。包括面对面谈话与非面对面的电报、电话、传真等。

(二)报价阶段

在明示阶段,双方都已经明白对方的需求和期望以及双方心理预期之间的差距,主要问题也都展示在谈判桌上,那么接下来的程序便是报价。

1. 报价的含义

国际商务谈判中的"报价"一词是广义的,是对各种谈判要求的统称。它不仅是指产品在价格方面的要价,而且也泛指谈判的一方向对方提出的所有要求。包括商品的质量、数量、包装、装运、支付、保险、商检、索赔、仲裁等,工程项目的承包条件、工期、材料、质量等。其他像委托代理谈判、企业兼并谈判、合作合资谈判、咨询顾问谈判等,尽管其谈判内容各不相同,但谈判双方都会向对方提出各种要求,这种要求即为报价。

2. 报价的形式

一般而言,报价有书面报价和口头报价两种形式。

(1)书面报价

书面报价通常是一方事先为谈判提供较为详尽的文字材料、数据和图表等,将己方愿意承担的义务表述清楚,使对方有时间针对报价作充分的准备,从而可使谈判进程更为紧凑。正确的书面报价对实力强大的谈判者是有利的,或者双方实力相当时也可使用书面报价;对于实力较弱者不宜采用书面报价形式,而应尽量安排一些非正规的谈判。

(2)口头报价

口头报价具有很大的灵活性和表现力。谈判者可以根据谈判的形势来调整变更自己的谈判战术,先磋商,后承担义务。它不像书面报价那样有义务约束感。但是,谈判者如果没有娴熟的沟通技巧和经验的话,容易失去议题的主旨而转向细节问题,也容易因没有真正理解而产生误会,受到对方的反击。另外,口头报价对一些复杂的问题,如,统计数字、计划图表等难以表述清楚。因此,为了克服口头报价的不足,在谈判前,可以准备一份有关己方的交易要点、某些特殊要求以及印有各种具体数据的简目表。

3. 报价分析

在进行讨价还价之前,先要弄清楚对方的真实期望、对方为何如此报价,以及准确判断谈判形势,分析讨价还价的实力。在弄清对方期望的基础上,分析如何在满足己方需要的同时,兼顾对方的利益;研究对方报价中哪些事项是必须得到的,哪些是可以磋商的,哪些是比较次要的,而这恰是我方让步的筹码。

对方报价后,要对谈判形势进行一下分析,要弄清双方的真正分歧,比如,什么是对方的谈判重点,哪些是对方可以接受,哪些是对方急于要讨论的;在价格和其他主要交易条件上对方讨价还价的实力;可能成交的范围等。假如双方分歧很大,己方可以拒绝对方的报价,要求对方重新报价。

二、讨价

讨价是指评价方在对报价方的价格解释进行评论后向其提出的技术及商务要求的行为。讨价可以分为全面讨价和具体讨价。另外在讨价时还应注意讨价次数、讨价方法和讨价时的态度。

(一)全面讨价

全面讨价即对总体价格和条件的各个方面要求重新报价。它常常用于报价分析之后的第一次要价,或者较复杂的交易的第一次要价。正式磋商阶段开始时,双方一般从总体的角度去压价,笼统地提要求,不暴露己方掌握的准确材料。例如,"请就我方刚才提出的意见报出贵方的改善价格";"贵方已听到我们的意见,若不能重新报出具有成交诚意的价格,我们的交易将难以成功";"我方的评论意见说到此,待贵方作出新的报价后再说"。这三种说法均是全面讨价的方式,只是态度一个比一个强硬,这要视对方的态度和报价的虚实程度而定,但目的不是要求对方重新报价。

(二)具体讨价

具体讨价即对分项价格和具体的报价内容要求重新报价。它常常用于对方第一次改善价格之后,或不易采用全面讨价方式的讨价。如对虚头较少、内容简单的报价。在报价分析完毕后即可进入有针对性的、要求明确的讨价。在第一次改善价格后的讨价时"具体"的要求在于准确性与针对性,而不在于"全部"将自己材料都暴露出来。在实际操作中是将具体的讨价内容分成几类,可以按内容分,如商务谈判中的购买设备,可分为设备部件、技术;也可以按报价的虚头大小分,可分成大、中、小三类。目的是要体现"具体性",即具体问题具体分析。实际讨价一般从虚头大的那一类开始进行。

(三)讨价次数

它既是一个客观数,也是一个心理数。作为客观数,是因为其讨价的依据是评价,当对方改善报价接近评价的水平,那么改善的次数即为客观次数。这是以客观效果来判定讨价次数的。在实务中,谈判的对方一般不大可能跟着己方的评价走,这样就产生一个"心理次数"的问题。心理次数不反映改善价格是否接近评价的水平,只反映对方对己方的讨价作出了反应,对所提出的条件愿意考虑,但何时何地考虑则不予明确,比如有可能在全局定价时总体考虑。因此,这个讨价次数难以确定。在国际商务谈判的实践中,讨价次数要根据价格分析的情况和报价方价格改善的状况来定。

只要报价方没有明显的让步,则说明其可能留有很大的余地。而评价方(被评价方)为了自身的利益,一般在做了两次价格改善后就会"封门",此时,他们一般要求对方接受改善价或直接要求还价。

三、还价

还价即报价方应评价方讨价作出重新报价后,向评价方(被报价方)要求给出回价的行为。报价、讨价和重新报价与还价的关系十分密切。

报价方重新报价的方式和价格水平不但决定还价的方式与出价水平,而且还决定还价的时机。一般来说,报价方作了数次调价后,往往会强烈要求评价方还价。评价方也应还价表示诚意与尊重对方,并给谈判确定方向。还价一定要慎重,还得好,则可谈性强,对双方都有利;还得不妥,不但利益受损,还易引起对方反感或误解,于谈判不利。

一般来说,还价的方式是对应于讨价及对方改善报价后的方式。如果讨价方式与改善报价方式不一致,则还价方式应取改善报价的方式。方式的一致性便于谈判双方评价各自的条件,判定交易条件的可行性。所以还价方式不一定求新,但还价的方向要认真考虑。在国际商务谈判中,还价方式从性质上说,可分为两种:一是按比例还价;二是按分析的成本还价。这两种还价又可具体分为以下三个方式:

(1)逐项还价,即对所谈标的物的每一具体项目进行还价。

(2)分类还价,根据价格分析时划出的价格差距档次分别还价。

(3)总体还价,即对所谈标的物进行全面还价,仅还一个总价。

以上方式采取哪种合适,应视具体情况而定。三种方式可单独使用,也可组合运用。

如还价方掌握材料充分,报价方价格解释清楚,双方成交心切,且有耐心和时间,采用逐项还价对还价方稍具优势,对报价方也充分体现了"理"字。报价方一般也不会拒绝,他可以逐项防守。

如还价方掌握材料少,报价方解释不足,但都有成交的信心,且时间较紧,采用分组还价的方式对双方都有利。

如报价方报价粗,且态度强硬,或双方相持时间长,但均有成交愿望,在报价方作出改善价格后,还价方可作总体还价。不过要还得巧,就是既要抓住对方报价无理的成分,又要考虑其改善报价的态度,做到有理有节。

综上所述,采用还价方式要注意:不要轻易地从总体还价,应从重新报价改善明显的部分,或差距小的部分,或金额较小的部分先作还价,这样有利于谈判顺利进行。

例如,原定于 1995 年 12 月德国总理科尔访华前结束的上海地铁二号线商务谈判陷入了僵局。由于地铁一号线的良好合作,德国成为为上海地铁二号线提供政府贷款的首选国家,贷款总额高达 7.8 亿马克。但最后是否确定还要看对方提供的地铁设备的价格是否合理。形成僵局的原因是,对方的报价比中方能接受的价格高出 7500 万美元。中方代表根据手中掌握的地铁车辆的国际行情,知道即使按照中方的报价,德国公司仍然有钱可赚。同时,中方也清楚地知道,对方企图倚仗提供了政府贷款就漫天要价,把贷款的优惠,通过车辆的卖价又悄悄地拿回去。原来在北京进行的谈判进行了一轮又一轮。科尔如期访华,原定在北京签字的上海地铁二号线贷款协议未能如期签署。随着科尔来到上海,谈判也转移到上海进行,这时已经到了最后的关头。对方代表到处造舆论,扬言要撤回贷款。了解内情的人,包括一些相当职位的领导都提出了警告:不要为了7500万美元,丢了7.8亿马克。对方代表更是有恃无恐,甚至在谈判桌上拍桌子威胁中方代表,扬言再不签约,一切后果由中方负责。中方代表非常冷静地朝他做了一个手势说:"Stop(停)!请你不要这样激动,也不要用这种要挟的态度。本人是美国哥伦比亚大学的博士,上海××大学管理学院的院长。对于国际融资的常识和规则懂得不比阁下少。我们现在不是乞求你们贷款,请你用平等的态度看待我们的分歧。"中方代表接着说,在国际融资中,贷款者和借贷者应该是一种平等互利的关系,成功的融资谈判应该双方都是"赢家"。并且十分明确地告诉对方代表,如果不把车辆价格降下来,他将向上级汇报,中方将谋求其他国家的贷款;而谈判破裂的后果,将由德方负责。由于中方代表拒绝在协议上签字,原定科尔访华期间签署的上海地铁二号线贷款协议,不仅未能在北京如期签署,结果在上海也未能签署。德方代表这才见了"真佛"!在以后的谈判中不得不缓和自己的态度,再经过一轮又一轮的艰苦谈判,德方代表最后同意把车辆价格下降了7500万美元,整个地铁项目的报价也比原来的报价降低了1.07亿美元。中方代表坚持到了最后,也取得了最终的胜利。

在国际商务谈判实务中,一般还价方的第一次还价很少被对方接受,因此还价方在确定还价起点时,就应考虑到对方的反击。还价方第一次还价的方式采取"横向设防"和"纵向设防"还价战术。横向设防即在分类还价中,在各类物品上都留有退让的余地,在对方的紧逼下,可以让一类进,另一类退,在横的方向上设防。纵向设防是在同一类物品上作几个还价阶梯,步步为营。横向设防与纵向设防可综合运用,效果更佳。当然,两类设防均需要考虑还价次数,明确以后,确立还价起点将会更容易。对于报价方,也可用类似战术进行防守或反击。

四、交锋与评估阶段

在进行交锋和磋商时,谈判双方都会列举事实,据理力争,希望对方理解并接受自己的观点。当一方提出一种意见、一个方案时,对方也会马上提出另一种意见和方案来反驳。在这种情况下,一方面,要摆事实,讲道理,理直气壮地阐明自己的观点,坚定不移地为实现谈判目标而努力;另一方面,态度也不能简单强硬,企图压倒对方,而是尽可能地运用各种谈判手段和技巧,在坚持原则的前提下,找出双方所能接受的妥协方案。

在磋商时,需要弄清真正的分歧点,尽量避免在一些无关紧要的问题上发生无谓的争执,更不能意气用事。对一些主要分歧点,要准确判断对方的目标和需求,充分估计在这些问题上讨价还价的实力。

在磋商中,根据对方谈判人员的性格、作风、心理、气质和文化素养,还需要对谈判对手施加影响,促使谈判朝着有利于双方的方向发展;当然,对方也会采取同样的办法。只要双方都希望促使谈判成功,那么就会心平气和地进行交锋和沟通,努力了解对方和相互谅解。当谈判一方要求太高而无法达成协议时,可适当作出一些让步以示己方的良好愿望;同时,也要求对方作出同样的回报。双方相互举止小心而逐渐发展起来的良好愿望,有助于处理和解决一些原来认为比较棘手的问题,从而使谈判朝着有利于双方的方向发展。

在谈判的磋商阶段中,根据谈判的发展变化,需要对谈判的计划方案、谈判策略、谈判人员安排以及谈判的价值构成等,进行分析、评价、估算和重新调整。谈判的评估调整是谈判磋商阶段必须认真完成的重要工作。这是由于在谈判准备阶段的工作无论怎样充分细致,都不可能考虑到谈判过程中的每一个细节和适应其每一种可能的变化;而且经过谈判开局阶段的交流与回顾,进入实际磋商阶段,必然会出现一些始料不及的新情况、新问题。以往的谈判计划方案、谈判策略、谈判人选以及价值构成的分析,都会随着进一步的交锋、讨价还价、信息资料的交流而出现一些不相适宜之处。这时,谈判者就应及时根据新发现的问题,重新进行评估调整,以适应谈判的需要。

评估中,需要结合谈判实际对己方获得的信息资料进行重新分析研究,以确定哪些是真实的,哪些是虚假的、无用的,把在谈判过程中获取的有用的信息资料收入谈判资料档案,撤出那些虚假无用的信息资料,并随时制作备忘录。

此外,还需要结合变化了的新情况和产生的问题,修改或重新制定计划方案,并在谈判班子内部进行讨论和统一思想。如有必要,及时调整谈判班子成员,特别是对业务能力差和不能主动协调配合的人员进行更换,以免削弱己方谈判力量,但同时要注意保持谈判班子的相对稳定。

如发现以往对价值构成的预测不准确时,需重新研究是否存在合理的协议区、协议区到底有多大,以决定谈判是否应当持续下去。如果继续谈下去,那么应该如何调整谈判的起点和争取点等等。如有必要,并征得对方的同意后,可以重新调整谈判议程。对认为不必再谈或不能再谈的议题要及时删掉,并及时补充新的议题。

还有,总结谈判中的经验教训,堵塞工作漏洞,防止己方陷于虚假信息和不实资料的迷阵中,并主动有效地运用调整后的谈判策略、方案,对取得谈判的成功,是很必要的。

五、谈判的妥协

国际商务谈判中,出现不同观点是在所难免的,解决办法只有两种:一是谈判破裂,谈判双方分道扬镳;二是其中至少一方作出让步。如果谈判双方不想谈判就此结束,他们就只能选择让步。能首先作出这种姿态的,并不是软弱与无能的表现;相反,善于妥协让步恰恰是谈判者成熟的表现。

谈判中,让步的根本目的是为了获得利益,己方的让步可以带动对方的让步;而无谓的让步,只能一无所获。因此双方一般都不会做无谓的让步。在谈判中任何一方轻易作出较大的让步,都会为对方所轻视,对方会认为你的让步是理所当然的，而不是他们争取的结果。这样就达不到让步的效果。因此，在谈判中有经验的谈判方通常不会作太大、太轻易的让步。

在谈判中，需要有敏锐的观察力，识别对手是否会让步。谈判方在作出让步之前，通常不会让对方觉察到自己将作出让步，至少不会让对方知道己方让步的幅度。因为对于合作性谈判来说，处于僵局时，对方都可能在思考让步和让步幅度问题，所以己方在作出让步后，应等待对方作出相应的让步。如果对方并未作任何让步，那么可以断定他缺乏诚意，己方不再作出任何让步，此外，谈判对手通常千方百计要让对方感到他所作的是一次重大让步，这样对方就能明白己方的让步是争取合作的主动表示，是充满诚意的。因而，当己方要求对方让步时，对方难以拒绝。

第三节　成交阶段

谈判在经历了准备阶段、开局阶段和磋商阶段以后，进入成交阶段。谈判的成交阶段也就是谈判的结束阶段。经过一番艰苦的讨价还价，谈判双方都取得了很大进展，渐趋达成一致，但也存在一些问题。在谈判的最后阶段，仍然需要善始善终，孜孜以求。如果放松警惕，急于求成，有可能导致前功尽弃，功亏一篑。

一、谈判结束的信号

交易将要明确时，双方会处于一种准备完成时的激奋状态，这种状态往往是另一方发出成交信号所致。谈判结束的信号主要表现为谈判者会用最少的言辞阐明自己的立场，表述简明、坚定、直露，不再委婉、含蓄、飘忽不定，而且具有承诺的意味。谈判者在回答对方的任何问题时，都是以尽可能简洁的方式来完成的。也就是说在阐述己方的立场时，完全是一种最后决定的口吻，语气坚定，不卑不亢，没有任何不安或紧张的表示,并且通常是只作肯定答复或否定答复,不解释理由。而所提建议具有完整的特征,没有遗漏或不明之处。如果谈判者的某项建议遭到拒绝,结果就只能是中断谈判,此外没有其他办法。

国际商务谈判实践中通常会有这样的情况,一场谈判旷日持久,但却进展甚微,然而由于某种特殊原因,很多原本很艰难的问题却一下子得到迅速解决。这主要得益于谈判者发出谈判结束的信号,发出该信号的一方主要是试图表明己方对谈判进程的态度;在于推动对方不要在少数问题上拘泥短见,纠缠不休;并设法使对方行动起来,达成一个妥协。因此,谈判收尾在很大程度上是一种掌握火候的艺术。

二、最后一次报价

在一方发出签约意向的信号,而对方又有同感的时候,谈判双方都需要作最后一次报价。对最终报价,理性的报价者一般不会过于匆忙报价,因为太过匆忙会被认为是一个让步,令对手觉得还可以再努力争取到另一些让步;如果报价过晚,对已经形成的局面所起作用或影响很小。因此,最后一次报价通常把最后的让步分成两步走:主要让步部分在最后期限前提出,刚好给对方留出一定时间思考;次要让步部分,可作为"甜头",安排在最后时刻作出。

最后让步的幅度大小,是预示最后成交的标志。在决定最后让步幅度时,一个主要因素是看对方接受这一让步的人在对方组织中的位置,让步幅度应是刚好满足较高职位的人维持他的地位和尊严的需要。而且让步与要求同时并提,除非己方的让步是全面接受对方现时的要求。否则必须让对方知道,不管在己方作出最后让步之前或之中,都期望对方予以响应,作出相应让步。

三、谈判记录整理和最后的总结

每一次洽谈之后,重要的事情是就双方达成共识的议题拟一份简短的报告或纪要,并向双方公布,得到双方认可。这样可以确保该共识以后不致被违反。这种文件具有一定的法律效力,在以后的纠纷中尤为有用。在最后阶段,双方要检查整理记录,如果双方共同确认记录的正确无误,那么所记载的内容便是起草书面协议(或合同)的主要依据。在国际商务谈判中,尤其是在一项长期、复杂,甚至需要若干次会谈的大型谈判中,每当一个问题谈妥之后,都需要通读双方的记录,查对一致,力求使达成的协议不存在任何含混不清的地方,这在激烈的谈判中更加必要。

在谈判达成交易之前,进行最后的回顾和总结是很必要的,这可以以明确所有谈判议题所取得的结果是怎样的,可以明确哪些问题已达成共识、哪些还存在分歧。这里所涉及的主要是交易条件,交易条件是谈判中有关商务、法律等与成交价值有关的条件以及与交易关系密切的交易手段的总称。如果双方谈判所剩分歧数量较少,实际上是指谈判双方针对谈判议题反复磋商后,在交易条件方面尚存的分歧数量少。如果所剩分歧数极少,无论议题的重要与否都可认定谈判进入成交阶段。

在最后的总结阶段,如果双方尚有悬而未决的争议,那么应及时对其作出处理。如果所有谈判的成果还没有达到己方的目标,那么应考虑对于未达标者如何在最后一次报价中挽回。此外,在最后的总结阶段,判断谈判是否进入成交阶段,是否可以达成最后协议,可以应用成交线来判断。成交线是指双方可以接受的最低成交条件,也是达成协议的下限。当对方所同意的条件总和已进入本方内定的成交线时,谈判也就自然进入成交阶段。这时,如果有需要最后让步的项目,对于让步幅度,应采用一些特殊的结尾技巧。

总之,在谈判的总结阶段,如果谈判者可以得出结论,谈判双方针对交易条件在大局上、原则上已达成共识,即使对个别问题尚需作技术处理,这时也标志着谈判进入最后阶段,即成交阶段。

四、真性败局、谈判和局与假性败局

在国际商务谈判的成交阶段,有时谈判并未取得圆满成功,也就是说出现了败局的征兆,这时,谈判者需要认真分析,以识别究竟是假性

败局、谈判和局还是真性败局。

真性败局即谈判告吹,是指谈判各方由于种种原因不能达成协议,最后结束了谈判。谈判失败有时候是不可避免的,但谈判失败会给各方的感情、精力和物质等带来损失。

谈判的和局是指谈判各方在谈判过程中经过磋商取得一致意见,签订协议,终止谈判的结局。谈判的和局,就是谈判的成功,它标志着谈判的各方都是胜利者。

假性败局是指谈判双方在谈判过程中,经过一轮一轮地磋商和讨价还价以后,由于种种主观和客观原因,未能达成协议而暂时中止了谈判。其特征是,谈判从形式上看已经结束,但却存在重新谈判的可能性,也就是双方之间仍然存在着谈判协议区。

例如,上海某厂与国外某公司谈判组建合资公司,双方为此举行了多次谈判。其中在关于产品出口销售问题上,出现了主观性假性败局,原因是对于出口销售文字表达和理解产生了分歧。该项谈判的可行性研究文件中关于产品销售问题是这样叙述的:一是外商负责包销出口25%的产品,75%在国内销售;二是合资企业的出口渠道是合资公司和中国外贸公司。在谈判的磋商阶段中,外方对此理解为:由外方技术生产的产品,由外方母公司独家出口25%,至于其他两个出口渠道是为了合资企业出口其他产品。而中方理解为许可出口产品中的25%由外方母公司负责,其余75%产品中的一部分,如有可能,再以另外两个渠道出口。在这一问题上,双方发生了利益冲突,双方都不肯让步,外方主谈人宣布终止谈判,使这一谈判归于失败。但是,过了一段时间,外方又主动向中方发出再次谈判的邀约,中方对此也作出积极反应。原因是外方有意开拓中国市场,而且这一合资项目的投资不大,风险很小;如果不成,就很难再在上海和中国其他地区投资了。前次外方终止谈判并非真实目的,为了其自身利益,而使假性谈判败局转化为和局。

此例说明,谈判各方在谈判中,由于意见分歧而谈判一方提出终止谈判,促成主观性假性败局,以向对方施加压力,旨在向对方示威,以迫使对方作出让步,以便在重新谈判时能达到己方的目的而获取利益。如果对方主动让步,新的谈判很快就会重新开始。如果对方不肯让步,那么就会出现两种结果:一是促成主观性假性败局的一方主动让步,或寻找新方案再重新谈判;二是双方都不肯主动采取措施来破解谈判的假性败局,那么就会转化为真性败局。

五、签订书面协议(或合同)

签约是国际商务谈判的重要有机组成部分,对于协议的签订工作必须采取严肃认真的态度。另外,协议与合同是有区别的,但就其签订的程序来说,两者一致,所以此处为了行文的方便,不作严格区分。

(一)签约的意义

国际商务谈判,经过讨价还价,谈判双方已达成了完全一致的意见,但这些意见必须用法律形式来体现,都要签订合同或协议书、备忘录等形式的契约;只有用法律形式来体现谈判结果,明确双方的权利和义务,才能使谈判结果得到法律的保护,确保谈判结果是巩固的、确实的和有法律效力的。

进入签约阶段,谈判的各方仍然不能掉以轻心。因为只有协议经双方签字,才能成为约束双方的法律性文件。有关协议规定的各项条款,双方都必须遵守和执行;任何一方违反协议的规定,都必须承担法律责任。只要双方没有签约,谈判所达成的签约意向都是缺少约束力的,谈判还是有可能发生变化,甚至破裂的。

所以有经验的谈判者总是千方百计地缩短"拍板"阶段的时间,"拍板"是指双方取得一致的签约意向;越过"拍板"阶段,直接进入签约阶段,可以避免夜长梦多、节外生枝。

(二)签字前的审核

合同文件撰写好后,在正式签字前,应做好两件事:一是核对合同文件(两种文字时)的一致性或文本与谈判协议条件的一致性(一种文字时);二是核对各种批件,包括项目批文、许可证、用汇证明、订货卡等是否完备以及合同内容与批件内容是否一致。这种签约前的审核工作相当重要,审查文本务必对照原稿,不要只凭记忆"阅读式"审核。

在审核中发现问题时,应及时互相通告,使双方互相谅解,不致造成误会。对于文本中的问题,一般指出即可解决。有的复杂问题需经过双方主谈人再次谈判。对此,思想上要有准备,不过要注意对方态度。如属于已谈过的问题,对方有意扭曲,己方可明确指出,以信誉相压,不可退却。对于过去未明确的问题,或提过但未认真讨论,或讨论后并未得出统一结论的问题,可耐心再谈,能统一则统一,不能统一而又无关紧要的可删去。

(三)国际商务合同条款的拟定

商务谈判合同一般由约首、主文和约尾三个部分组成。约首是合同的首部,用来反映合同的名称、编号,订约的日期、地点,双方的名称、地址、电报挂号、电传号码,以及序言(表示双方订立合同的意愿和执行合同的保证)等内容。约尾是合同的尾部,用来反映合同文字的效力、份数,附件的效力,以及双方签字等。约首和约尾是合同不可缺少的组成部分。约首和约尾不符合要求将妨碍合同的法律效力。主文即合同的正文部分,也是主体内容部分。它应明确记载双方的权利和义务,表现为各项交易条件。由于主文是反映双方交易条件和规定各方权利和义务的部分,所以它是合同最主要、最重要的部分。

各项交易条款必须相互衔接保持一致,防止它们相互之间发生矛盾。在草拟合同时,为了准确地反映各项交易条件,不仅各条款要完备、明确、具体,而且要保证各条款之间不发生矛盾。品质的规定要与检验方法的规定相一致,运费计算的规定要与售价的规定相一致等等。

(四)合同书写的基本原则

1. 准确表达

合同条款的书写要准确反映经磋商达成一致意见的各项交易条件。也就是合同的内容应与磋商达成的协议完全一致。在书写合同时,首先应准确表达双方一致的意见。力求使合同能准确地反映各项交易条件。有时,起草人加上自己的意见修改了文字,对方草率而不加以审校就签字,待合同开始履行时才发现,再修改已不太可能了,签字即意味着承认。

2. 国际商务合同应具备的主要条款

主要条款包括标的(指货物、劳务、工程项目等),数量和质量,价款或者酬金，履行的期限、地点和方式，违约责任等。根据法律规定的或按国际商务合同性质必须具备的条款，以及当事人一方要求必须规定的条款，也是国际商务合同的主要条款。因国际交易涉及的一方是外国（地区），而各国都有自己的经济法律，但这些法律只能在指定的国家和范围内使用，对其他国家除非双方协商同意，是没有任何约束力和法律作用的，不能成为谈判和签约的法律依据。假若对方提出合同条款应按某国的法律为依据时，如对我方不利，我方可不予接受，而应以双方都能接受的法律为依据。一般合同上要标明双方适用的法律，即以哪个国家、哪个法为准。就是国际惯例双方不作规定对合同也是无效的。

（五）国际商务合同签字人的确认

依照法定要求，国际商务合同的双方当事人经过相互协商，达成了协议，国际商务合同即告成立。国际商务合同的签约过程，就是双方当事人就合同内容进行协商，取得一致意见的过程。

国际商务谈判中，主谈人不一定是合同的签字人，要注意确定比较合适的签字人。对外经济贸易合同一般应由企业法人签字，政府部门代表不宜签字。当合同须由企业所在国政府承诺时，可与外贸合同同时加拟一份"协议"、"协定书"或"备忘录"，由双方政府部门代表签字，该文件是合同不可分割的一部分。

签字人的选择主要出于对合同履行的保证。复杂的合同涉及面广，上级有关政府部门参与后，执行中若产生问题容易协调，对合同顺利执行有保证。

有的国家或地区的厂商习惯在签约前，让签约人出示授权书。授权书由其所属企业的最高领导人签发，若签字人就是企业的最高领导，要以某种方式证实其身份。

协议的签署是与该协议谈判有关的最后一个工作环节，也是谈判者在合同谈判阶段可以借以保护自身利益的最后一次机会。在对对方某些情况不清楚或有疑问的情况下，如疑问关系到合同的履行及自身的利益，则应进一步设法调查了解，或请求有关部门对合同进行见证、公证，以取得可靠的保证。

合同当事人应当以自己的名义签订合同。一般而言，若在合同中各条文含义没有抵触,则合同一经双方有正当权限的代表依法签署,即告生效。正当权限的代表通常是指能负责承担合同规定义务、享受合同规定权利的法人代表。

(六)签约后的工作

重大的商务谈判协议签订以后,绝不可以高枕无忧了,因为世界上没有十全十美、没有漏洞的协议。尽管协议已经白纸黑字不可更改,但有经验的谈判者总是力求在解释协议的过程中,为自己谋求利益,同时也防止对方对协议作出不利于自己的解释。所以还应继续不断地研究协议。

例如,上海地铁一号线融资协议在执行的过程中,就出现了上述情况。原来协议上写明上海地铁一号线的地铁车辆是在西德的杜瓦洛工厂制造的。后来东西德国合并,西德的杜瓦洛工厂兼并了东德的地铁车辆厂,仍用原来的厂名,但把为上海地铁一号线制造地铁车辆的任务转给了原东德的工厂,而东德的工厂制造出来的地铁车辆,质量上明显差得多。中方尽管再三交涉,德方坚持认为他们没有违反协议,仅仅作出让步,同意由中方派出专业技术人员驻东德工厂进行质量监督而已。

可见,协议的签订并不是结束,而是一个新的起点。只有协议执行完毕,才可以说"结束"这两个字。

案例 4-4

中日塑料封装高压硅堆生产线交易的谈判

参加人:

中国 N 市 C 公司与日本 F 公司就塑封高压硅堆生产线的交易进行了谈判。双方派出了各自较强的阵容投入了谈判。F 公司派海外事业部副部长 S 先生为主谈,助手有中国课课长 H 先生、课员 L 先生、其生产工厂的技术部长 X 先生、负责人 Z 先生、翻译 B 小姐等 6 人。C 公司派了以成套项目部王经理为主谈,最终用户 G 工厂张厂长、总工程师、设备负责人、工艺负责人、财务黄经理、技术人员、所在地政府官员、翻译等 12 人为助手组成的谈判组。

谈判背景：

日本F公司在此谈判两年前已与中国T市签订了玻璃封装高压硅堆的生产线合同，并已成功执行，这次参与谈判的系原班人马。C公司成套项目部经理曾与F公司海外事业部副部长谈判、签约，成功合作执行过T市"玻璃封装高压硅堆的生产线合同"，二人已是老朋友，彼此很尊重，这次系重逢，又担当第二次交易主谈人。

由于T市合同的成功，F公司产品技术在中国市场有一定影响。而中国家电市场发展迅速，生产能力不足，工厂争相改造生产线，以提高技术与生产能力。中国G工厂正是此时抢先获得项目投资准许的企业之一。为了加快建设速度，G工厂委托C公司按照T市的技术条件和生产能力再采购一条类似的生产线。

谈判过程：

（1）探询。

C公司于×年4月按G工厂要求向F公司发出了询价函。不久，F公司即回复：很高兴有机会再与C公司合作谈判第二个合同。关于价格条件，F公司表示在生产大纲相同的条件下，设备费比T市的合同价提高10%，技术费价格可不变。

（2）准备。

拿到F公司报价后，C公司与G工厂商量后，认为设备提价有些道理，但不应提价10%，根据预算及手中掌握的情况判断，最高限不能超过5%，技术费从二次转让看至少应下调50%，并决定尽快邀请F公司派人来华谈判。F公司很快应允5月底来华谈判。

（3）谈判。

谈判在G工厂进行，F公司以S先生为首一行6人到了G工厂，先参观了工厂，然后进行初步技术确认。为表示友好，增加谈判融洽的气氛，G工厂所在地的政府领导出面宴请了S先生一行6人。C公司王经理及其助手也参加了这些谈判和礼宾活动。双方的情绪很轻松，谈判气氛十分融洽。关于技术问题，主要复核T市合同内容及G工厂的适应条件，该问题在S先生一行参观了G工厂后很快达成共识。G工厂有能力接受与T市合同一样水平的技术。关于设备供应量及价格条件,双方进行了认真讨论。F公司解释提价10%的原因是两年前的制造成本比现在低,现在人工的成本、市场原材料价格均上涨了,故调升原合同价。技术费可以不变。C公司提出疑问:F公司对设备费提价的解释有道理,但如何看设备不需再设计,增加制造量而又节省劳动工时呢?此外,市场原材料价格也是有升有降的,不一定全是升,到底哪些材料涨价了呢?C公司的疑问使F公司人员必须做细致的分析工作。开始F公司认为,设备有自制、有外购,细算有困难。C公司提出:将外购设备清单列出后,我们可查询其现时价;贵方自制设备清单列出后,我们可以一起分析其中的成本升降与工时节省情况。F公司又说:贵方意见很有理,但费时间,如果贵方不急于签约,我们可以准备后再谈。G工厂一听此话,有点着急,怕F公司借故拖延,就与C公司王经理商量,应争取谈判成果,不能这样就结束谈判。王经理一方面安慰G工厂人员,劝其不能表现出急切的心态;一方面改变谈法,力争见成效。针对F公司的说法,王经理对S先生说:"若讲细化条件,对双方均公平。若讲合作愉快应宜粗不宜细,我建议贵方从公平角度拿个调整意见。"S先生说:"我原来以为谈起来很容易,因为有先例。不想贵方追究很深,我一下子也没办法回答贵方的问题。既然王先生有此建议,我认为对解决问题会简单些。"王经理说:"既然双方已就原则性谈判方法达成一致,那就请S先生对设备价拿个新的建议吧!"S先生说:"我方可以将提价幅度减少2%。"王经理说:"不行,这不能反映客观变化,S先生,应再考虑。"S先生说:"这就是我的考虑结果,王先生不同意,请讲具体建议。"王经理说:"让我讲,只能提价2%。"S先生说:"这也太低了!它能反映贵方反复说的市场条件变化吗?"王经理说:"这么说,也是贵方没有细分设备供货来源造成的。"S先生说:"我方愿意分,但需要贵方给我时间。"王经理说:"我们把话又说回去了。我们是老朋友了,不必绕弯子。我提个方案,看贵方同意不同意。"这正是S先生等的话,于是说:"请讲。"王经理说:"我们也不去细分了,我相信贵方和我方的专家均熟悉市场,鉴于此,我方建议,以T市合同的设备价为基础上调5%。"这是个不讲细节而关注双方立场的方案。F公司全体谈判人员相视无语。这时,S先生与H先生轻语几句,即回头对王经理讲:"王经理,您的方案可以接受。"该方案也在 G 工厂的预算范围内。看到 F 公司接受该建议,G 工厂的人员也松了一口气。

接着双方进入技术费的谈判。S 先生解释:"过去怎么卖,今天仍怎么卖,给 G 工厂的技术费与 T 市的一样,这是技术转让的统一价。"王经理提出:"统一技术转让次数越多应越便宜。"S 先生强调:"每转让一次技术就多培养一个竞争者,市场损失更大,应该有补偿。"王经理说:"这是一种推测,并非现实,不能依此计费。再说这是贵方纯收入,可多可少。"S 先生反驳:"技术开发是有投入的,这个收入不等于纯收入,还有技资回收问题。"王经理接着说道:"贵方技资应回收,可回收的渠道有多条,如生产销售、出售技术许可证等。贵方已使用该技术多年,又转让了多次,技资早已回收了,已进入了盈利期。"S 先生说:"这是贵方的主观推断,我们从不出售技术,向中国转让技术是第一次。再说我们生产的产品在贵国市场受到竞争,以生产回收技资会受到影响。"双方你来我往,态度虽好,立场却十分坚定,经过几个回合的谈判仍达不成协议。F 公司谈判组的出访时间也用完了,要回国。C 公司与 G 工厂人员商量,鉴于差距太大,如急于成交,可能代价过高,以缓一缓为宜,争取创造再谈的机会,G 工厂表示理解。F 公司代表看 C 公司代表条件毫无退让之意,怕守不住底线,欲以退求进。在告别宴会上,地方政府领导出面会见 C 公司与 F 公司谈判人员,一方面感谢各方为其地方项目作出的努力,另一方面希望各方努力克服困难,需要时地方政府也愿作出贡献。这个表态使 S 先生很高兴。因为 F 公司也在尽力争取利益,不愿意在设备价达成协议后,因技术费分歧而使谈判破裂。于是 S 先生就势提出:"欢迎地方政府领导在方便时访问 F 公司。"这实际上同 C 公司事先与地方政府领导商量好的方案不谋而合:因势利导、抓再谈判机会。地方政府领导顺势表态:"很愿意访问贵公司,不过,在我地方项目未与贵方达成协议时去,可能会不方便。"S 先生笑道:"这是王先生的事。"王经理说:"这也有您的责任。"大家笑了。王经理收住笑容,严肃地建议:"我可以陪地方领导一起拜访贵公司。您安排他参观贵公司,我与贵公司继续商谈。"S 先生很爽快地应道:"行。这也是 F 公司等待的建议。"于是 S 先生与王经理一起与地方政府领导商讨行程。按事先内部商定的方案,地方领导表示:"事不宜迟,希望通过我的出访,促使双方尽快达成协议。我把工作安排一下,争取两个月内成行,即在7月访问F公司。"

7月,C公司王经理、G工厂厂长、财务经理陪地方政府领导访问了F公司,在一周的时间里,除了参观外,双方集中讨论了技术费问题。

S先生认为,王经理给出的价太低,只收T市技术费的25%,不能接受。如比T市价优惠25%可以考虑。

王经理:"按中国现行的做法,在同一系统内买两条同样的生产线,不能付两份技术费。这两个合同均由我负责谈判,我无法说服有关部门。"

S先生:"两条生产线的产量翻倍,原来估计的市场损失加大,凭这一点也要收费。"

王经理:"两条线的生产能力不等于市场的销售量,况且该线投产尚有时日。另外在扩大的中国市场,其容量的空间很大,关键在竞争力,不会缩小日方市场。"

S先生:"贵方内部市场如何管理,我也不知道,也不能干预,但一个客户一个价格,费用必须收。贵方代理了两个客户,一个付全款,一个不付款,您怎么向他们解释呢?"

王经理:"我方同意付款,问题是这次付多少。我方希望从长远合作出发,以企业政策角度给予优惠价格。"

S先生:"我们是老朋友了,政策上是该优惠,但只付25%的价不行。"

面对地方领导和G工厂人员的期待,S先生和王经理均有些压力。F公司的全价与王经理的25%的价相差太大,双方难以成交。相当一段时间S先生与王经理相对无语,既是相互考验耐性,又是在考虑说服对方的理由。最后作为客人的王经理借地方政府领导表示双方让步尽早成交之意,主动提出:"既然有些因素难以判断,我方无更多的理由说服贵方,贵方也无更多理由说服我方,为了长远合作,我建议技术费以半价计,即为T市价格的50%。"

F公司的人员神态轻松了,目光均投向S先生。王经理在说完上述方案后,眼睛就一直盯住对方所有人员的表情变化,心中明白:他们接受了。

然而S先生却不紧不慢地讲:"贵方的确有很大改善,我也感到贵方合作诚意,不过我方需研究后,才能答复贵方。"

王经理见S先生没有马上接受其条件,针对S先生的说法马上回答道:"贵方可以研究,但我要强调的是:我方的条件已做极大改善,它是我方的最后立场。我方有诚意与贵方合作,但绝不强求贵方,如同意我方条件,即签定合同,合同文本可与T市合同相同,若不同意我方条件,谈判即可结束。"听王经理的话有点带火,S先生马上接着说:"王先生,我并未说不同意贵方条件,我只说需要研究。"王经理问:"要研究到什么时候?"S先生说:"尽快。"

王经理又问:"在我们离开东京前会有结果吗?"S先生说:"不能保证。"王经理说:"我们将如期回国。"S先生说:"贵方先回国。若有结果,我会马上告知。"

S先生的回话始终平静、礼貌,王经理无可挑剔。G工厂代表及政府领导看在眼里,只好按照预定的方案回国。

8月,即时隔两个星期后,S先生打电话给王经理:"F公司研究后,同意中方意见。"于是双方准备签合同。至此谈判结束。

问题: 在谈判各个阶段应注意哪些问题?中方成功的原因是什么?

资料来源:丁建忠,《商务谈判教学案例》,中国人民大学出版社,2005年。

复习思考题

1. 简述国际商务谈判的一般程序。
2. 如何建立合理的开局气氛?
3. 谈判开局阶段的基本任务和目标是什么?
4. 为什么说磋商阶段实质上是双方相互沟通和说服的过程?
5. 谈判结束的信号是什么?

第三篇

国际商务谈判策略与沟通艺术

　　国际商务谈判策略与沟通艺术阐明了国际商务谈判实际运作过程中的应用规律和基本操作方法。包括:国际商务谈判策略的含义、开局策略、磋商策略、僵局的突破策略、攻防策略,国际商务谈判的语言与非语言沟通艺术等。

第二章

第五章 国际商务谈判策略

国际商务谈判是一种合作，谈判各方要以坦诚、谅解的态度来进行谈判。但是，谈判又是一种竞争，谈判双方都需要追求于己有利的经济利益，都希望自己一方能在谈判中处于主动地位，因此，谈判者必须了解谈判桌上的种种竞争策略和手段。

分析和掌握谈判策略、技巧的应用规律，运用正确的谈判策略，促使谈判向有利于自己的方面转化，并在复杂多变的谈判过程中，审时度势，灵活调整，来保证谈判的顺利进行和获得成功。

第一节 国际商务谈判策略概述

谈判桌上有形形色色不同素质的人，特别是在当前竞争激烈的国际市场上，谈判中不免掺假使诈，甚至存在一些不道德的手段。因此作为谈判一方，要学会适应这些竞争的方法与手段，避免上当受骗。在谈判准备阶段制定谈判计划方案时，就要制定相应的策略。同时，谈判者也应注意到策略和技巧的应用是有条件的，任何策略和技巧，只有用到该用的地方，用得恰到好处才能发挥它的作用。

一、国际商务谈判策略的含义

国际商务谈判策略是指谈判人员根据谈判预期目标的要求和谈判情况的变化,灵活地贯彻实施谈判战略方案所采取的措施的总和,是为实现谈判目标而制定的,并随谈判形势发展而修改的关于谈判全局的行动方针与决策以及斗争方式。

策略是客观存在的、具体的、单方面采取的行为或方法,具有主观能动性;策略的行为或方法是为实现目标而采取的措施,具有实践的性质;策略是一种行动方针和斗争方法,是智慧的较量,如何审时度势,权衡利弊,随机应变地将策略应用得恰到好处,这就需要有一定的技巧。策略的运用,教会人们在复杂多变的对抗环境中,如何辩证地去思考问题,寻求取胜的途径。策略的实施可促进目标的实现。

谈判中,设计以及使用策略的人是施策的主体;谈判策略是施策主体认识、意志、思维等多种心理机能的综合表现。策略所指向的人或事物是策略的承受者,叫做施策的客体。客体不是单纯的承受者,因为有策略就必然有反策略,所以,主客体处于一种相互作用、相互排斥的矛盾运动之中。

使用策略的关键在于把握住施策客体(即对方)的活动特点,分清对方的优势与劣势、长处与短处;抓住劣势与短处,掌握好进攻的时机,攻心斗智,施计用策;从而实现施策主体活动的优化和控制,才能使策略的应用显示出效果。

二、国际商务谈判策略的应用规律

谈判策略是一种动态策略。由于谈判过程复杂多变,因而未来将会发生什么情况,是不确定的;面对这种不确定性,谈判者事先通常不能完全了解谈判对手会做什么,因此要求谈判人员有随机应变的能力,能够动态地针对不同的情况,灵活机动地采取不同的谈判策略。同时也应认识到,随着双方的相互了解和谈判的进展,谈判过程中的不确定性也会随之减少,稳定性则相应地增加。这意味着谈判者可以抓住谈判策略的应用规律,结合具体的每一场谈判加以运用,从而提高谈判的成功率。

一些重要谈判面临的环境条件往往比较复杂,解决各种不同问题的方法也各不相同。实施这些方法的目的虽然只有一个,但由于实施的方式不同,实施的结果也可能会在作用上相互抵消,以至使谈判人员疲于应付,顾此失彼。而谈判策略的制定,则要求明确谈判策略的应用规律,抓住其中的关键问题,把握住谈判的主线,明晰谈判的思路,使谈判人员能充分把握谈判时机,发挥己方长处,克服谈判难关,排除不必要的干扰,使谈判朝着实现理想目标的方向顺利进展。一般情况下,谈判策略的应用有以下规律:

(一)谈判策略应用的隐藏性

谈判策略是面对现实谈判环境所作出的决策,它要求谈判者为实现谈判目标而奋斗,因此,它在引导和调动谈判者在谈判中的主观能动性方面起到极其重要的作用。策略的应用必须建立在对方的判断失误、心理错觉、认识偏颇的基础之上,而且这种失误、错觉和偏颇对于客体自身来说是其原来固有的或难以克服的弊端。在某种特定情况下,施策主体的主动出击,也可以造成对方的错觉或失误。选择这种形式的目的在于伪装骗局,而对其设计的战略目标进行保密。如1941年日本发动了太平洋战争,在偷袭珍珠港以前,派使者与美国政府进行所谓的明确日美双方在太平洋利益的外交谈判,用假象迷惑美国,掩盖日本偷袭的行动,并取得了成功。

策略的应用必须建立在适宜的氛围环境之中,或者是心理相容,或者是虚实相生;或者是以静制动,或者是以动制静。总之,实施策略时,应不留痕迹,不动声色,不发生空隙,不出现破绽。它必须以正常的认识活动作为先导,以主客观相统一的原则作为准绳。

例如:自抗美援朝以后,中美两国关系一直处于紧张状态。为了改善关系,尼克松和他的谋臣们运用神秘的"叶海亚渠道"同中国进行长期接触。并且,基辛格在1971年7月初利用他在国外访问之际,佯称生病,避开公众的关注,极其秘密地安排了一次北京之行。7月6日,正当他同中国最高领导人进行预备性会谈的时候,尼克松在美国发表了轰动世界的"堪萨斯演说"。演说中他表示对中国人民的友好,却只字不提基辛格的北京之行。在此之前,于1963年10月18日到11月5日,戴高乐的使者也有过秘密访华,中法双方秘密谈判圆满成功。中美两国、中法两国,由于历史的原因造成关系紧张,为了表示友好,便以这种秘密谈判的方式作为和解的开端。

(二)必须顺应人们趋利避害的心理

"两利相权取其重,两害相权取其轻",这是人们普遍的心理规律。这种谈判的目的在于谋求对话,谋求缓和,谋求发展;加深了解,增进信任,发展友谊。法新社在评论1988年底印度甘地总理访华一事时说:"甘地的北京之行,友好言词多,具体成果少。"但同时更广泛的国际舆论却承认此举意味着中印想寻求友谊:"世界上这两个人口最多的国家的领导人表示要忘记过去不愉快的事情。"这恰好说明采取这种形式的谈判只是一种策略。

又如,几年前《哈佛商业评论》上曾经刊登了题为《"强制达成"一致的程序》的文章,介绍了发生在某跨国公司内部的一次谈判。

有一次,它的经理班子就某一决策产生了两种对立意见,大多数人反对,少数人支持,问题是少数人的意见是正确的。主席按照常例主持会议,不久由于意见尖锐冲突,会议出现僵局,主席不得不宣布中止会议。经过一番深思熟虑,支持少数人意见的主席再开会时,宣布一种"特别的程序":在得到特别允许之前,必须尊重别人的发言,不得打断或插入反对意见,不得展开不同意见的争论。但允许反对方提出旨在"澄清事实"的问题,诸如"你提出的方案好在哪里?""你说的是这个意思吗?"等等。接着,主席请少数派的人发言。由于主席制定的策略顺应了人们趋利避害的心理,所以,人们执行了这种特别的程序,少数派得以从容地从各方面详细地阐述自己的立场,而不至于尚未把道理讲清楚就被压了下去。事实上,只要让多数人清楚地了解了少数人的意见,并且通过提问进一步理解了少数人的观点,就为打破僵局、消除分歧、统一思想打下了基础。这一特别程序的成效主要是因为顺应了人们趋利避害的心理,使经理班子统一了思想,取得了一致的意见,内部谈判获得了成功。

(三)必须符合客观事物发展的灵活性要求

灵活应变原则是由谈判活动的特性决定的。因为在谈判过程中,各种情况错综复杂,它不会像武术中的对打套路那样按规定的程序变化。这就需要谈判者根据谈判的变化灵活应对,也就是根据不同的情况运用不同的策略。

美国谈判专家杰勒德·尼尔伦伯格曾这样说过:"成功的谈判者,必须把剑术大师的机智、速度和艺术家的敏感能力融会于一体。他必须像一个剑术大师,以锐利的目光,机警地注视谈判桌那边的对手,随时准备抓住对方防线中的每一个破绽,随时洞悉对方策略上的每一个变化,随时利用每一个微小的进攻机会。同时,他又必定是一个细腻敏感的艺术大师,善于体会辨察对方情绪或动机上的最细微的色彩变化。他必须能抓住灵感产生的一刹那,从色彩缤纷的调色板上选出最合适的颜色,画出构图与色调完美和谐的佳作。谈判场上的成功,不仅是得自充分的训练,更关键的是得自敏感和良机。"

从这段话中,我们可以知道,谈判中的灵活应变来自锻炼和实际,并且这段话也告诉我们,在谈判中应如何灵活应变。

此外,在谈判中我们会遇到很多预想不到、防不胜防的突发事件。有创意的灵感往往能避开突发事件的伤害,使本方的利益得到最大的保护。

例如,中建二局与日本某家公司在中国就合作建设某项工程进行谈判。在谈判一开始,日方忽然提出:"请问贵方哪一位是主谈人?"中方由于事先考虑欠周,缺乏国际商务谈判经验,并未明确指定主谈人,但此时如果照实表述,很容易陷于被动。中建二局王处长及时表示:"我就是此次谈判的中方主谈人。"日本人又提出:"王先生,可否出示有关主谈人的正式委任书?"日方步步进逼,显然是想在谈判一开始就占据心理与气势上的优势。王处长临危不乱,看到谈判室角落有一只保险柜,灵机一动,义正辞严地回答说:"我的正式委任书就锁在那只保险柜里。我这里只有一把钥匙,拿另一把钥匙的人出差了。这只保险柜要两把钥匙才能开启。日本方面如果坚持在出示主谈人委任书的问题上纠缠不休,恐怕不利于我们双方所要进行的合作谈判。"显然,在这种局面下王处长的机敏与灵感有效地阻止了日方企图先声夺人的心理攻势,维护了我方的尊严,为顺利地展开谈判创造了条件。

三、国际商务谈判策略的制定

谈判策略的制定应按一定的科学程序来进行,使其真正起到对谈判的指导作用。谈判中的问题、趋势、分歧、事件或情况等构成了一套谈判的情景形势组合。谈判人员应把这一复杂的"组合"分解为不同的部分,分析每一部分对谈判进展的关系和对可能结果的影响,然后有针对性地制定对策,最后形成综合性的策略安排。

进行谈判情景形势分析的同时,要寻找关键问题,即找出主要矛盾,然后以谈判目标为依据,针对关键问题,制定相应策略。

谈判策略是针对谈判的具体情势而制定的,但具体情势实际如何往往难于确定,所以在制定谈判策略之前要对具体情势作出相应假设,当然这些假设应尽可能的合理。对各种假设根据"可行"与"有效"的原则进行深入分析,权衡利弊得失,运用适宜的技术经济分析方法,制定相应的策略。

在深入分析得出结果的基础上,确定方案评价的准则;根据这些准则作出最后的策略选择;再把所选择的策略按其优劣排序。按达成三类目标的次序,即可分为"上策"、"中策"与"下策"。在谈判中间,把"上策"作为努力争取方案,"中策"、"下策"作为备选方案。

参与谈判博弈的双方都不情愿自己失败,而让对方获得成功。制定了具体策略以后,还要考虑策略的实施方案。从一般到具体进行分工,列出每个谈判人员需要做到的事项,并把它们在时间、空间方面衔接好,进行反馈控制和跟踪决策。由于互相使用的策略有高明和低下之分,致使双方的目的在相背之中又包含着相容;为了实现目的,就必须既互相合作,又要相互竞争。因此,高明的一方可以制约另一方不自觉地按照自己的意愿行事。

有一则寓言,说的是一只狐狸抓到了一只兔子。兔子在劫难逃却急中生智,对狐狸说:"请千万不要把我拖到长满荆棘的地方去。"狐狸心中暗想,兔子一定是害怕荆棘,于是就把兔子丢到了荆棘丛中。小兔子如鱼得水,趁机跑掉了;而狐狸却目瞪口呆,无能为力。在对抗中,为了使对手按着自己的意愿行事,往往把逆向思维当成一种策略。正因为如此,本杰明·狄斯累利说:"所有的规律都有例外,但是,几乎不会有人肯按照对手的劝告行事。"其实,在现实的谈判活动中,由于使用策略的人抓住了对方的真实动机,所以,吃亏上当者大有人在。那些被别人抓到了软肋的人,也只好任凭别人摆布。

在实际谈判中,谈判的策略是多种多样的,谈判者可从这些谈判策略中,领悟其真谛,并在实践中变通运用。另外,谈判者要能够在谈判中应付自如和灵活地运用正确的谈判策略,还必须克服一些阻碍谈判的主观因素,使谈判者打通心理渠道,逾越人为的谈判沟堑,促成谈判的成功。

四、国际商务谈判策略与创造性思维的运用

谈判是个创造性的活动,是在己方已有的条件基础上,经过人的努力而产生新的成果。它不是简单重复、简单组合,而是有所发明,有所发现。在谈判中,非程序化的因素多于程序化的因素。可以说,谈判的实践活动生动地体现了人的创造力,而创造力的实质和核心是创造性思维。突破传统思维定式,积极地求异和求新。传统思维定式的制约往往是影响创造性思维得以发挥的重大障碍。对传统的、固有的思维模式的突破,是实现创造性思维的重要前提。与此相关的就是创造性思维的求异和求新,只有具备与众不同的新意才能形成创造性思维的积极成果。因此,谈判者必须在思想上解决谈判的意识问题,也就是如何看待谈判。正确的谈判目的是寻求双方共同利益的方案,主张从那种传统的、过分注重原则、立场和虚荣的谈判意识中改正过来,代之以面对现实、解决实际问题和获取真正利益的谈判意识。这样才能真正寻求双方的平等互利。

例如,有一次一位合伙人邀请谈判专家尼伦伯格去参加某飞机制

造厂的拍卖会。按拍卖会的一般常识,谁出价最高,拍卖者就与谁成交。尼伦伯格与合伙人的保留价格是37.5万美元。当他们来到拍卖会时,100多位竞争者已经到会了,但他凭直觉判断其中只有3位是真正的竞争对手。开始,尼伦伯格与合伙人开价10万美元,对手加到12.5万美元。尼伦伯格加到15万美元,对手再加到15.5万美元。此时,尼伦伯格的合伙人将他拉出场,尼伦伯格对合伙人的举动困惑不解,因为他们事先拟定好的最高报价为37.5万美元,现在他们的报价还离预定好的最高报价差22.5万美元,为什么要退出会场?合伙人解释说:"我仔细读了这项出售的通告,按照规则,如果拍卖人认为出价不高,就将拒绝出售。我们的出价在所有投标人中位居第二,所以拍卖人对我们的对手所报15.5万美元不满意就一定会来同我们联系,他会说我们对手的出价已被否定,问我们是否愿意再报个价。到那时候,我们就可出个比15.5万美元稍高的价格,再压拍卖人让步,我们可一举成功。"果然,他们以比原计划保留价格低得多的价格与拍卖人成交。

这次谈判成功的原因,非常重要的是在于尼伦伯格的合伙人根据拍卖会的现场实际,凭借着有价值的信息,突破仅在拍卖现场与对手竞买的思维模式,以在恰当时机退出拍卖现场的新意来避开竞拍会导致价格无限上扬的不利因素,最终以幕后谈判的形式实现了在本方保留价格之下大幅度压低价与拍卖商成交的目的。如果对方是一个有实践经验的谈判老手,并且谈判双方彼此熟悉,那么,选择和应用的策略就不能过于单一、过于死板,而应该多准备几手,一手不成,再换另一手。还可将几个策略编排到一起,形成套路,从不同的角度、不同的方位采用不同的策略。如果对方是个新手,而且双方之间又不熟悉,是初次交锋,那么,使用的策略不应太多太复杂,应注重每一项策略的使用效果;运用策略的节奏也不能太快,应给对方以思考的机会。

从国际商务谈判的特点看,谈判策略或谈判计策,其含义实际上就是谈判中的技巧及其组合。因此,我们在谈判中,应根据谈判的进程,对出现的不同情况采用相应的策略,技巧性地化不利为有利,化被动为主动,逐步地达到自己的目标。在谈判中所运用的策略应具有针对性,能产生有效的结果。这就需要谈判者既要掌握各种谈判策略,又要具有谈判的实践经验,能灵活运用谈判策略。"纸上谈兵"只会弄巧成拙。因为谈判中的情况千变万化,如果死搬策略,反而会被对方将计就计,中了他们的圈套。因此要使运用的策略有效,必须认真学习、研究各种策略,针对不同的谈判场合,根据实际变化,灵活地运用各种策略及其组合,力求融会贯通,力争获得最有效的结果。

案例分析 5-1

日本某电子公司(以下称卖方)与中国某工厂(以下称买方)就某产品生产合格率在验收时应定为多高的条件进行了谈判。卖方坚持要低点,买方坚持要高点,谈判很激烈。

买方:"贵方工厂生产合格率是多少?给我们保证多少?"

卖方:"正常情况下,生产合格率为 85%。在贵方生产合格率可以保证正常后为 65%。"

买方:"验收时的合格率按多少定?"

卖方:"按 45% 合格率验收。"

买方:"为什么?"

卖方:"因为贵方人员水平、工厂条件、动力保证及生产用材料均无保证。"

买方:"这些理由站不住。人员从贵方工厂培训回来且还有贵方专家指导。工厂的环境和动力条件,可以按贵方要求予以满足,因工厂条件造成合格率的问题,不要贵方负责。生产原料可由贵方供应。然而验收合格率必须达 65%,至少是 60%。"

卖方:"我方技术没问题,能达到 65% 的合格率,但我方担心贵方会扣押合同总额的尾款。"

买方:"我们会按合同办事,不会无故扣款的。但贵方若执意不同意我方要求,那么谈判技术费时将考虑该因素。"

卖方:"此话怎讲?"

买方:"我方购买贵方的技术,是因其先进、成熟。如在我方保证的前提下,贵方都没有把握达到远比贵方在自己工厂生产低的合格率,那就说明该技术本身有问题,其价值自然要重新审议。"

卖方:"我们的技术不容怀疑。贵方的要求可以理解,但贵方所讲的保证必须写入合同,而且试车材料还要增加订量。"

买方:"只要贵方按我方要求,我刚才所讲的保证条件均可以写入合同。不过增加订量的试车材料,贵方价格应有优惠,因为这是增加订量,应该有折扣。"

最终卖方同意了按 60% 的合格率验收,买方也将保证条件写入合同。买方增订试车材料,卖方给了价格折扣。

分析:

本例,买方将合格率与技术费连环,迫使卖方同意以较高合格率验收。同时,通过"增量"换"折扣",虽效果不大,也有点效益。而卖方也在相持中做了交换,以合格率换保证条件。谈判双方均有所得,谈判也成交了。"连环马"的策略运用得较好。

资料来源:丁建忠,《商务谈判教学案例》,中国人民大学出版社,2005 年 6 月,第 430~431 页。

第二节 国际商务谈判开局策略

谈判开局策略是谈判者谋求谈判开局中的有利地位和实现对谈判开局的控制而采取的行动方式或手段。在正常情况下,谈判双方都是本着通过谈判达到己方合理受益的目的而坐到谈判桌前。也就是说,双方都希望在友好、和谐的气氛中进行谈判。因此,有经验的谈判人员常以热情友善的方式,在双方刚一接触的瞬间,就抓住对方成员中认识或接触过的熟人先行招呼,并主动为双方初次见面的成员作一番热情的介绍,或者讲一些叙说旧情的话,使会场气氛顿时轻松活跃起来。然而在谈判活动中,往往难以寻到这种契机。客观上,每次谈判对手各不相同,各有其追求的目标;或者由于谈判人员的个性特点,或者出于策略上的考虑,开局局面并不会总是那么友好、和谐。这时,谁率先掌握准确而详尽的材料,当然就便于自己施展谋略,取得主动权。

在国际商务谈判策略体系中,涉及谈判开局的具体策略是很多的。为了形成、巩固和发展互谅互让、和谐友好、谋求一致的谈判气氛,促使谈判的成功,谈判人员在开局阶段应该做到:态度诚恳、真挚并具有务实性;双方应努力适应彼此需要,在交流思想的过程中要求大同存小异,不纠缠枝节问题。下面采用结合谈判实例的分析方法,介绍几种典型的、基本的谈判开局策略。

一、一致式开局策略

所谓一致式开局策略,是指在谈判开始时,使对方对自己产生好感,创造或建立对谈判的"一致"的感觉,从而使谈判双方在愉快友好的气氛中不断将谈判引向深入。现代心理学研究表明,人通常会对那些与其想法一致的人产生好感,并愿意将自己的想法按照那些人的观点进行调整。这一研究结论正是一致式开局策略的心理学基础。

1972年2月,尼克松总统应邀访问中国,他在中国欢迎他的仪式上竟然听到了他十分喜爱的一支乐曲《美丽的亚美利加》,他原本没有想到在中国能听到这支赞美他家乡的乐曲,不禁为中国方面的热情友好所感动。中美的外交谈判也由此更增添了几分良好的气氛。

日本首相田中角荣在20世纪70年代为恢复中日邦交到达北京,他怀着等待中日间最高首脑会谈的紧张心情,在迎宾馆休息。迎宾馆内气温舒适,田中角荣的心情也十分舒畅,与随行的陪同人员谈笑风生。他的秘书早饭茂仔细看了一下房间的温度计,是"17.8度"。这使得他对中国方面的接待工作十分钦佩。在东京出发前,中国方面曾问及对爱出汗的田中所适宜的室温,早饭茂明确地回答:"17.8度。"这舒适的温度使得田中角荣的心情舒畅,也为以后谈判的顺利进行创造了良好的条件。

17.8度的房间温度、《美丽的亚美利加》乐曲,都是人们针对特定的谈判对手,为了更好地实现己方的谈判目标而进行的一致式谈判策略运用,构成了谈判决策输入之后的谈判实际运作内容,直接与谈判终局相联系,是承前启后、在谈判全过程中直接发生影响的重要一环,并以此成功地促进了谈判。

一致式开局策略的目的在于创造取得谈判胜利的条件。

1985年7月,长沙人民织布厂与联邦德国依尔玛公司正式签署了购买价值180万马克旧织布机的合同。根据合同规定,中方必须在8月底付出一半资金。由于各种原因,中方在11月30日才付出这笔资金。经谈判,德方对我方的谅解请求终于同意。但到12月18日德方突然要求中方赔偿违约金和利息共65万马克。突然的事变,使我方十分不解和愤慨,并主动出击,通过各种途径,由了解内情的记者在联邦德国发行量为47万份的《津茨堡城日报》的头版头条登出了题为《织布机引起的激烈争论——中国工厂感到受骗》的长篇通讯,还配发了照片,顷刻间引起了公众的强烈反应。不少人认为:"这种商人不能代表德国人。"几乎每天都有人来看望在该公司拆卸旧织布机的中国工人。这时,中国工人也积极开展联络活动,利用联邦德国新闻界人士组成的津茨堡"君子俱乐部"邀请中国人参加周末午餐会的机会,出示了我方与依尔玛公司签订的谅解合同、清单,解答了许多问题,得到了公众舆论的同情和支持。联邦德国第三大银行——大众银行津茨堡分行行长主动帮助我们了解到依尔玛公司这套设备的原价钱的来龙去脉。在强大的舆论攻势下,依尔玛公司最后不仅放弃了65万马克的索赔,还将设备价格从180万马克降到150万马克。再次签约后,双方握手言和,重归于好。依尔玛公司老板高基斯坦说:"没想到中国人这么厉害,我和外国人做生意这样惨败还是第一次。"

其实,这算不上什么"惨败"。依尔玛公司突然提出索赔,只是一种造势,但是做得既没有道理,又不聪明。而我方却充分地、主动地利用舆论,在德方报界披露了真情之后,得到了公众舆论的同情和支持。由于是在尊重对方要求的前提下,形成一种建立在本方意愿基础上的谈判双方间的共识,因而,这种共识容易为对手接受和认可。

二、保留式开局策略

保留式开局策略是指在谈判开局时,对谈判对手提出的关键性问题不作彻底、确切的回答，而是有所保留，从而给对手造成神秘感，以吸引对手步入谈判。

例如，日本某公司与美国某公司进行技术协作谈判。日本公司与美国公司采取了两种不同的谈判方式。谈判伊始，美首席代表便拿着各种技术数据、谈判项目、开销费用等一大堆东西，滔滔不绝地发表本公司的意见，完全不顾日本公司的态度。而日方则一言不发，仔细听并且详细记录。当美方讲了几小时后，征询日方意见时，日方则显示浑然无知，反反复复地说："我们不明白"、"我们没有做好准备"、"我们事先也未搞技术数据"、"请给我们一些时间回去准备一下"。第一轮谈判就这样不明不白地结束了。几个月后，第二轮谈判开始，日方以上次谈判团不称职为由撤换了上次的代表团，另派代表团到美谈判。他们装作全然不知上次谈判的结果，一切如上次谈判一样，日方显得对此项目准备不足、技术基础薄弱、信心不足，最终还是被日本人以研究为名结束了第二次谈判。几个月后，日本公司又如法炮制了第三次同样的谈判。这样，美方老板大为脑火，认为日本人对这个项目没有诚意，轻视本公司的技术和基础。于是下了最后通牒：如果半年后日本方面仍然如此，两国公司的协定将被迫取消。随后美公司便解散谈判团，封存所有的技术资料，等待半年后的最后一次谈判。岂料几天后，日本即派出由前几次参与谈判的首脑人物组成的庞大代表团飞抵美国。美国公司在惊悉之余，匆忙召集原代表团成员仓促上阵。这次日本人一反常态，他们带来了大量的可靠的资料数据，对技术、合作、分配、人员、物品等一切有关事项都做了精细的策划，并将协议书的初稿交美方签字。这使美国人更加迷惘，最后未及详细审阅，就勉强签了字。当然其中的某些条款明显对日方有利。事后美国人气得大骂日本人，说这是日本偷袭珍珠港事件之后又一次偷袭。

很显然，该策略的运用途径是日本人在谈判中采用了保留式开局策略，谈判开始就装傻充楞，其实是在麻痹美国人，掩盖锋芒。几次更换人员又不作结论，是以此刺激美国人，让其恼火万分，失去信心，丧失斗志。然后在美国几乎解除武装的情况下，突然而至，一下子打了美国人一个措手不及。其结果当然在意料之中。高明的谈判者，为了掩盖自己的企图，达到自己的目的，常以"假痴"来迷惑对手，并借此消磨对手斗志；或从心理上挫败对手，解除对手武装，进而一举战胜对手。有为亦无为，聪明装糊涂，是谈判者聪明之举；切不可无为示有为，糊涂装聪明。

再如，江西省余江工艺雕刻厂原是一家濒临垮台的小厂，经过几年努力，发展成为年产值200多万元的大厂，产品打入日本，战胜了其他国家在日本经营多年的八家厂商，被誉为"天下第一雕刻"。有一年，日本三家株式会社的老板同一天接踵而来，到该厂订货。其中一家资本雄厚的大商社，要原价包销该厂的佛坛产品。这应该说是好消息。但该厂想到，这几家原来都经销韩国、中国台湾省产品的商社，为什么不约而同、争先恐后到本厂来订货？他们翻阅了日本市场的资料，得出结论是本厂的木材质量上乘，技艺高超是吸引外商订货的原因。于是该厂采取了"待价而沽"、"欲擒故纵"的谈判谋略。先不理那家大商社，而是积极抓住另两家小客商求货急切的心理，把佛坛的梁、榴、椽、柱，分别与其他国家产品比较，不怕不识货，只怕货比货，该厂的产品确实技高一筹。在此基础上，该厂将产品当金条似的争价钱、论成色，使其价格达到理想的高度。首先，与小客商拍板成交，造成那家大商社产生失落货源的危机感。那家客商不仅更急于订货，而且想垄断货源，于是大批订货，以至订货数量超过该厂现有生产能力好几倍。

该厂谋略成功的关键在于其策略不是盲目的、消极的。首先，该厂产品确实好，而几家客商求货心切，在货比货后让客商折服；其次，巧于审势布阵。先和小客商洽谈，并非疏远大客商，而是以此牵制大客商，促其失去货源的危机感加深。这样订货数量和价格才有了大幅增加。

采用保留式开局策略时注意不要违反商务谈判的道德原则，即以诚信为本；向对方传递的信息可以是模糊信息，但不能是虚假信息；否则，会将自己陷入非常难堪的局面之中。

三、进攻式开局策略

进攻式开局策略是指通过语言或行为来表达己方强硬的姿态，从而获得谈判对手必要的尊重,并借以制造心理优势,使得谈判顺利地进行下去。采用进攻式开局策略一定要谨慎,因为,在谈判开局阶段就设法显示自己的实力,使谈判开局就处于剑拔弩张的气氛中,对谈判进一步发展极为不利。

进攻式开局策略通常只在这种情况下使用,即发现谈判对手在刻意制造低调气氛,这种气氛对本方的讨价还价十分不利;如果不把这种气氛扭转过来,将损害本方的切实利益。我们来看下面的案例:

英国某公司想要从我国购买一批猪鬃,于是,他们便和我国一土畜产公司进行了联系,双方准备就此问题进行磋商。在磋商之前,该土畜产公司了解了一下市场行情,发现猪鬃价格正处于上涨阶段。

在谈判过程中,英国公司为了压低中方的报价,表现出了一副无所谓的样子,好像这笔生意成功与否对他们的影响不大。中方代表见此情景,义正辞严地说:"现在世界猪鬃市场正在看好,价格上涨很快。我国的猪鬃从质量上来讲是世界上第一流的,价格是极为合理的。正因为如此,本公司在欧洲有很多经营猪鬃的朋友最近纷纷打电话要求订货。如果××先生(英方谈判代表)认为这笔生意对贵公司无所谓,我看我们最好还是结束这次谈判,我们也好把货物留给欧洲的其他朋友。"

这一番话切中要害,这个英国公司害怕失去其在欧洲市场的份额,于是,认认真真地同中国公司开始谈判,并接受了中方的所有条件。

四、挑剔式策略

挑剔式策略是指开局时,对对手的某项错误或礼仪失误严加指责,使其感到内疚,从而达到营造低调气氛,迫使对手让步的目的。

例如,中国××进出口公司到美国采购一套大型设备。中方谈判小组人员因上街购物耽误了时间,当他们赶到谈判会场时,比预定时间晚了近半个小时。美方代表对此大为不满,花了很长时间来指责中方代表的这一错误,中方代表感到很难为情,频频向美方代表道歉。谈判开始以后,美方代表似乎还对中方代表的错误耿耿于怀,一时间弄得中方代表手足无措,无心与美方讨价还价。等到合同签订以后,中方代表才发现自己吃了一个大亏。

五、坦诚式开局策略

坦诚式开局策略是以开诚布公的方式向谈判对手陈述自己的观点或意见,尽快打开谈判局面。

坦诚式开局策略比较适合于双方有长期的业务往来关系,合作的经历比较满意,互相比较了解,很自然地将这种友好关系作为谈判的基础。在陈述中可以真诚地提出对方的良好信誉,同时由于双方的密切关系可以省略一些外交辞令,坦率提出己方的观点以及对谈判的期望,使对方产生信任感。

有时坦诚式开局策略也可用于实力不如对方的谈判者。当本方的实力较弱为双方所共知时,坦率地表明己方的弱点,使对方理智地考虑谈判目标。这种坦诚表明实力弱的一方有信心、有能力。

例如,北京门头沟一位党委书记在同外商谈判时,发现对方对自己的身份持有强烈的戒备心理。这种状态妨碍了谈判的进行。于是,这位党委书记当机立断,站起来向对方说道:"我是党委书记,但也懂经济、搞经济,并且拥有决策权。我们摊子小,实力不大,但人实在,愿真诚地与贵方合作。咱们谈得成也好、谈不成也好,至少您这个外来的'洋'先生可以交一个我这样的中国的'土'朋友。"寥寥几句肺腑之言,一下子就打消了对方的疑虑,创造了一个良好的开局,使谈判顺利地向纵深发展。

资料来源:丁建忠,《商务谈判教学案例》,中国人民大学出版社,2005年6月,第415页~417页。

案例分析 5-2

A国某进出口公司与B国某技术公司就某项技术交易以及相关设备的交易达成协议,签了合同,但在B国的审批过程中遇到了阻力,造成合同不能履行。于是A国公司与A国有关政府官员以及技术人员组成谈判组赴B国进行交涉与谈判。

A国谈判组组长为政府高级官员,组员有公司的领导、商务主谈、技术主谈、译员等8人。

B国谈判组组长为政府高级官员,组员有工艺技术主管、外交部官员、商务主谈、技术主谈、译员等9人。

谈判地点在B国外交部大楼的大会议室。双方人员落座之后,就合同审批问题进行谈判。A国代表团首先重温了合同约定过程,重申了A国政府的态度,希望B国采取措施尽快让合同生效。B国代表对延迟审批的理由做了解释,大意是:政府是支持的,但需协商同盟国成员,因为该项交易有违同盟国之间某些规定。通过第一轮谈判,双方明确了使合同生效的重要性,以及影响生效的客观原因。但怎么解决面临的问题呢?双方又进入了第二回合的谈判。

第二回合,双方进行了认真严肃的讨论。B国提出了三个方案:方案一,B国外交部将派使者与其盟国协商,争取能获得支持,但需要时间且不能保证结果。方案二,请A国变通合同方案,B国保证目标仍不变。方案三,请A国考虑降低技术等级,避免第三方的限制。对此,A国代表认为:第一方案是B国政府的事,A国公司并未与第三方签约。B国需与谁商量,我们不反对,但合同生效时间应有保证,否则A国公司损失太大。第二方案虽没有降低合同涵盖的技术水平,但变成了"拼凑"的技术工艺生产线,这将会存在技术可靠性、稳定性问题。对于双方的合同来讲,仍属修改,对A国企业来说仍有技术风险。第三方案纯属降低技术和设备水平以屈从第三方要求,这是以A国的利益去满足B国政府对其盟国的承诺,明显不公平,也应算B国单方违约。在第二轮的谈判过程中,双方基本观点十分对立。

第三回合时,双方就放弃方案三达成了一致,即不能降低合同技术和设备水平。于是方案一和方案二就成了讨论的焦点。

对方案一,A国谈判代表同意B国政府去与盟国协商,但必须有时限。B国代表认为时限不能明确,因为对协商结果没有把握。A国代表认为,如像B国政府所言,无异于让合同无限期拖延,系不负责任的行为。对 A 国代表的批评，B 国代表感到委屈，因为派使者去盟国交涉就是负责的表现。对方案一，双方观点陷于对峙之中。为了减少不愉快，双方把议题又转向方案二。

　　针对方案二，A 国代表认为，即使以不降低技术和设备水平为前提，拼凑这条生产线也有问题。谁去拼线？谁去采购设备？技术许可证怎么办？设备许可证是否没有问题？未知数太多。B 国代表讲，可由他们负责拼线。双方配合，采取一定措施，有可能获取技术许可证，设备许可证大部分没问题，尤其是 B 国生产的设备。不过，少数几种设备由第三方生产，其中有盟国的产品，获得该部分的许可证需要时间。A 国代表听后认为：由 B 国负责拼线，双方配合，采取措施，获取技术许可证均没有问题，但少数第三方即盟国生产的设备可能没有把握。因为，当其工作、土建、绝大部分设备、人员均到位后，仅因几台设备的问题导致技术不能全线贯通，生产不能进行，造成的损失更大，该方案也存在极大的风险。B 国必须承诺全部问题解决的时间表。B 国代表无法回答，显得十分尴尬。怎么办呢？B 国代表建议暂时休会，请 A 国谈判组长（政府高级官员）与其政府代表单独交换意见。

　　休息时，A 国谈判组长带着翻译与 B 国谈判组长离开大会议室，到办公大楼的一个走廊尽头的休息处，三人坐下促膝而谈。

　　B 国代表说："贵方的意见我明白，我想了解一下贵方最终的立场。"A 国代表说："原合同内容对我方很重要，必须全面履约。唯一可以通融的是，允许贵国政府走应有的程序，但结论应是肯定的。"

　　B 国代表有难色。A 国代表问："贵国政府到底能不能保证获得盟国许可？"B 国代表说："外交部过去已派员与有关盟国协商，暂无结果。在没有完成该程序前，我们不会批准合同生效。"A 国代表说："若我没理解错的话，贵方近期不可能获得盟国的赞同。"B 国代表答："是的。"A 国代表问："那贵国政府可否独自行使政府权力批准呢？"A 国代表答："不能。这么做会引起外交事件。"A 国代表又问："这么说，双方所签的合同近期不会批准？"B 国代表答："我们会尽力而为。"A 国代表说："我方认为这么做不符合贵国政府的一贯政策，也有损两国之间的经济贸易合作。"A 国代表答："我方注意到贵方说法，我会将此看法向我国政府转达。"

双方直截了当地交换了"底牌",均知谈判不会有结果。结束时,B国谈判组长提出:"刚才所言,建议双方均不对外讲,全当没说,忘掉它。"A国谈判组长:"可以,我希望贵国政府能坚持自主原则,尽快批准合同。"

回到大会议室,双方组长让专家继续交换一阵技术性意见后,即宣布散会。会后,A国谈判组成员问组长:"谈了什么,谈得怎样?"组长回答:"准备去D国,探讨别的可能。"再往下问,组长只说:"他们同意再努力。"

第三节　国际商务谈判磋商策略

磋商阶段在国际商务谈判中通常叫做讨价还价阶段。国际商务谈判的利益主要表现为物质的东西,国际商务谈判中利益与需要的分割过程表现为谈判主体之间互相交流各种信息及物质条件等的过程。其中,关于价格的沟通,即买方或卖方的报价,以及随之而来的价格磋商是这一过程的核心。因此,关于价格的谈判是国际商务谈判的核心。价格作为价值的标尺,是衡量需要和利益是否得到满足、谈判能否成功的主要因素。双方争论最激烈、谈判实力得到充分体现的,主要是价格问题。因为每一次讨价还价都将意味着一定的物质损益在谈判各方之间发生。所以,价格是谈判主体用于衡量需要与利益被满足程度的重要尺度。磋商阶段贯穿着你来我往的拉锯战,充满着错综复杂的斗智场面,策略和技巧的作用在本阶段得到了充分体现。

一、报价(报盘)策略

报价,亦称"发盘",首先提出价格的行为称之为报价。实际上是我方向对方提出自己所有要求的行为。这里所讲的报价并不是指双方在谈判中提出的价格条件,而是指谈判一方向对方提出自己的所有要求。

当然，在所有这些要求中，价格是其核心。

报价是价格磋商的基础。谈判一方报价之后，多数谈判对手不会立即作出接受报价的决定，因此，谈判双方就会自然而然地进入价格磋商阶段。这里的价格磋商是指谈判双方针对对方的报价和策略而使用的反提议和相应对策。价格磋商的核心是价格问题，但却不仅仅是价格的升降。谈判双方的实力、谈判者的态度和行为，所做准备工作以及所运用的策略等对价格磋商都至关重要。因此，从这种意义上讲，价格磋商实质上是一种包括各种复杂力量关系在内的交换过程。

（一）报价的原则

报价应遵循的基本原则是：通过反复比较和权衡，设法找出报价者所得利益与该报价能被接受的成功概率之间的最佳组合点。

报价前，必须反复核实、验证，确定己方商品价格所依据的信息资料的可靠性，以及所定价格金额及备调幅度的合理性。这是由于，如果定价依据不真实，所报的期望价过高或可调幅度不切实际，那么，在以后的磋商阶段中，一旦对方提出异议，己方又无法回答，就会使己方丧失信誉。轻则影响谈判的顺利进行，重则导致整个谈判向不利于己方的方向发展。

谈判一方在报价时，不仅要考虑报价所能获得的利益，还要考虑报价能否被对方接受，即报价成功的概率。在国际商务谈判中，谈判双方即买方与卖方处于对立统一体之中，它们既互相制约又互相统一。因此，报价水平的高低不是由报价一方随心所欲就可以决定的，报价只有在对方接受的情况下才能产生预期的结果。因此，报价前要尽可能地摸准对方的要求，并设法找到己方报价的期望利益与对方接受的可能性之间的最佳结合点（协议点），制定出一个报价的最佳方案。这是由于成功的谈判需要依赖最佳的报价方案，而最佳报价方案的形成，不仅取决于对方对某种商品单价的讨论，还取决于双方对商品支付手段、交易条件、质量要求及其他一系列内容的磋商。己方报价的期望利益和对方接受的可能性既然是受到多种因素的影响，那么，就需要从这些因素出发，在综合性的考虑中谋求报价的成功。也就是说，在对己方和对方诸多要求都了解清楚的情况下，找到对方的诸多要求与己方诸多要求一一对应的最佳结合点,并且把握其发展趋向。这样才能产生一个完整的报价设想,进而对己方报价的成功与否作出正确的估计。

然而,这仅仅是就报价的一般性原则进行的分析。在实际的商务谈判过程中,由于谈判双方的状况以及谈判环境条件的复杂性,很难找到这样一个最佳的、理想的报价。但谈判者应把握这一原则的精神实质,尽可能精确地估计对方可接受的报价范围,根据不同的形势采用具体的报价策略,力争在实际谈判过程中使报价接近理想的报价。

(二)国际商务谈判报价策略

国际商务谈判的报价策略主要是报多少最合理、用什么方法报、什么时间报最合适。

国际商务谈判报价的策略,要充分考虑到商品的定价影响因素和报价的影响因素,从而制定出比较合乎实际的报价策略。主要的报价策略有:

1. 报高价策略

所谓报高价策略是以卖方确定的最高期望价格报出价格的策略。在国际商务谈判中,谈判人员可以根据外部环境和内部条件,即根据报价的依据,结合谈判意图,确定报价的上下限,即期望标准和临界标准。作为卖方,报价谋略是"喊价要高";买方的报价谋略是"出价要低"。国际商务谈判实践都证明了在双方报价中"一高一低"谋略,即"喊价要高,出价要低",是合理而行之有效的策略。卖方喊价高则可能以较高的价格成交,卖方喊价低则往往以较低的价格成交,甚至喊价高得出人意料的卖主,只要谈判不致破裂,买主不被吓跑,往往会有理想的结果。例如,一块手表卖主开价 100 元,买主还价 60 元,那么最后买卖可能在 80 元或接近 80 元的价格上成交。所以,高明的卖方,在不导致谈判破裂的前提下,尽可能地报高价,从而争取更大的利益。

报高价给谈判结果设定了一个不可突破的上限。价格一经报出,己方不能再提出更高的要价,更不要期望对方会接受更高的报价。除非有足以说服对方的理由,如时间的延长,或某种环境因素的变动等;否则,会使谈判破裂。

报高价往往对成交期望水平具有实质性的影响,一个人的期望水平越高,他会越努力实现或维护这个水平,其结果当然有可能达到这个水平。所以最初报高价策略,对最后成交水平起着制约作用。

报出的高价,只要能使对方坐下来谈判(即对方不是拍案而起,拂袖而去),就是报价者的成功。因为大多数谈判的最终协议价格,是在你报出的高价与对方报价的中点上下之间。可见你报得越高,可能获得的利益也就越大;而报高价不仅为自己留有充分的余地,还为讨价还价、打破僵局准备了有利的筹码,以利于完成我方谈判的战略部署。

例如,撒切尔夫人与欧共体各国首脑的谈判就是典型的例子。1975年12月,在欧洲共同体各国首脑会议上,进行了削减英国支付共同体经费的谈判。各国首脑们原来以为英国政府可能希望削减3亿英镑,从谈判阶段实际出发,撒切尔夫人会首先提出削减3.5亿英镑。所以,他们就在谈判中,提议可以考虑同意削减2.5亿英镑。估计这样讨价还价谈判下来,会在3亿英镑左右的数目上达成协议。可是,完全出乎各国首脑们的意料,撒切尔夫人狮子大开口,报出了10亿英镑的高价,使首脑们瞠目结舌,一致加以坚决的反对。可撒切尔夫人坚持己见,在谈判桌上始终表现出不与他国妥协的姿态。共同体各国首脑——这些绅士们,简直拿这位女士——铁娘子,没有任何办法,不得不迁就撒切尔夫人,结果不是在3.5亿英镑,也不是在2.5亿和10亿英镑的中间数——6.25亿英镑,而是在8亿英镑的数目上达成协议,即同意英国对欧洲共同体每年负担的经费削减8亿英镑。撒切尔夫人用报高价的手法获得了谈判的巨大成功。

在谈判中,有经验的谈判者撒切尔夫人为了拔高自己的要求,或者压低对方的要求,采取了这种"漫天要价,就地还钱"的报高价法。实践证明,撒切尔夫人开价高,则结果也是在较高的价格上成交;但也会有另一种情况,即如果撒切尔夫人的谈判对手还价很低,则可能在较低的价格上成交。这两种情况既矛盾又统一。开价高还价低,这是矛盾的;但两者报价的统一之处在于:大多数的最终协议结果往往是在这两个价格的中间,或者接近中间的价格上成交。

但是凡事有利也有弊,过高的报价,往往导致谈判的破裂。如果卖方的开价大大超过买方的底价,或者买方的还价大大低于卖方的底价,那就势必导致谈判的破裂。例如,你去自由市场买青菜,假如一般行情是5角钱一斤。如果个体户开价是5元钱一斤,或者你还价是5分钱一斤,那么就不会成交。

2. 引诱报价策略

国际商务谈判的特点是"利己"和"合作"兼顾,因此,如果谈判者想要顺利地获得谈判的成功,而且还维系和发展同谈判对手之间的良好关系,那么在尽可能维护自己利益的基础上,还要照顾和满足谈判对手的需求。

例如,美国有位大富翁詹姆斯经营旅馆、戏院、自动洗衣店等颇有章法,他出于某种需要决定再投资一本杂志。经内行人介绍,詹姆斯看中了杂志出版界的大红人鲁宾逊。鲁宾逊本人恃才傲物,瞧不起其他同行,更不要说外行人了,以至很多出版商争相罗致,甚至出一大笔钱,也无法把他和杂志弄到手。

精于谈判之道的詹姆斯,在谈判之前对鲁宾逊进行了全面细致的调查,除了了解到鲁宾逊恃才自傲的一面外,还了解到鲁宾逊有一个幸福的家庭,他非常珍惜家庭的幸福,非常爱自己的妻子和孩子。并且,还了解到鲁宾逊对于独立承担竞争性非常强的这类杂志,已经没有当初的兴趣了;他为了节省开支,不得不整日泡在办公室里,处理繁杂的事务,对此他早已感到乏味。针对鲁宾逊的这一性格和心理,詹姆斯决定在谈判中实施引诱报价法。经过两次会面和共进午餐之后,双方有了初步的了解,并同意坐下来谈判。谈判一开始,詹姆斯开门见山地承认自己对出版杂志一窍不通,因此,需要借助鲁宾逊这样有才干的专家。满足了鲁宾逊恃才傲物的心理,使鲁宾逊对詹姆斯产生了好感。接着,他把一大笔数目的现金支票和他公司的股票放在鲁宾逊面前,告诉鲁宾逊他公司的股票在过去几年中如何涨价,利益如何可观,利息有多大等。这等于告诉鲁宾逊,如果合作的话,他的家庭生活有了保障;他的杂志有了足够的财政支持,不仅没有破产的危险,而且还有扩展业务的可能;他还能从繁杂的公务中解脱出来,因为詹姆斯已经物色了一批人。詹姆斯把这些人一一介绍给鲁宾逊,其中还有未来的经理,并且说,这些人将来都归他使用,帮助他处理办公室的繁琐事务,好让他全力以赴只管杂志的编辑工作。詹姆斯的"鱼饵"一下子就打动了鲁宾逊。詹姆斯仅仅花了其他出版商十分之一的钱,就将鲁宾逊和他的杂志弄到了手。理由很简单,詹姆斯把这笔钱的大部分作为"鱼饵",钓到了鲁宾逊,而不是出十倍的钱去买整个杂志社。

使用引诱报价法必须注意掌握分寸,引诱的价格如果太低,那么吸引力就太小;而诱饵太多、付出的代价太大,则得不偿失。在使用引诱报价法时,必须清醒地认识到:投下诱饵以满足对方的需要是手段,最终满足自己的需要才是目的,不可本末倒置,要进行成本和收益的核算。

3. 中途变价策略

中途变价策略指在报价的中途,改变原来的报价趋势,从而争取谈判成功的报价方法。所谓改变原来的报价趋势是说,买方在一路上涨的报价过程中,突然报出一个下降的价格,或者卖方在一路下降的报价过程中,突然报出一个上升的价格来,从而改变了原来的报价趋势,促使对方考虑接受你的价格。

例如,美国商人山姆去圣多明哥旅游,在街上一家皮件商店的橱窗里,看到了一只皮箱和自己家里的一模一样,忍不住停下来看。皮箱店的老板正在门口拉生意,看见山姆,马上上前推销,好话说尽,山姆就是不买。因为山姆为了看看店主到底有些什么推销的手段,所以站着没走。店主看山姆不动心,把价格一再下降,从 20 美元、18 美元、16 美元……12 美元、11 美元,可是山姆还是不买他的皮箱,而老板又不想再跌价了,在报出了"11 美元"以后,突然改变下降的趋势,报出了一个上升的价格"12 美元"来。当感到奇怪的山姆揪住"11 美元"不放时,老板顺水推舟地以 11 美元的价格把皮箱卖给了山姆。

大量的谈判实践告诉我们,许多谈判者为了争取更好的谈判结果,往往以极大的耐心,没完没了地要求、要求、再要求,争取、争取、再争取。但碰到像刚才这样的对手实在让人头疼,尽管已经满足了他的许多要求,使他一次又一次地受益,可他似乎还有无数的要求。这时对付他的有效方法就是"中途变价法",即改变原来的报价趋势,报出一个出乎对方意料的价格来,从而遏制对方的无限要求。

二、讨价策略

讨价是指谈判中的一方首先报价之后,另一方认为离自己的期望目标太远,而要求报价方改善报价的行为。这种讨价要求既是实质性的也是策略性的。其策略性作用是误导对方对己方的判断,改变对方的期望值,并为己方的还价作准备。讨价策略的运用包括讨价方式的选择和讨价之后对谈判对手的分析。

讨价一般分为三个阶段,不同的阶段采用不同的讨价方式。

第一阶段,由于讨价刚开始,对卖方价格的具体情况尚欠了解,因而,讨价的策略是全面讨价,即要求对方从总体上改善报价。

第二阶段,讨价进入具体内容,这时的讨价策略是针对性讨价,即在对方报价的基础上,找出明显不合理、虚头、含水分大的项目,针对这些不合理的部分要求改善报价。

第三阶段,是讨价的最后阶段,讨价方在作出讨价表示并得到对方反应之后,必须对此进行策略性分析。

若首次讨价,就能得到对方改善报价的反应,这就说明对方报价中的策略性虚报部分可能较大,价格中所含的虚头、水分较多,或者也可能表明对方急于促成交易的心理。但是一般来说,报价者开始都会固守自己的价格立场,不会轻易还价。另外,即使报价方作出改善报价的反应,还要分析其让步是否具有实质性内容。只要没有实质性改善,讨价方就应继续抓住报价中的实质性内容或关键的谬误不放。同时,依据对方的权限、成交的决心继续实施讨价策略。

例如,1987年,我国南平铝厂为引进意大利B公司的先进技术设备,派代表前往意大利谈判。对方派出了公司总裁、副总裁和两名高级工程师组成的谈判团与中方进行谈判。谈判一开始,对方企图采用先报价、报高价的谈判手法,为谈判划定一个框框,所以,抛出了一个高于世界市场上最高价格的价码。中方主谈是南平铝厂的厂长,既精通技术,也精通谈判之道。等到对方报价、吹嘘完毕以后,他很有礼貌地向对方说:"我们中国人是最讲究实际的,请你们把图纸拿出来看看吧!"等到对方把图纸摊开来,中方主谈不慌不忙地在图纸上比比划划、指指点点,中肯而又内行地分析出哪些地方不够合理、哪些地方不如某国家的先进……眼看对方代表面面相觑、无法下台,中方主谈又很有心机地给他们一个台阶:"贵公司先进的液压系统是对世界铝业的重大贡献……"接着又颇有意味地说:"……我们在 20 年前就研究过。"B 公司的谈判代表被深深地折服了,外方主谈由衷地说:"了不起,了不起……你们需要什么,我们就提供什么,一切从优考虑!"这一仗打得如此漂亮,南平铝厂以极为优惠的价格引进了一套世界先进水平的铝加工设备,为国家节约了一大笔外汇。

意大利 B 公司的失败原因主要是所报价格给中方提供了可攻击之处,经过有针对性的讨价,使含水分大的报价降下来。

三、还价策略

谈判的一方报价以后,一般情况下,另一方不会无条件地全部接受所报价格,而是相应地作出这样或那样的反应。谈判中的还价,实际上就是针对谈判对手的首次报价,己方所作出的反应性报价。还价以讨价作为基础。在一方首先报价以后,另一方一般不会全盘接受,而是根据对方的报价,在经过一次或几次讨价之后,估计其保留价格和策略性虚报部分,推测对方可妥协的范围,然后根据己方的既定策略,提出自己可接受的价格,反馈给对方。如果说报价划定了讨价还价范围的一个边界的话,那么,还价将划定与其对立的另一条边界;双方将在这两条边界所规定的界区内展开激烈的讨价还价。

(一)还价前的运筹

还价策略的精髓在于"后发制人"。要想发挥"后发制人"的威力,就必须针对对方的报价作出周密的筹划。

1. 应根据对方对己方讨价所作出的反应和自己所掌握的市场行情及商品比价资料,对报价内容进行全面的分析,从中找出突破口和报价中相对薄弱的环节,作为己方还价的筹码。

2. 根据所掌握的信息对整个交易作出通盘考虑,估量对方及己方的期望值和保留价格,制定出己方还价方案中的最高目标。

3. 根据己方的目标设计出几种不同的备选方案,以保持己方谈判立场的灵活性。

(二)还价方式

1. 根据价格评论划分

谈判还价的方式从价格评论的依据出发,有按分析比价还价和按分析成本还价两种。

按分析比价还价是指己方不了解所谈产品本身的价值,而以其相近的同类产品的价格或竞争者产品的价格作参考进行还价。这种还价的关键是所选择的用作对比产品的科学性,只有比价合理才能使对方信服。

按分析成本还价是指己方能计算出所谈产品的成本,然后以此为基础再加上一定百分比的利润作为依据进行还价。这种还价的关键是所计算成本的准确性;成本计算得越准确,谈判还价的说服力越强。

2. 根据每次还价多少划分

按谈判中每次还价项目的多少,谈判还价方式有单项还价、分组还价和总体还价三种。

单项还价是以所报价格的最小项目还价。如,对成套设备,按主机、辅机、备件等不同的项目还价。

分组还价是指把谈判对象划分成若干项目,并按每个项目报价中所含水分的多少分成几个档次,然后逐一还价。

总体还价,又叫一揽子还价,是指不分报价中各部分所含水分的差异,均按同一个百分比还价。

(三)还价起点的确定

还价的起点是买方第一次公开报出的打算成交的条件,其高低直接关系到自己的利益,也反映出谈判者的谈判水平。

还价的目的不是仅仅为了提供与对方报价的差异,而应着眼于如何使对方承认这些差异,并愿意向双方互利性的协议靠拢。所以,还价起点的总体要求是,既能够保持价格磋商过程得以进行,同时还价起点要低,力求使自己的还价给对方造成压力,影响或改变对方的判断。此外,还价起点又不能太低,还价起点的高度必须接近对方的目标,使对方有接受的可能性。由于先前的报价实际为谈判定了一定的范围和框框,并形成对该价格的深刻印象,使还价一方很难对此范围和框框有大的突破。比如一方先报出 6 万元,对方很少有勇气还价 600 元。

例如,多年前,北京服装检测中心的工作人员曾经公开说过,北京市场上的服装,往往高出进价的三倍到十倍。如果一套衣服进价 100 元,标价 900 元。请问,购买者还价会还到多少呢?一般还到 800 元、700 元就不得了了;还到 600 元的,算是很有勇气了;买主很少敢还到 500 元、400 元,他们怕被卖主骂,怕被人瞧不起。所以,宁可不还价而转身一走了之,免得招惹是非。而卖主往往在 500 元、400 元的价位上就愿意成交了,何况买主愿意出 600 元、700 元,甚至 800 元呢?所以说,卖主只要一天中有一个人愿意在 900 元的价格上与他讨价还价,他就大大地成功了。

还价起点的确定,从原则上讲,既要低,但又不能太低;要接近谈判的成交目标。从量上讲,谈判起点的确定有三个参照因数,即报价中的含水量、与自己目标价格的差距和准备还价的次数。

案例分析 5-3

中国某公司(以下称买方)计划从欧洲引进一条集成电路生产线。欧洲某公司(以下简称卖方)报了一个全套生产线的价格。据此,买方作了谈判准备。首先买方把报价内容分成了设备、备件、试车材料、技术费(专有技术费、资料费)、设计费(工程设计)、技术指导费、培训费;又把合同主要条款列出:支付条件、验收条件、交付条件、保证条件、惩罚条件等,随后分析上述各种条件的合理性。把价格分成四档:合理、贵 10%~30%、贵 30%~50%、贵 50% 以上。把合同条件的规定分为三档:可以接受、需修改、需重写。再将价格与合同条款挂钩,设备价与保证条件挂钩,技术费与验收条件挂钩等。双方根据上述的分析编制表格,明示出科目、档次、谈判目标以及谈判时间、进度、相配的理由。双方开始谈判后,卖方问买方对报价的意见,买方说需双方共同理解一遍。

于是，卖方按买方要求逐项内容做了一遍介绍，解答了买方对各项构成的内容、计价基础等所提的问题。买方在卖方解释完了报价内容后说："贵方报价问题较多。"卖方："总的感觉行还是不行？"买方说："总的感觉有合理的地方，也有不合理之处，但总结论不好下，需进一步谈判。"于是，按买方建议，一项一项谈。在设备谈判中，买方先从最贵的一类设备价开始谈。对卖方的不合理处反复批评，压卖方改善价格。而卖方也节节抵抗，反复辩解，实在抵挡不住就降点价。买卖双方在最贵一档的设备价的谈判上就往返几个回合，直到卖方反守为攻，要求买方说出自己的价格条件，买方才不再进逼。然而买方在这一档住手后又开始另一档价格的谈判。就这样，卖方被买方步步紧逼，只得软硬兼施，步步设防。而买方在每一档价格中均有收获，卖方降价后，就转移到下一档价格的谈判，始终躲开卖方的反击——要求还价。开始买方以设备价格问题没谈完为借口拒绝还价，等各档价格都讨论过后，又以相关条件尚未讨论来拒绝还价。就这些道理而言，卖方无法断然否决，它既有秩序性质，又有策略性质。也正因为如此，买方步步为营，攻城掠地，其气势较盛。当谈到技术指导费时，从中划出了人数、单价、人员水平、待遇、工时、达到的指导目标等，一条一条核、一点一点谈，买方攻营，卖方守营，谈判呈现胶着状态。

由于买方已按分项报价及解释列出了科目，分项谈判。卖方也拉开了架势，处处防堵。能防堵时不让价，防堵不住，则扭扭捏捏小步挪动。在其他条件的谈判中，双方均坚持了上述谈判方法。应该承认，谈判很艰苦，也很精彩，双方均有收获。

资料来源：丁建忠，《商务谈判教学案例》，中国人民大学出版社，2005年6月。

第四节　国际商务谈判僵局的突破策略

谈判僵局是指在国际商务谈判过程中，当双方对所谈问题的利益要求差距较大，各方又都不肯作出让步，导致双方因暂时不可调和的矛盾而形成的对峙,而使谈判呈现出一种不进不退的僵持局面。僵局之所以经常产生,其原因就在于来自不同的企业、不同的国家或地区的谈判者,在国际商务谈判中,双方观点、立场的交锋是持续不断的;当利益冲突变得不可调和时,僵局便出现了。当僵局出现以后,必须进行迅速的处理,否则就会对谈判顺利进行产生影响。出现僵局不等于谈判破裂,但它严重影响谈判的进程,如不能很好地解决,就会导致谈判破裂。要突破僵局,必须对僵局的性质、产生原因等问题进行透彻的了解和分析,才能正确地加以判断,从而进一步采取相应的策略和技巧,选择有效的方案,重新回到谈判桌上来。

僵局是伴随整个合作过程随时随地都有可能出现的。国际商务谈判僵局可以分为协议期僵局和执行期僵局两大类。

协议期僵局是双方在磋商阶段意见产生分歧而形成的僵持局面;执行期僵局是在执行项目合同过程中双方对合同条款理解不同而产生的分歧,或出现了双方始料未及的情况而把责任有意推向他人,亦或一方未能严格履行协议而引起另一方的严重不满,由此而引起的责任分担不明确的争议。

一、国际商务谈判僵局的特点

(一)谈判中期僵局的不确定性

谈判中期,是谈判的实质性阶段,双方需要就有关技术、价格、合同条款等交易内容进行详尽的讨论、协商。但是,在合作的背后,客观地存在着各自利益上的差异,这就可能使谈判暂时向着使谈判双方难按统一的方向发展,产生谈判中期的僵局。有些中期僵局通过双方之间重新沟通,矛盾便可迎刃而解;有些则因谈判各方为了维护自己的利益而不愿首先作出让步,并且双方都不愿在关键问题上退让而使谈判长时间拖延,问题悬而难解。因此,中期僵局是最为纷繁多变的,也使谈判破裂经常发生。

(二)谈判后期僵局易突破

谈判后期是双方达成协议的阶段。谈判双方在已经解决了技术、价格等关键性问题之后,还有诸如项目验收程序、付款条件等执行细节需要进一步商议,特别是合同条款的措辞、语气等经常容易引起争议。但是谈判后期的僵局不像中期那样难以解决,只要某一方表现得大度一点,稍作些让步便可顺利结束谈判。

（三）谈判僵局的可利用性

一方面,谈判者可以利用谈判僵局为实现自己的目标服务;另一方面,谈判者可以通过有效地处理谈判僵局使谈判朝着对自己有利的方向发展。因此,在国际商务谈判中,利用谈判僵局来促使对方接受自己的条件,了解谈判僵局产生的原因以避免僵局出现,打破谈判僵局以取得有利的结果,便成为谈判者必须掌握的处理谈判僵局的基本技能。

二、国际商务谈判僵局的成因

（一）双方立场观点性争执导致僵局

在谈判过程中,如果双方对某一问题各持自己的看法和主张,那么,越是坚持各自的立场,双方之间的分歧就会越大。这时,双方真正的利益被这种表面的立场所掩盖,于是,谈判变成了一种意志力的较量,谈判自然陷入僵局。

在谈判过程中,谈判对手为了维护自己的正当利益,会提出自己的反对意见;当这些反对意见得不到解决时,便会利用制造僵局来迫使对方让步。如卖方认为要价不高,而买方则认为卖方的要价太高;卖方认为自己的产品质量没有问题,而买方则对产品质量不满意等等。也可能是客观市场环境的变化造成的不能让步,例如由于市场价格的变化,使原定的谈判让步计划无法实施,便会在谈判中坚持条件,使谈判陷入僵局。

经验证明,谈判双方在立场上关注越多,就越不能注意调和双方利益,也就越不可能达成协议。甚至谈判双方都不想作出让步,或以退出谈判相要挟,这就更增加了达成协议的困难。因为人们最容易在谈判中犯立场观点性争执的错误,这也是形成僵局的主要原因。

(二)谈判人员素质导致僵局

就导致谈判僵局的因素而言,不论是何种原因,在某种程度上都可归结为人员素质方面的原因所致。谈判人员素质不仅始终是谈判能否成功的重要因素,而且当双方合作的客观条件良好、共同利益较一致时,谈判人员素质高低就成为决定性的因素。

1. 谈判人员的偏见或成见

偏见或成见是指由感情原因所产生的对对方及谈判议题的一些不正确的看法。由于产生偏见或成见的原因是对问题认识的片面性,即用以偏概全的办法对待别人,因而很容易引起僵局。

2. 谈判人员的失误导致僵局

有些谈判者想通过表现自我来显示实力,从而使谈判偏离主题;或者争强好胜,提出独特的见解令人诧异;或者设置圈套,迷惑对方,使谈判的天平向着己方倾斜,以实现在平等条件下难以实现的谈判目标。但是在使用一些策略时,因时机掌握不好或运用不当,也往往导致谈判过程受阻及僵局的出现。

3. 谈判人员的故意反对导致僵局

故意反对是指谈判者有意给对方出难题,搅乱视听,甚至引起争吵,迫使对方放弃自己的谈判目标而向己方目标靠近。产生故意反对的原因可能是过去在谈判中上过当、吃过亏,现在要给对方报复;或者自己处在十分不利的地位,通过给对方制造麻烦可能改变自己的谈判地位,并认为即使自己改变不了不利地位也不会有什么损失。这样就会导致国际商务谈判的僵局。

4. 谈判人员的强迫手段导致僵局

在谈判中,人们常常有意或无意地采取强迫手段而使谈判陷入僵局。特别是涉外商务谈判,由于不仅存在经济利益上的相争,还有维护国家、企业及自身尊严的需要。因此,某一方越是受到逼迫,就越是不会退让,谈判的僵局也就越容易出现。

三、国际商务谈判僵局的利用和制造

（一）僵局的利用
1. 僵局能够促成双方的理性合作

在谈判实践中，很多谈判人员害怕僵局的出现，担心由于僵局而导致谈判暂停乃至最终破裂。谈判暂停，可以使双方都有机会重新审慎地回顾各自谈判的出发点，既能维护各自的合理利益又注意挖掘双方的共同利益。如果双方都逐渐认识到弥补现存的差距是值得的，并愿采取相应的措施，包括作出必要的妥协，那么这样的谈判结果也符合谈判原本的目的。即使出现了谈判破裂，也可以避免非理性的合作。双方通过谈判，即使没有成交，但彼此之间加深了了解，增进了信任，并为日后的有效合作打下了良好的基础。

2. 僵局可以改变谈判均势

有些谈判者的要求，在势均力敌的情况下是无法达到的；为了取得更有利的谈判条件，便利用制造僵局的办法来提高自己的地位，使对方在僵局的压力下不断降低其期望值。当自己的地位提高和对方的期望值降低以后，最后采用折衷方式结束谈判时自己已取得了更有利的条件。谈判者在谈判过程中利用谈判僵局，可以改变已有的谈判均势，提高自己在谈判中的地位。这是那些处于不利地位的谈判者利用僵局的动机。弱者在整个谈判过程中处于不利地位，他们没有力量与对方抗衡；为了提高自己的谈判地位，便采用制造僵局来拖延谈判时间，以便利用时间的力量来达到自己的目标。

（二）僵局的制造

谈判者要利用僵局，首先需要制造僵局。制造僵局的基本原则是利用自己所制造的僵局给自己带来更大的利益。谈判僵局出现以后会有两种结果：打破僵局继续谈判或谈判破裂。

1. 制造僵局的一般方法

制造僵局的一般方法是向对方提出较高的要求，要对方全面接受自己的条件。对方可能只接受己方的部分条件，即作出少量让步后便要求己方作出让步。己方此时如果坚持自己的条件,以等待更有利的时机的到来,而对方又不能再进一步作出更大让步时,谈判便陷入僵局。

2. 制造僵局的基本要求

谈判者制造僵局的基本做法是向对方提出较高的要求,但这一高要求绝不能高不可攀,因为要求太高对方会认为是没有谈判诚意而退出谈判。因此,目标的高度应以略高于对方所能接受的最不利的条件为宜,以便最终通过自己的让步仍以较高的目标取得谈判成功。同时,对自己要求的条件,要提出充分的理由说明其合理性,以促使对方接受自己提出的要求。

四、打破谈判僵局的策略

谈判出现僵局,就会影响谈判协议的达成。这无疑是谈判人员都不愿看到的。因此,在双方都有诚意的谈判中,尽量避免出现僵局。但是,谈判又是双方利益的分配,是双方的讨价还价,僵局的情况时有发生。因此,仅从主观愿望上不愿出现谈判僵局是不够的,也是不现实的。必须正确认识、慎重对待这一问题,掌握处理僵局的策略技巧,从而更好地争取主动,达成谈判协议。

(一) **正确认识谈判中的僵局**

许多谈判人员把僵局视为失败的概念,竭力避免它,不是采取积极的措施,而是消极躲避。在谈判开始之前,就盼望能顺利地与对方达成协议,完成交易,别出意外麻烦。负有与对方签约的使命时,这种心情就更为迫切。这样一来,为避免出现僵局,就事事处处迁就对方;一旦陷入僵局,就会很快地失去信心和耐心,甚至怀疑起自己的判断力,对预先制定的计划方案也产生了动摇。这种思想阻碍了谈判人员更好地运用谈判策略。事事处处迁就的结果,就是达成一个对己不利的协议。

(二) **对利益进行理性思考**

在谈判实践中,有些谈判者会脱离客观实际,盲目地坚持自己的主观立场,甚至忘记了自己的出发点是什么;由此而引发的矛盾,当激化到一定程度的时候即形成了僵局。这时,应设法建立一项客观的准则,即让双方都认为是公平的、又易于实行的办事原则、程序或衡量事物的标准,充分考虑到双方潜在的利益到底是什么,从而理智地克服一味地希望通过坚持自己的立场来"赢"得谈判的做法。

(三)利益协调法

当双方在同一问题上发生尖锐对立,并且各自理由充足,均既无法说服对方,又不能接受对方的条件,从而使谈判陷入僵局时,可采用利益协调法打破僵局。即让双方从各自的目前利益和长远利益的结合上看问题,使双方的利益进行协调,最终达成谈判协议。因为如果都追求目前利益,可能都失去长远利益,这对双方都是不利的。只有双方都作出让步,以协调双方的关系,才能保证双方的利益都得到实现。

(四)避重就轻,转移视线

当谈判陷入僵局,经过协商而毫无进展,双方的情绪均处于低潮时,可以采用避开该话题的办法,换一个新的话题与对方谈判,以等待高潮的到来。横向谈判是回避低潮的常用方法。由于话题和利益间的关联性,当其他话题取得成功时,再回来谈陷入僵局的话题,便会比以前容易得多。

有时谈判所以出现僵局,是僵持在某个问题上。商务谈判过程中,往往存在多种可以满足双方利益的方案,而谈判人员经常简单地采用某一方案,而当这种方案不能为双方同时接受时,僵局就会形成。这时,谁能够创造性地提出可供选择的方案,谁就能掌握谈判中的主动。谈判者可以把这个问题避开,磋商其他条款。当然,这种替代方案一定要既能有效地维护自身的利益,又能兼顾对方的利益要求。不要试图在谈判开始就确定一个唯一的最佳方案。因为这往往阻止了许多其他可作选择的方案的产生。双方在价格条款上互不相让、僵持不下,可以把这一问题暂时抛在一边,洽谈交货日期、付款方式、运输、保险等条款。如果在这些问题的处理上,双方都比较满意,就坚定了解决问题的信心;如果一方特别满意,很可能对价格条款作出适当让步。

(五)运用休会策略

休会策略是谈判人员为控制、调节谈判进程,缓和谈判气氛,打破谈判僵局而经常采用的一种基本策略。有时候,当谈判进行到一定阶段或遇到某种障碍时,谈判双方或其中一方会提出休会,以使谈判人员恢复体力和调整对策,推动谈判的顺利进行。

谈判出现僵局,双方情绪都比较激动、紧张,会谈一时也难以继续进行。这时,提出休会是一个较好的缓和办法。东道主可征得客人的同意,宣布休会。双方可借休会时机冷静下来,仔细考虑争议的问题;也可以召集各自谈判小组成员,集思广议,商量具体的解决办法。谈判呈现僵局而一时无法用其他双方都能接受的方法打破僵局时,可以采用冷处理的办法,即总结已取得的成果,然后决定休会,使双方冷静下来认真考虑对方的要求;同时各方可进一步对市场形势进行研究,以证实自己原观点的正确性。当双方再按预定的时间、地点坐在一起时,会对原来的观点提出修正的看法。这时,僵局就会较容易打破。

谈判室是正式的工作场所,容易形成一种严肃而又紧张的气氛。当双方就某一问题发生争执,各持己见,互不相让,甚至话不投机、横眉冷对时,这种环境更容易使人产生一种压抑、沉闷的感觉。在这种情况下,可暂时停止会谈或双方人员去游览、观光、出席宴会、观看文艺节目,也可以到游艺室、俱乐部等地方消遣。这样,在轻松愉快的环境中,大家的心情自然也就放松了。更主要的是,通过游玩、休息、私下接触,双方可以进一步熟悉、了解,消除彼此间的隔阂;也可以不拘形式地就僵持的问题继续交换意见,寓严肃的讨论和谈判于轻松活泼、融洽愉快的气氛之中。这时彼此间心情愉快,人也变得慷慨大方,谈判桌上争论了几个小时无法解决的问题,在这儿也许会迎刃而解了。

休会的策略一般在下述情况下采用:

(1)当谈判出现低潮时。人们的精力往往呈周期性变化,经过较长时间的谈判后,谈判人员就会精神涣散、工作效率低下,这时最好提议休会,以便休息一下,养精蓄锐,以利再战。

(2)在会谈出现新情况时。谈判中难免出现新的或意外的情况和问题,使谈判局势无法控制。这时可建议休息几分钟,以研究新情况,调整谈判对策。

(3)当谈判出现僵局时。在谈判双方进行激烈交锋时,往往会出现各持己见、互不相让的局面,使谈判陷于僵局。这时,比较明智的做法是休会,让双方冷静下来,客观地分析形势,及时地调整策略。等重开谈判时,会谈气氛就会焕然一新,谈判就可能顺利进行。谈判各方应借休会之机,抓紧时间研究一下,自己一方提出的交易方案对方承受程度如何,对方态度强硬的真实意图是什么,自己应在哪些方面继续坚持,哪些问题可以暂时放在一边不谈,我方准备提出哪些新的方案,等等。以便重开谈判后,提出对方可以接受的方案,从而打破僵局。

(4)当谈判出现一方不满时。有时,谈判进展缓慢、效率很低、拖拖拉拉,谈判一方对此不满。这时,可提出休会,经过短暂休整后,重新谈判,可改善谈判气氛。

(5)当谈判进行到某一阶段的尾声时。这时双方可借休会之机,分析研究这一阶段所取得的成果,展望下一阶段谈判的发展趋势,谋划下一阶段进程,提出新的对策。

在提出休会建议时,一是要把握好时机,讲清休会时间;二是要委婉讲清需要,但也要让对方明白无误地知道;三是提出休会建议后,不要再提出其他新问题来谈,先把眼前的问题解决了再说。

(六)调节人调停

有些谈判必须取得成果,而不能用中止或破裂来结束,如索赔谈判。当这类谈判陷入僵局,用其他方法均不奏效时,为了尽快结束谈判,可借助第三方的力量帮助解决。常用的方法有两种:调解和仲裁。调解是请调解人拿出一个新的方案让双方接受。由于该方案照顾了双方的利益,顾全了双方的面子,并且以旁观者的立场对方案进行分析,因而很容易被双方接受。但调解只是一种说服双方接受的方法,其结果没有必须认同的法律效力。当调解无效时可请求仲裁。仲裁的结果具有法律效力,谈判者必须执行。但当发现仲裁人有偏见时,应及时提出;必要时也可对他们的行为提起诉讼,以保护自己的利益不受损失。需要说明的是,由法院判决也是处理僵局的一种办法,但很少使用。因为一是法院判决拖延的时间太长,这对双方都是不利的;二是通过法院判决容易伤害双方的感情,不利于以后的交往。因此,除非不得已,谈判各方均不愿把处理僵局的问题提交法院审理。

当出现了比较严重的僵持局面时,彼此间的感情可能都受到了伤害。因此，即使一方提出缓和建议，另一方在感情上也难以接受。在这种情况下，最好寻找一个双方都能够接受的中间人作为调节人或仲裁人。

（七）调换谈判人员

当谈判僵持的双方已产生对立情绪，并不可调和时，可考虑更换谈判人员，或者请地位较高的人出面，协商谈判问题。

双方谈判人员如果互相产生成见，特别是主要谈判人员，那么，会谈就很难继续进行下去。即使是改变谈判场所，或采取其他缓和措施，也难以从根本上解决问题。形成这种局面的主要原因，是由于在谈判中不能很好地区别对待人与问题，由对问题的分歧发展为双方个人之间的矛盾。

在有些情况下，如协议的大部分条款都已商定，却因一两个关键问题尚未解决而无法签订合同。这时，我方也可由地位较高的负责人出面谈判，表示对僵持问题的关心和重视。同时，这也是向对方施加一定的心理压力，迫使对方放弃原先较高的要求，作出一些妥协，以利协议的达成。

（八）以硬碰硬法

当对方通过制造僵局，给你施加太大压力时，妥协退让已无法满足对方的欲望，应采用以硬碰硬的办法向对方反击，让对方自动放弃过高要求。比如，揭露对方制造僵局的用心，让对方自己放弃所要求的条件。有些谈判对手便会自动降低自己的要求，使谈判得以进行下去。也可以离开谈判桌，以显示自己的强硬立场。如果对方想与你谈成这笔生意，他们会再来找你；这时，他们的要求就会改变，谈判的主动权就掌握在了你的手里。如果对方不来找你也不可惜，因为如果自己继续同对方谈判，只能使自己的利益降到最低点；这样，谈成还不如谈不成。

当谈判陷入僵局时，如果双方的利益差距在合理限度内，即可明确地表明自己已无退路，希望对方能让步，否则情愿接受谈判破裂的结局。前提是：双方利益要求的差距不超过合理限度。只有在这种情况下，对方才有可能忍痛割舍部分期望利益、委曲求全，使谈判继续进行下去。相反，如果双方利益的差距太大，只靠对方单方面的努力与让步根本无法弥补差距时,就不能采用此策略,否则就只能使谈判破裂。当谈判陷入僵局而又实在无计可施时,以硬碰硬策略往往是最后一个可供选择的策略。在作出这一选择时,我们必须要做最坏的打算,否则就会显得茫然失措。切忌在毫无准备的条件下盲目滥用这一做法,因为这样只会吓跑对手,结果将是一无所获。另外,在整个谈判过程中,我们应该严格地遵守商业信用和商业道德,不能随意承诺;而一旦承诺就要严格兑现。因此,如果由于运用这一策略而使僵局得以突破,我们就要兑现承诺,与对方签订协议,并在日后的执行中,充分合作,保证谈判协议的顺利执行。

对于谈判的任何一方而言,坐到谈判桌前的目的是为成功达成协议,而绝没有抱着失败的目的前来谈判的。谈判中,达到谈判目的的途径往往是多种多样的,谈判结果所体现的利益也是多方面的。当谈判双方对某一方面的利益分配僵持不下时,往往容易轻易地使谈判破裂。其实,这实在是一种不明智的举动。因为之所以会出现这种结果,原因就在于没有掌握辩证地思考问题的方法。如果是一个成熟的谈判者,这时他应该明智地考虑在某些问题上稍作让步,而在另一些方面去争取更好的条件。在引进设备的谈判中,有些谈判人员常常会因为价格存在分歧而使谈判不欢而散。其实,像设备的功能、交货时间、运输条件、付款方式等等问题尚未来得及涉及,就匆匆地退出了谈判。事实上,作为购货的一方,有时完全可以考虑接受稍高的价格,在购货条件方面,就有更充分的理由向对方提出更多的要求。如增加相关的功能、缩短交货期限;或在规定的年限内提供免费维修的同时,争取在更长的时间内免费提供易耗品;或分期付款等等。这样做比起匆匆而散的做法要经济得多。

(九)从对方的漏洞中借题发挥

谈判实践告诉我们,在一些特定的形势下,抓住对方的漏洞,小题大作,会给对方一个措手不及。这对于突破谈判僵局会起到意想不到的效果,这就是所谓的从对方的漏洞中借题发挥。从对方的漏洞中借题发挥的做法有时被看作是一种无事生非、有伤感情的做法。然而,对于谈判对方某些人的不合作态度或试图恃强欺弱的做法,运用从对方的漏洞中借题发挥的方法作出反击,往往可以有效地使对方有所收敛。相反,不这样做反而会招致对方变本加厉地进攻,从而使我们在谈判中进一步陷入被动局面。事实上,当对方不是故意地在为难我们,而我方又不便直截了当地提出来时,采用这种旁敲侧击的做法,往往可以使对方知错就改、主动合作。

其运用得成功,从根本上讲,还是要归结于谈判人员的经验、直觉、应变能力等素质因素。从这种意义上讲,僵局突破是谈判的科学性与艺术性结合的产物。在分析、研究及策略的制定方面,谈判的科学成分大一些;而在具体运用上,谈判的艺术成分大一些。

在具体谈判中,最终采用何种策略应该由谈判人员根据当时当地的谈判背景与形势来决定。一种策略可以有效地运用于不同的谈判僵局之中,但一种策略在某次僵局突破中运用成功,并不一定就适用于其他同样的起因、同种形式的谈判僵局。只要僵局构成因素稍有差异,包括谈判人员的组成不同,各种策略的使用效果都有可能是迥然不同的。问题还在于谈判人员本人的谈判能力和本方的谈判实力,以及实际谈判中的个人及小组的力量发挥情况如何。相信应变能力强、谈判实力也强的一方配以多变的策略,能够应付所有的谈判僵局。

案例分析 5-4

制 造 僵 局

有经验的谈判者,为了提高自己的要价或迫使对方让步,常常在谈判的某一阶段有意制造僵局以实现自己的意图。

20世纪80年代中期,巴西与欧、美、日等发达国家就债务问题进行了长时间的谈判,一方是逼债停货施压,一方是抗损拒还硬顶;一方骂对手"缺乏信用",一方责对方"转嫁危机"。在施压与自卫发展到白热化程度时,巴西总统若瑟·萨尔内援引《罗马法》的一项规定,以国家元首的名义宣布巴西丧失偿债能力,在一段时间内停付大部分外债本息,制造了一个轰动世界的僵局。这个僵局把西方国家弄得目瞪口呆,同时使巴西暂时摆脱了困境。过了一段时间,当巴西与各大债权国恢复谈判时,西方国家不仅改变了原先咄咄逼人的气势,调整了谈判策略,而且面对巴西现实,以减免部分债额、降低部分债息、延长部分贷款的偿付期限、将部分外债转为投资等有利于巴西经济恢复发展的许诺结束了长达数年的谈判争吵。

20世纪80年代末美国与欧共体就农产品贸易进行的谈判,90年代美国与朝鲜就轻水核反应堆开展的谈判,都曾有过人为设计的僵持局面。每个僵持局面都把有关国家的有关关系推到了危机的边缘,却又迫使不愿意真正破裂的谈判者重新坐到谈判桌前寻求打破僵局的办法,把谈判推向前进。

大型谈判可以设置僵局,小型谈判也可如法炮制:20世纪80年代中期,中国某公司到南美某国与一家公司谈判购买木材事宜。采购小组到达后,对方借口公司老板外出无法赶回,将其晾在一边。待中方采购人员回国日期临近,对方却日以继夜与中方谈判,弄得大家筋疲力尽,而且价格老谈不下来。中方虽然提出意见,对方却置若罔闻。于是中方负责人向其郑重表示:"我们万里迢迢来到这里,是事先与你们商定好的。看看你们对此次谈判的安排和报价,似乎无意做这笔交易,因此我们决定提前离开,我们还要到××国去办些事情。待你们有了新的考虑,你们再到我们公司去谈,不过要有诚意啊!"说完,就礼貌而略显不满地告别了对方,从而制造了一个僵局。

其实,中方代表团提前离开,一方面是想到另一个国家看看情势,但另一方面主要还是避免匆匆忙忙签约而出现疏漏。对方不了解中方的底细,更担心中方公司到别的国家去后会向另外的公司购买木材,于是当天下午就打电话到中方采购人员下榻的旅馆,一方面表示道歉,一方面要求第二天重开谈判。结果以有利于中方的报价完成了那次谈判。

分析:

设置僵局的目的在于:

(1)帮助自己从不利的谈判形势下摆脱出来。

(2)通过僵局可以试探对方的谈判态度:是想避免谈判破裂还是不惜谈判破裂?

(3)推动双方快刀斩乱麻地解决和撇开某些复杂的问题,把谈判引导到新的方向。

第五节 国际商务谈判的攻防策略

国际商务谈判的攻防策略是面对现实谈判环境所作出的主动决策,而这些环境条件往往比较复杂,具有不确定的特征,因此谈判者灵活掌握并熟练运用各种攻防策略就成为获取谈判中最大收益的关键。

一、正面进攻型策略

正面进攻型策略是谈判者在谈判中坚持不退让的强硬立场,与对方据理力争,迫使对方接受自己的条件。这类策略的特点是有较强的攻击性,其目的是通过给对方施加压力来制造心理优势,以维护自己应该得到的利益。这种类型的具体策略有:

(一)疲劳轰炸策略

疲劳轰炸策略是指通过干扰对方的注意力,瓦解其意志,抓住有利时机达成协议。马拉松式的谈判,本已存在的会场气氛、精力等自然障碍,再加上"疲劳策略"的运用,人为地拖延谈判时间,把对方的休息和娱乐的机会也安排得满满的,看来似为隆重礼遇,实际上也许只是一种圈套。这时,影响谈判结局的决定性因素是谈判人员的精疲力竭,而不是高明的辩论技巧。

在商务谈判中,如果一方的谈判者表现出居高临下、先声夺人的姿态,那么,即可以采用"疲劳战"战术。对于对方所提出的种种盛气凌人的要求采取回避、虚与周旋的方针,暗中摸清对方的情况,寻找其弱点,使这位谈判者逐渐地消磨锐气;同时我方的谈判地位也从不利和被动的局面中扭转过来。到了对手精疲力竭、头昏脑胀之时,我方则可反守为攻,抱着以理服人的态度,摆出我方的观点,力促对方作出让步。运用疲惫策略最忌讳的就是以硬碰硬,以防激起对方的对立情绪,使谈判破裂。

当对方使用该策略时,自己的对策是:

(1)参加谈判要安排充裕的时间,以保证有足够的休息。

(2)谈判时间要由自己安排,而不能按别人的计划行事。重要的是需要知道这种策略,并提防别人使用。实行这种疲劳策略,要求我方事先有足够的思想准备和人力准备。

(二)车轮战术

车轮战术是指在谈判桌上的一方遇到关键性问题或与对方有无法解决的分歧时,借口自己不能决定或其他理由,转由他人再进行谈判。这里的"他人"或者是上级、领导,或者是同伴、合伙人、委托人、亲属、朋友。不断更换自己的谈判代表,有意延长谈判时间,将消耗对方的精力,促其作出更大让步。

通过更换谈判主体,侦探对手的虚实,耗费对手的精力,削弱对手的议价能力,为自己留有回旋余地,进退有序,从而掌握谈判的主动权。作为谈判的对方需要重复地向使用走马换将策略的这一方陈述情况,阐明观点;面对新更换的谈判对手,需要重新开始谈判。这样会付出加倍的精力、体力和投资,时间一长,难免出现漏洞和差错。这正是运用走马换将策略一方所期望的。

当一个谈判代表与对方谈了一段时间后,就找理由更换一个新的谈判代表上场;新的谈判代表上场后,可以抹煞其前任所作出的让步,要求重新开始讨论;谈了一段时间后,又找理由换第三个谈判代表上场。这样,便可使对方处在不利的地位,因为他要复述过去争论的话题,要了解新的对手,就会消耗许多精力,使其在正式的谈判中力量不足,从而丧失信心、降低要求。

另外这种策略能够补救己方的失误。前面的主谈人可能会有一些遗漏和失误,或谈判效果不如人意,则可由更换的主谈人来补救,并且顺势抓住对方的漏洞发起进攻,最终获得更好的谈判效果。

该策略的对策是:

(1)无论对方是否准备采用该策略,都要做好充分的心理准备,以便有备无患。

(2)新手上场后不重复过去的争论,如果新的对手否定其前任作出的让步,自己也借此否定过去的让步,一切从头开始。

(3)用正当的借口使谈判搁浅,直到把原先的对手再换回来。

(三)软硬兼施策略

软硬兼施策略又叫"红白脸策略"、"好坏人策略"或"鸽派鹰派策略"。在谈判初始阶段,先由唱白脸的人出场,他傲慢无理,苛刻无比,强硬僵死,立场坚定,毫不妥协,让对手产生极大的反感。当谈判进入僵持状态时,红脸人出场,他表现出体谅对方的难处,以合情合理的态度,照顾对方的某些要求,放弃自己一方的某些苛刻条件和要求,作出一定的让步,扮演一个"红脸"的角色。实际上,他作出这些让步之后,所剩下的那些条件和要求,恰恰是原来设计好的必须全力争取达到的目标。

需要指出的是,不管对方谈判人员如何表现,要坚持自己的谈判风格,按既定方针办,在重要问题上绝不轻易让步。如果对方扮演的"好人"、"坏人",不超出商业的道德标准,不以极其恶劣的手段来对待你,就不要采取过分直率的行动,可以婉转指出对方报价的水分,所要求的不合理之处,提出你的公平建议;如果对方确实在使用阴谋诡计,可以考虑采取退出谈判、向上提出抗议、要求撤换谈判代表、公开指出对方诡计等形式。

使用该策略应注意的问题是:

(1)扮演白脸的,既要表现得"凶",又要保持良好的形象。既态度强硬,但又处处讲理,绝不蛮横。

(2)扮演红脸的,应为主谈人,他一方面要善于把握谈判的条件,另一方面要把握好出场的火候。

当对方使用该策略时自己的对策是:

(1)认识到对方无论是"好人"还是"坏人"都属于同一阵线,其目的都是从你手里得到利益,因而应同等对待。

(2)放慢谈判及让步速度,在"老鹰"面前也要寸步不让。

(3)当持温和态度的"鸽子"上场时,要求其立即作出让步,并根据他的让步决定自己的对策。

(4)给对方的让步要算总账,绝不能在对方的温和派上场后给予较大的让步。

红白脸策略往往在对手缺乏经验、对手很需要与你达成协议的情境下使用。

(四)先苦后甜策略

先苦后甜策略也称吹毛求疵策略,是一种先用苛刻的虚假条件使对方产生疑虑、压抑、无望等心态,以大幅度降低对手的期望值,然后在实际谈判中逐步给予优惠或让步;由于对方的心理得到了满足,便会作出相应的让步。该策略由于用"苦"降低了对方的期望值,用"甜"满足了对方的心理需要,因而很容易实现谈判目标,使对方满意地签订合同,己方从中获取较大利益。

例如,有一次,某百货商场的采购员到一家服装厂采购一批冬季服装。采购员看中一种皮茄克,问服装厂经理:"多少钱一件?""500元一件。""400元行不行?""不行,我们这是最低售价了,再也不能少了。""咱们商量商量,总不能要什么价就什么价,一点也不能降吧?"服装厂经理感到,冬季马上到来,正是皮茄克的销售旺季,不能轻易让步。所以,很干脆地说:"不能让价,没什么好商量的。"采购员见话已说到这个地步,没什么希望了,扭头就走了。过了两天,另一家百货商场的采购员又来了。他问厂经理:"多少钱一件?"回答依然是500元。采购员又说:"我们会多要你的,采购一批,最低可多少钱一件?""我们只批发,不零卖。今年全市批发价都是500元一件。"这时,采购员不再还价,而是不慌不忙地检查产品。过了一会儿,采购员讲:"你们的厂子是个大厂,信得过,所以我到你们厂来采购。不过,你的这批皮茄克式样有些过时了;去年这个式样还可以,今年已经不行了。而且颜色也单调。你们只有黑色的,而今年皮茄克的流行色是棕色和天蓝色。"他边说边看其他的产品,突然看到有一件缝制得马虎,口袋有裂缝,马上对经理说:"你看,你们的做工也不如其他厂子精细。"他又边说边检查,又发现有件衣服后背的皮子不好,便说:"你看,你们这衣服的皮子质量也不好。现在顾客对皮子的质量要求特别讲究。这样的皮子和质量怎么能卖这么高的价钱呢?"这时,经理沉不住气了,并且自己也对产品的质量产生了怀疑。于是,经理用商量的口气说:"你要真想买,而且要得多的话,价钱可以商量。你给个价吧!""这样吧,我们也不能让你们吃亏,我们购50件,

400元一件,怎么样?""价钱太低,而且你们买得也不多。""那好吧,我们再多买点儿,买100件,每件再加30元,行了吧?""好,我看你也是个痛快人,就依你的意见办!"于是,双方在微笑中达成了协议。

在这个例子中,前一个采购员为什么没有成功,而后一个采购员谈判又成功了呢?原因就是后者在谈判中采用了吹毛求疵的策略。后面这位采购员不急于找卖主讨价还价,而是百般挑剔,提出一大堆问题和要求,使卖主感到买主是很精明的,而且很内行,不会被人轻易欺蒙,从而被迫降价。

但是,任何谈判策略的有效性都有一定的限度,这一策略也是如此。先向对方提出要求,不能过于苛刻,漫无边际;要苦得有分寸,不能与通行做法和惯例相距太远;否则,对方会觉得我方缺乏诚意,以致中断谈判。在谈判中运用这一策略时还要注意,提出比较苛刻的要求,应尽量是对方掌握较少的信息与资料的某些方面;尽量是双方难以用客观标准检验、证明的某些方面;否则,对方很容易识破你的战术,采取应对的措施。

该策略的对策是:充分了解信息,尽可能掌握对方的真实意图;并可采取相同的策略对付对方。

(五)最后通牒策略

在国际商务谈判实践活动中,实力强的一方常常会利用谈判中的有利地位,采用"规定时限"的谈判策略。规定时限的谈判策略,是指谈判一方向对方提出达成协议的时间限期;超过这一期限,提出者将退出谈判,以此给对方施加压力,使其无可拖延地作出决断,以求尽快解决问题。事实上,大多数商务谈判,特别是那种双方争执不下的谈判基本上都是到了谈判的最后期限或者临近这个期限才出现突破并进而达成协议的。最后期限带有明显的威胁性。每一次交易中都包含了时间因素,时间就是力量,时间限制的无形力量往往会使对方在不知不觉的情况下接受谈判条件。

该策略是利用期限的力量胁迫对方,因为人越接近规定的期限,就越能产生急躁情绪,从而越希望尽快解决问题。但是,由于最后通牒常被看作一种威胁,使对方无法维护自己的自尊和自由地选择,因而易于引起对方的敌意。

例如,有一位顾客要求美国一家保险公司偿付一笔赔偿费。保险公司先是答应给他一笔赔偿费,同时,该公司具体负责清算赔偿的人士也告诉他说,自己下个星期就要去度假,要求这位顾客在星期五之前把所有资料送来核查,否则赔偿将无法实施。于是这位顾客加班加点,终于在星期五下午把所有资料都准备妥当。但当他把资料送到保险公司后,对方却答复说:经请示上级,公司只能偿付一半的赔偿费。这位顾客不知所措,为了要赶上星期五这个时间期限,他在焦急之中暴露出了不利于自己的弱点。而根本就没有打算去度假的保险公司人士却利用了一个虚假的时间限制,便轻松地赢得了这场谈判。

二、以守为攻型策略

以守为攻型策略是谈判者处在防守状态时使用的策略。在谈判的防守中,有消极防御,也有积极防守;使用以守为攻型策略的目的是要在防御中以守为攻,争取主动。

(一)步步为营策略

步步为营策略是指谈判者在谈判过程中步步设防,使自己的每一微小让步都要让对方付出相当代价的做法。在一切条件上都要坚持自己的观点,大的方面计较,小的方面也计较。自己作出了一点让步,就缠住对方不放,要求对方也作出让步,以消耗对方的锐气,坚守自己的阵地。使用该策略要做到言行一致,有理有据,使对方觉得情有可原。

任何策略一旦被对方识破,将一文不值,甚至反受其害。作为步步为营策略的一方应该在每次让步之前,就想好它对买主的可能影响及买主可能会有什么反应。一般说来,买主不会注意让步的本身,即使是一个比较大的让步,买主仍会觉得不够,而向卖主提出更多的要求,并会一直如此循环下去。所以卖主让步时必须先问自己,如果你作出了这个让步,对方再有更多的要求时,你该如何应付。

(二)不开先例策略

在谈判中,拒绝是谈判人员不愿采用,但有时又不得不用的方式。

因此，人们都十分重视研究掌握拒绝的技巧，最主要的就是怎样回绝对方而又不伤面子、不伤感情。不开先例就是一个两全其美的好办法。在国际商务谈判中，当谈判一方提出一些过高要求时，另一方可以说"本公司过去从无此先例，如果此例一开，以后就难办了"，或者说"对别的用户就没有信用了"等，以回绝对方的要求，加强自己的谈判地位，保护自己的利益。

不开先例是谈判一方拒绝另一方要求而采取的策略。如买方提出的要求使卖方感到为难，他可向买方解释：如果答应了买方的要求，对卖方来说就等于开了一个先例，以后对其他买主要采取同样的做法；这不仅使卖方无法负担，而且对以前的买主也不公平。

当然，既然不开先例是一种策略，因此，应用者就不一定真是没开过先例，也不能保证以后不开先例。因此，采用这一策略时，必须要注意另一方是否能获情报和信息来确切证明不开先例是否属实。

卖方在运用"不开先例"的谈判策略时，对所提的交易条件应反复衡量，说明不开先例的事实与理由，使买方觉得可信；否则，不利于达成协议。

对于买方来讲，这里问题的关键是难以获得必要的情报和信息，来确切证明卖方所宣称的"先例界限"是否属实；而且在目前的谈判中卖方声称提供给买方的一个新优惠，是否早就真的成为一个"先例"了，也是无法了解的事情。因此，买方除非已有确实情报可予揭穿，否则只能由主观来判断，要么相信、要么不相信，别无它途。不开先例策略是指在谈判中以没有先例为由来拒绝对方的过高要求。

当对方用该策略防守时，自己的对策是：

(1) 多方了解对方的信誉，看对方是否常说假话。例如，可用已知答案的问题向对方提问以进行验证。

(2) 如果条件已到了自己可接受的水平，就可能是真的，考虑接受；如果相差甚远，就可断定是假的，可揭露其手段，必要时以退出谈判来迫使对方改变立场。

(三) 有限权力策略

有限权力策略是谈判者巧妙地与对方进行讨价还价的一种策略。

它是指当双方人员就某些问题进行协商,一方要求对方作出某些让步时,另一方可以向对方宣称,在这个问题上,授权有限,他无权向对方作出这样的让步,或无法更改既定的事实。这样,既维护了己方利益,又不伤对方面子。此外,利用限制,借与高层决策人联系请示之机,更好地商讨处理问题的办法。利用有限权力策略,迫使对方向你让步,在权力有效的条件下与你洽谈。

实力较弱的一方的谈判者常常带着许多限制去进行谈判,这在一定的程度上比大权独揽的谈判者处于更有利的地位。因为谈判人员的权力受到了限制,可以促使其立场更加坚定,可以优雅地向对方说:"不,这不是我个人的问题,我不能在超越权力范围的事情上让步。"确实,一个未经授权的主谈人,不可能答应赊账、降价;同理,一个买主如果无权灵活接受卖方条件,则也是个极难商议的对手。

"权力有限"作为一种策略,只是一种对抗对手的盾牌。在一般情况下,对这一"盾牌"难辨真伪时,对手只好凭自己一方的"底牌"来决定是否改变要求、作出让步。而运用这一策略的一方,即使要撤销盾牌也并不困难,可以说已请示领导同意便行了。

当然,采用有限权力策略要慎重,不要使对方感到你没有决策权,不具备谈判的能力,因而失去与你谈判的诚意和兴趣,从而也无法达成有效协议。

该策略的对策有三条:

(1)在正式谈判开始就迂回地询问对方是否有拍板定案的权力,如果有就谈,没有就停止谈判。

(2)谈判进行到中间,对方确实权力有限了,这时可对其施加影响,使谈判在对方权力的范围内成交。

(3)要求对方尽快通过电话、电传等同其老板联系,尽快解决权力有限的问题,加速谈判进程。

(四)先斩后奏策略

先斩后奏策略亦称"人质策略"。这在商务谈判活动中可以解释为"先成交,后谈判"。即实力较弱的一方往往通过一些巧妙的办法使交易已经成为事实,然后在举行的谈判中迫使对方让步。

"先斩后奏"策略的实质是让对方先付出代价，并以这些代价为"人质"，扭转自己实力弱的局面，让对方通过衡量已付出的代价和中止成交所受损失的程度，被动接受既成交易的事实。

先斩后奏策略作法主要有：
(1)卖方先取得买方的预付金，然后寻找理由提价。
(2)买方先获得了卖方的预交商品，然后提出推迟付款。
(3)买方取得货物之后，突然又以堂而皇之的理由要求降价等。

当然，以上作法如无正当理由，可视为缺乏商业道德，不宜采用；但必须懂得运用和反运用的知识。

对先斩后奏策略的对策，首先要尽量避免"人质"落入他人之手，让对方没有"先斩"的机会；其次，即使交易中必须先付定金或押金，也必须做好资信调查，并有何种情况下退款的保证；最后，还可采取"以其人之道，还治其人之身"的做法，尽可能相应掌握对方的"人质"，一旦对方使用此计，则可针锋相对。

三、蚕食扩展型策略

（一）声东击西策略

在谈判中，一方出于某种需要而有意识地将会谈的议题引到对己方并不重要的问题上，借以分散对方的注意力，达到己方目的。谈判实践也证明，只有更好地隐藏真正的利益需要，才能更好地实现谈判目标，尤其是在己方不能完全信任对方的情况下。同时，也要提防对方在谈判中使用同样办法来拖延时间，或分散己方注意力。如果有迹象表明对方是在搞声东击西，己方应立即采取针锋相对的策略。

例如，1982年广州秋季交易会时，湛江家电公司总经理李秀森带队参加生意谈判。当时该公司是一个名不见经传的小企业，知名度很低，几乎很少有人前来洽谈生意。但李秀森经理却充满必胜的信心。他首先对5天的洽谈活动作了精心的安排：第一天，他在订货办公室门前挂出了"第一季度订货完毕"的牌子，第二天挂出了"第二季度订货已满"，第三天挂出的牌子是"对不起，1983年的货没有了"，第四天、第五天挂出的牌子是"请订 1984 年的货"。小小的牌子给人以极大的影响，引起了轰动。一时间，湛江家电公司交易会洽谈处门庭若市，热闹非凡，客户争先恐后订货。于是该公司不仅 1983 年、1984 年的货订满，而且香港某商场还把原来每年从日本购买 80 万支光管支架的贸易也转给了他们，使湛江"三角牌"光管支架打进了香港市场。从上述例子可以看出，李秀森总经理是非常懂得谈判策略的。

俗话说"兵不厌诈"。在这次广交会贸易洽谈中，李秀森先生就是运用了这一战术。他先后挂出牌子，说货已订到 1984 年了，暗示他的货非常抢手、供不应求，货源已经匮乏了。他人为地制造了紧张空气，使客户产生错觉，纷纷前来订货，从而使自己圆满地完成了贸易洽谈任务。

(二)出其不意策略

所谓出其不意，就是指参加经济谈判的一方突发"冷箭"，制造令人惊奇的事情，以打乱另一方的阵脚，使对手震惊并形成心理压力，从而达到控制整个议程，取得谈判主动权的目的。采取"出其不意"策略时常用的方法有：

(1)提出令人惊奇的问题。例如，新的难以回答的问题、新的要求、新的条件、新包装或新产品式样、谈判地点的改变等。

(2)作出令人惊奇的行动。例如，休会、退出谈判、情绪突然激动、愤怒、不停地打岔、态度冷漠、报复性言行、故意迟到或主要人物缺席等。

(3)提出令人惊奇的时间。例如，突然提出截止日期、谈判速度突然改变、利用星期日或节假日谈判等。

(4)摆出令人惊奇的材料。例如，提出己方掌握的机要信息，拿出新的具有支持性的统计数字，政府的有关文件、政策、规定等。

(5)出现令人惊奇的人物。例如，谈判人员的变更、新成员的参加、著名专家或顾问的出现、高层主管领导的出现、公司经理或老板的出现等等。

(6)使用令人震惊的语言。例如，谈判中态度突然冷淡、话语强硬，使用一些足以使对方震动和惊奇的语言或使用警告性语言等。

值得注意的是，出其不意策略往往会造成不信任和紧张的气氛，可以妨碍双方交流意见,甚至会使对方处于十分尴尬的境地。

当对方使用出其不意策略时,克服震惊的最好办法是沉着、冷静、多听、少说,甚至提出暂时休会,让自己有充分的时间去想一想。

(三)拖延时间策略

拖延时间策略是指谈判一方为谈判创造于己方有利的条件,以温和的态度,反复地说理,通过无休止的拖延,迫使对方在时间的流逝中作出让步的一种手段。

采用这种战术的理论依据是先哲所言,"时间可以慢慢地改变一切"。既然观念的改变可以通过时间的流逝完成,那么在谈判中自然也可以给对方一段向自己靠拢的时间。

对付这种战术,不妨运用最后期限战术作为反战术,表明已有其他打算。虚张声势策略是在谈判的陈述中作半真半假的说明,来显示自己的实力或掩盖自己的真实目的以迷惑对方。这里说的半真半假的陈述是指所讲的部分内容是真的,但作了有利于自己的夸大或缩小。而绝不允许把违法的行为作为虚张声势的话题。

(四)欲擒故纵策略

欲擒故纵策略是指虽然必须谈成这笔生意,但在谈判中却装出对谈判成功与否无所谓的样子,以便在谈判时免遭对方敲竹杠。从态度上讲,不过分忍让、屈从;在日程安排上,不表现为非常急迫。可随和对方,既显得礼貌,又可相机利用对自己有利的意见。采取一种不冷不热、似紧非紧的做法,可使对方摸不清你的真实意图。

有这样一个案例,当荷伯·科恩到达东京机场时,已有两个日本代表在等候他,并对他非常客气地鞠躬敬礼,使他十分高兴。主人顺利地帮助客人通过海关,又特地为他安排了一辆舒适豪华的轿车。对这一切,客人十分感动。在车上,日本代表一再表示,谈判期间将会对客人的生活尽力照顾,并热情地问:"请问,你懂这儿的语言吗?"回答:"你是指日语吗?"日本人说:"对,就是我们在日本说的话。"荷伯·科恩说:"噢,不懂,但是我想学几句,我随身带了字典。"日本人接着又问:"您是不是一定要准时搭机回国呢? 我们可以安排这辆轿车送您回机场。"荷伯·科恩想:"他们多么体谅别人呀!"于是,从口袋里掏出返程机票给他们看,以便让他们知道什么时间送自己。下榻以后,日方并没有开始谈判,他们花了一个多星期陪客人游名胜古迹。从天皇的宫殿到京都的神社,日本人甚至为科恩安排了一次坐禅英语课,以便学习日本的宗教。科恩几次问及谈判开始时间,他们都回答:"时间还多,时间还多。"到了第12天,谈判总算开始了,但却提前结束了,以便让客人能去打高尔夫球。第13天开始谈判,但又提前结束了,说是要举行告别宴会。晚上,日方还安排了几位漂亮的小姐陪他跳舞。到了第14天早上,才恢复了认真的谈判。谈到关键时刻,送客人的轿车到了,主人建议剩下的问题在车上谈。荷伯·科恩无法再找到周旋的时间,于是就和日本人挤进轿车里继续商谈条款。正好到达终点时,他们达成了交易协议。很显然,日本人取得了谈判的胜利。

这个案例给我们什么启示呢?

首先,时间的利用往往是谈判成功的因素。荷伯·科恩过早地让对手知道了自己的返程日期,日方老练地刺探出他的谈判最后期限,而且日方深知年轻的科恩不会甘心于空手而归,所以他们迟迟不肯让步;而科恩由于没有经验,把返程日期视作不可变更的东西,性急而又缺乏灵活性,所以被对方巧妙地利用。国际商务谈判最有实质意义和进展的时候,也常常发生在接近谈判截止时。

其次,日方虽然也希望谈判成功,但是由于谈判截止前没有泄露自己的机密,又能准确地弄清对手的底牌,所以就通过欲擒故纵的策略,占据了明显的优势。荷伯·科恩则完全忽视了这一点,就不得不由日方任意摆布。正因为这样,才使日方控制了整个谈判进程,使荷伯·科恩陷于百般无奈的绝境。

(五)故布疑阵策略

故布疑阵策略是指通过不露痕迹地向对方提供假情报而使对方上当,从而取得有利的谈判条件。该策略的具体做法是:故意在走廊上"遗失"经过加工的备忘录、便条或文件,或者故意把它们丢在被对方容易发现的纸篓里;在休息期间把笔记本放在无人的谈判桌上,在"无意"中让对方发现其他竞争对手的有关资料等等。在使用该策略时,必须进行精心设计,不能露出一点破绽;在向对方提供资料时,必须是间接的,因为间接得到的信息要比直接得到的资料更可信,间接提供的假情报更容易使对方接受。如果对方采用这一策略,自己的对策是:(1)不能轻信对方不应出现的失误;(2)对自己轻易得来的材料持怀疑态度。

例如,美国有一位杂志社的出版商,他在创立自己的刊物时资金短缺,希望通过刊登广告的方式来筹集资金。于是来到了一个写字楼,一家公司一家公司地推销其杂志广告。但是,由于他们的杂志是新办的,人们对它缺乏信心,因此,其推销工作十分艰难。在推销过程中,这个杂志出版商了解到:这个写字楼最上面两层分别被两家不同的房地产公司包租了,这两家公司互为对手,竞争十分激烈。于是,他走进了其中一家公司,问他们是否愿意购买自己的广告版面,公司经理说对他的杂志不感兴趣。他扭头便往外走,边走嘴里边说:"看来还是楼上的××先生(即楼上房地产公司的老板)更精明些。"这位经理一听,赶快把他叫了回来,问道:"楼上那伙人购买你的广告了吗?"这位出版商耸了耸肩说:"这是商业秘密,等杂志出版后你就会知道的。"这位房地产公司的经理想了想说:"那么好吧,请把您准备的广告合同给我看一下。"就这样,这位杂志出版商获得了一份大买卖。用同样方法,他又使得楼上的房地产公司也购买了他的广告版面。

这次成功是建立在广泛收集信息基础上的。只有广泛地收集信息,透彻地了解谈判对手的各种资料,尤其是其在市场中所处地位的资料,才可能有效地使用竞争法来引起谈判对手的兴趣。

作为防御者,我们又必须了解它。因为目前谈判桌前仍有不少掺假施诈者,我们应从心理上予以重视,在措施上予以反击。

(六)坐收渔利策略

坐收渔利策略是指买主把所有可能的卖主请来,同他们讨论成交的条件,利用卖者之间的竞争,各个击破,为自己创造有利的条件。该策略取自"鹬蚌相争,渔人得利",比喻双方争执,让第三者得利。这里就是利用卖者之间的竞争,使买者得利。该策略成功的基础是制造竞争,卖者的竞争越激烈,买者的利益就越大。

制造竞争的具体方法有:

(1)邀请多家卖方参加投标,利用其之间的竞争取胜。

(2)同时邀请几家主要的卖主与其谈判,把与一家谈判的条件作为与另一家谈判要价的筹码,通过让其进行背靠背的竞争,促其竞相降低条件。

(3)邀请多家卖主参加集体谈判,当着所有卖主的面以压低的条件与其中一位卖主谈判,以迫使该卖主接受新的条件。因为在这种情况下,卖主处在竞争的压力下,如不答应新的条件,又怕生意被别人争去,便不得不屈从于买方的意愿。

对方采用该策略时,己方的对策要因其制造的竞争方式不同而不同。对于利用招标进行的秘密竞争,要积极参加。对于背靠背的竞争应尽早退出。对于面对面的竞争,采取相反的两种对策:一种是参加这种会议,但只倾听而不表态,不答应对方提出的任何条件,仍按自己的既定条件办事;另一种是不参加这种会议,不听别人的观点,因为在会议上容易受到买方所提条件的影响。

1980年奥运会在莫斯科举行。为了提高奥运会转播权售价,苏联人采取了巧妙的坐收渔利策略,并大获全胜。早在1976年蒙特利尔奥运会期间,苏联人就邀请美国三大广播网——ABC、NBC、CBS负责人到停泊在圣罗伦河的亚历山大·普希金号船上,给予了盛情招待;并单独接见每一个广播网的负责人,分别向他们报出了莫斯科奥运会转播权的起点价是2100万美元,意在引起三家的激烈竞争。经过拉锯式的谈判,结果NBC报价7000万美元,CBS报价7100万美元,ABC为7300万美元。眼看ABC以其较高报价在竞争中取胜,不料CBS却雇用了德国谈判高手洛萨。在洛萨的努力下,1976年11月苏联谈判代表和CBS主席威廉·派利达成协议:CBS以高出ABC的价格购买转播权。但到1976年12月,苏联又出人意料地将三家广播公司负责人请到莫斯科,宣布以前所谈的一切只不过是使他们每一家获得最后阶段谈判权资格,现在必须由三家重新出价。三家对此非常恼火,集体退出谈判而回国,以此来威胁苏联。谁知苏联又抬出沙特拉公司作为第四个谈判对手。这个公司在全世界毫无名气,把奥运会转播权交给这样一个公司等于耻笑美国的三大公司。随后,苏联人又利用沙特拉公司说服洛萨,让他与NBC重新联系。在洛萨的多次劝说、交涉下,终于使NBC广播网以 8700 万美元买下了莫斯科奥运会的转播权,洛萨本人也从 NBC 公司获得约 600 万美元的酬金。事实上,苏联对最初的 2100 万美元高额要价从来没有认真过,他们原本打算以 6000~7000 万美元出售转播权。当 NBC 获知这一情况后,后悔莫及。苏联人在这场谈判中取得了巨大胜利,其成功的原因是:

(1) 采用了强硬谈判态度。因为举办奥运会只有莫斯科一家,没有别的国家和它竞争。而且,广播公司深知取得奥运转播权会给他们带来的巨大经济效益和社会效益,他们必然会争夺转播权。莫斯科恰恰利用了这一点,所以取得胜利。

(2) 有效地运用了制造竞争战术。当第一次莫斯科与 CBS 主席达成协议后,大致摸清了对方所能接受的价格,于是借故推翻协议,重新报价,成功地与几家周旋,进行讨价还价,迫使对方又作出新的让步。

案例分析 5-5

中国某买方与德国某卖方为引进某种半导体器件的生产线进行了谈判。买方为了核定卖方的技术费,要求卖方对其报价构成进行解释,而且希望逐项说明取价的数据。

卖方:"我们的技术费总价为 250 万美元,其中含服务费 50 万美元,包括专家来买方指导 3 人,买方人员去卖方实习 10 人。"

买方:"请解释贵方技术费为什么取 200 万美元?是如何计算出的?专家 3 人与实习 10 人是如何作价的?"

卖方:"技术费是以提成的方式计算的,专家 3 人为 25 万美元,实习 10 人也为 25 万美元。"

买方:"贵方提成的公式、取数是什么?为什么 3 人的指导费与 10 人的培训费一个价?"

卖方:"提成公式是我公司的秘密,不对外讲。服务费是个大概数,不一定十分精确,但反映了交易的价值。"

这时,卖方律师也插话:"这是该类技术的市场转让价。该价是公司有关部门核定的,我们不便改变。"

买方:"贵我双方正在审议交易条件,我方搞不清贵方价格构成因素,因此,无法对技术费作出判断。"

卖方:"我方如何计算价格不是根本问题,贵方看我们的技术是否先进,付出的代价是否值得即可。"

买方:"我们现在讨论的问题是技术费,判断其先进性是前提,判断其价的合理性也是谈判的任务。若贵方讲不出价格的合理性,怎么能坚持自己的价格,我方又怎么能接受贵方报价?因此,请贵方与有关方面商量,争取尽快告诉我方计价的原则及取数。"

卖方:"贵方购买我公司技术转让许可是有利可图的。用我方的技术会大大改善贵方目前生产状态,增加产量,提高合格率,这个利益与付出相比应该很值!"

买方:"至于买了贵方技术是否值的问题系另一个议题,现在讨论的是贵方技术费怎么就计算出了200万美元,而不是50万美元、100万美元或210万美元的问题。"

卖方:"这是我们习惯的转让费。"

买方:"既然贵方习惯取该数,就一定熟悉该数的来历,作为主谈的您,不是新手吧?您出征担当该项谈判,其他部门的同事不会不把您当主谈,任何相关信息都不给您吧?否则您怎么能过得了像我这样认真'学习'的人的关呢?"

卖方主谈沉默了。他的律师接着说:"不是他没有经验,也不是其他部门的人不配合,而是公司规定不许向外泄露。"

买方针对律师说道:"我想贵方主谈是有权力和能力的,这些信息是基础的信息。我不想破坏贵公司的规定,但请你想想,作为卖方如何证明自己的价格合理?作为买方提问计价的取数是否合理?您是律师,一定比我更懂什么是公平、公正、诚实、信用。"

律师:"证明公平、公正、诚实、信用,并不一定要告诉贵方计价的公式和取数,看结果就行。"

买方:"照律师先生的话看,贵方不做详细解释是对的,是我方的要求过分了?"

律师:"我们可以讨论价格,不必讨论价格是怎么来的。"

买方:"贵方希望我们'压价',而不是'谈价'?不要讲理,看谁有谈判力量是吗?这可不像律师讲话,这不是鼓动'打仗'吗?"

律师又沉默了。买方又转向卖方主谈:"我知道您并不想与我硬碰硬地谈判。我的要求是一种学习的态度,想理解贵方价格的合理性,以减少双方误会,方便定价。这是我们负责谈判人员的常规做法,对吗?"

卖方主谈与律师稍事商量,于是向买方解释了其200万美元的技术费提成公式及取数。即:技术费＝买方工厂得到技术后的年产量×产品单价×生产的估计年数×卖方欲提成的比例。与该公式对应的取数给出后,买方就较容易判断其合理性了。如年产量是否达到了其取数,市场价格是否不变?产品生产寿命是否为这么多年?提成比例是否高了?这些问题的解决自然促进了技术费的谈判。

资料来源:丁建忠,《商务谈判教学案例》,中国人民大学出版社,2005年。

复习思考题

1. 什么是国际商务谈判策略?
2. 谈判的开局策略有哪些?
3. 国际商务谈判策略的作用是什么?
4. 简述报价的原则和方法。
5. 如何进行讨价还价?
6. 如何突破国际商务谈判的僵局?
7. 谈判的攻防策略有哪些?

第六章 国际商务谈判的沟通艺术

国际商务谈判的整个过程就是各国谈判者的语言、非语言交换过程。如何把谈判者判断、推理、论证的思维成果、思想感情表达出去,有效沟通是关键。在国际商务谈判中包含着双方的利益对立。谈判各方为了争取和维护自己的更大利益,进行着激烈的较量,在这里,谈判者的沟通水平和技巧直接决定着谈判的结果。这是因为谈判者不仅要通过语言陈述自己的观点,利用语言、非语言处理与对方的人际关系,还要利用沟通艺术实施自己的谈判策略和技巧。

第一节 国际商务谈判中的语言沟通

国际商务谈判的挑战之一就是突破语言关。即使谈判各方都使用非官方的商业语言——英语,同样会产生理解上的分歧。此外,一些有关工业、运输、合同和技术的行话都会增加谈判语言理解、交流的难度。因此,人们常说"谈判的成功首先是语言艺术的成功"。但是,在一些谈判人员眼里,语言不是一个长期存在的障碍;相反,语言差异还是一个有用的手段。这一战术有多种形式,而每种形式都有其似乎合理性,这就使得该战术常常有效。

一、国际商务谈判语言的含义

谈判就是人们为了达成彼此保持不同立场与见解而对方所接受的协议,通过交谈协商而实现协调一致的一种社会现象。而语言的表达与交流是人类彼此间交际的基本工具。国际商务谈判语言直接为实现人们的最终谈判目的而服务,用来表达谈判者的意愿、情感,传送理性、情感与现实的各类信息。国际商务谈判语言又是人们在谈判中思维与智慧能力的特定表现,可以通过领会对手的谈判语言,作出反应,以某种表现形式来进行劝诱、威胁、探测、暗示等。

根据国际商务谈判控制的理论,从收集整理信息、制定谈判方案出发,通过谈判情境的选择运用和现场实施,不断地对谈判状态进行分析,形成反馈信号后对谈判方案及策略等方面进行偏差纠正,再次对谈判状态实施新的指导性信号输入。如此反复最终实现国际商务谈判的最优结局。其间,国际商务谈判语言不仅在谈判现场直接表现、运用谈判方案和谈判策略,国际商务谈判语言的表达从内容、方式的差异或错误,到表达方向等方面的技巧都会对谈判过程和结局发生直接的影响。正确的、巧妙的谈判语言不仅可以顺利地实施本方的谈判策略,而且可以从整体上调节国际商务谈判。

二、国际商务谈判语言的特征

(一)国际商务谈判语言专业规范

国际商务谈判的主体语言涉及洽谈的每一议题的定义及条件的确立。除了工业技术描述外,涉及交易本身以及契约文字的部分均属商业法律语言。由于利害关系,且又各处不同制度的管辖之下,要划清权利与义务、减少各种风险,只有以严密的措词、逻辑清晰的结构来描述并拟订各种契约。客观上各谈判人受其法律(即国内法律)的制约,同时,国际商法的制约也迫使谈判人经常引证条文。典型的用语有:国际商会编写的《2000年国际贸易术语解释通则》,明确了"装运港船上交货

(FOB)"、"成本加运费(CFR)"、"成本加保险费、运费(CIF)"、"货交承运人(FCA)"等定义及表达方式。一系列国际协定也给商业法律语言提供了语汇。例如,《跟单信用证统一惯例》《托收统一规则》《关税与贸易总协定》《国际货物买卖合同及国际货物买卖法》等。以及平常讲到的"工业产权"、"技术转让"、"物权与所有权"、"买方信贷"、"所有权与风险转移"、"进口、转口、易货、补偿贸易、合作生产、合资经营、来图(来样、来料)加工、经销代理、寄售、拍卖"等贸易形式用语。还有贸易业务中的"滞销、畅销、抢手、水货、倾销"、"市场垄断、竞争"、"货比三家,独此一家,别无分店"、"汇率浮动、币值坚挺"、"电汇、信汇、托收、信用证、保函"等。

谈判中引入一些行话,这种做法旨在判断对手的敏感性,看看他们对某一问题有多少了解。在当今高科技、金融、运输和国际法领域,都形成了衡量一位谈判者是否真正具有谈判资格的知识标准。为了弄清楚对手懂得些什么,谈判人员会故意使用一些缩略语、缩略词和技术词汇,以便了解哪些他们认为最基本的讨论要点还需解释。另外,他们会不断提高这些技术层次,直到对手无法理解为止。倘若对方在相当低的层次就上"钩",这种战术可多次使用,迫使其处境不利。那些渴望得到一家合资企业的股份的投资者,还有那些想做成一笔规模可观的交易的销售商惯常使用这招儿。

(二)国际商务谈判语言表述客观

谈判过程中的语言表述要尊重事实,反映事实。从供方来说,谈判语言的客观性主要表现在:介绍本企业情况要真实;介绍商品性能、质量要恰如其分,同时亦可附带出示样品或进行演示,还可以客观介绍一下用户对该商品的评价;报价要恰当可行,既要努力谋取己方利益,又要不损害对方利益;确定支付方式要充分考虑到双方都能接受、双方都较满意的结果。从需方来说,谈判语言的客观性主要表现在:介绍自己的购买力不要夸大失实;评价对方商品的质量、性能要中肯,不可信口雌黄,任意褒贬;还价要充满诚意,如果提出压价,其理由要有充分根据。在欺骗性策略败露、不法手段出岔子时,一方为得到一项必要条件而被逼无奈时,语言又成为一个通用借口。大多数曾到过发展中国家的谈判人员,至少遇到一次这样的经历:当谈判眼看就要谈不下去时,对方总是将争端归咎于翻译的不得力。即使对方有自己的翻译,也会把问题归咎于方言问题。

谈判语言具有客观性,就能使双方自然而然地产生"以诚相待"的印象,从而促使双方立场、观点相互接近,为下一步取得谈判成功奠定基础。

(三)国际商务谈判语言富有逻辑

谈判者的语言要符合思维的规律,表达概念要明确,判断要准确,推理要严密,要充分体现其客观性、具体性和历史性,论证要有说服力。谈判语言要针对某个体的对手。不同的谈判内容和谈判场合都有不同的谈判对手,需要使用不同的谈判语言;即使是同一谈判内容,由于谈判对手的文化程度、知识水平、接受能力、个性习惯的不同,也要求有不同的谈判语言。谈判语言还要针对同一谈判对手的不同需要,恰当地使用有针对性的语言或重点介绍商品的质量、性能,或侧重介绍本企业的经营状况,或反复阐明商品价格的合理等等。

谈判者在谈判前搜罗的大量资料,经过分析整理后,只有通过符合逻辑规律的语言表达出来,才能为谈判对手认识和理解。在谈判过程中,无论是叙述问题、撰写备忘录,还是提出各种意见、设想和要求,都要注意语言的逻辑性,这是紧紧抓住对方,进而说服对方的基本前提。回答问题或者试图说服对方时,也要注意语言的逻辑性。回答问题要切题、准确。

(四)国际商务谈判语言是处理谈判中双方关系的关键

国际商务谈判中双方各自的语言,都是表达自己的愿望和要求的。当用语言表达的这种愿望和要求,与双方的实际努力相一致时,就可以使双方维持并发展良好的关系;如果双方的愿望或要求用不恰当的语言来表达,就会导致不和谐的结果。

例如:出口商与进口商之间的一次失败的谈判。

出口商:怎么样,我们谈什么题目?

进口商:我们来以前同你们联系过了,这次需要购买粗饲料。

出口商:对,你要什么品种?

进口商：葵花子粕。

出口商：我们大量出口的是黄豆饼粕、甜菜粕、花生饼粕和棉籽饼粕,葵花子粕不多。

进口商：据我们了解,你们出口的数量也不少,我想是能供应我们的。

出口商：你们要多少？如果你要的数量我们有能力负担,就可以考虑；太多了,就有困难了。

进口商：7万吨。

出口商：很抱歉,我们无法供应。

进口商：希望支持。

出口商：不可能。

进口商：我们主要是为了粗纤维素,只要粗纤维多就行。你给我们介绍一下其他品种好吗？

出口商：其他的含量都比葵花子粕少得多,无法供应。

进口商：你们真就困难到这种程度,一点儿也不能配合吗？

出口商：不是不配合,是没办法。

三、国际商务谈判语言沟通的应用条件

说话总要表达某种内容、某种观点,在这个前提下,说话技巧总是关键因素。小则可能影响谈判者个人之间的人际关系,大则关系到谈判的气氛及谈判的成功与否。语言表达是非常灵活、非常具有创造性的,因此,几乎没有特定的语言表达技巧适合所有的谈话内容。就商务谈判这一特定内容的交际活动来讲,语言表达应注意以下几点：

(一)准确运用语言

谈判就是协商合同条款,明确双方各自的责任、义务,因此,不要使用模棱两可或概念模糊的语言。当然,在个别的时候,出于某种策略需要则另当别论。例如,卖方介绍产品质量时,要具体说明质量、性能所达到的标准,不要笼统地讲性能很好、质量过硬。这一问题在产品广告中得到明确证实。人们在对广告语言使用的研究中发现,使用具体、准确

并有数字证明的语言,比笼统、含糊、夸大的语言更能打动消费者,使人信服。

　　谈判者在语言上的准确大方是建立良好气氛,增强对方信任感的保证,必须认真做好。谈判语言的准确,首先要根据谈判的要求决定使用的语言,做到对症下药,有的放矢。其次是说话的内容要准确。除了策略上的要求外,在谈判的语言运用上都要准确。这样做对自己是有利无害的,因为对方在谈判中会自然地把你讲话的前提抛开,而把自己的条件与你讲的对他最有利的数据联系在一起作为谈判的基础,从而使你处在不利地位。如果必须用区间表示,必须考虑好使用的区间范围。说话中提到的事件要准,对于那些记不准的事情则只说大致情况,不能用准确的字眼表示。

　　在谈判中,运用准确的语言,还可以避免出现误会与不必要的纠纷,掌握谈判主动权。

　　在谈判中,语言的选择运用十分重要,有些极端性的语言、针锋相对的语言,即使自己看法正确,也不要使用这样的词汇,这类语言特别容易引起双方的争论、僵持,造成关系紧张。

(二)文明礼貌

　　文明礼貌是谈判者做人的基本要求,也是使用语言的基本原则。在整个谈判过程中,谈判者都要注意使用文明礼貌用语。同时,在任何情况下,都不要使用污言秽语或攻击对方人格的语言。例如,对方没有听懂自己的话时不能说对方"愚蠢",对方采用不同的策略时不能说对方"居心不良"等,以免损伤对方的自尊心而危及谈判结果。在谈判中,维护面子与自尊是一个极其敏感而又重要的问题。许多专家指出:在洽商中,如果一方感到失了面子,即使是最好的交易,也会留下不良后果。当一个人的自尊受到威胁时,他就会全力保卫自己,对外界充满敌意。有的人反击,有的人回避,有的人则会变得十分冷淡。这时,要想与他沟通、交往,则会变得十分困难。因此,要避免上述问题,必须坚持区别人与问题的原则,对问题硬,而对人软。对运用的语言尤其要进行认真的推敲。

(三)说话的方式

说话过程中的一些细节问题,如停顿、重点、强调、说话的速度等往往容易被人们忽视。而这些方面都会在不同程度上影响说话的效果。使用语言是为了传递信息,让对方明晰讲话的内容是语言的基本要求。谈判语言的清晰是指说话要口齿清楚,要使用标准化的语言,在口音上要能使对方听清、听懂和理解。易懂是指谈判者要使用大家都能懂的言词,而不能使用自造的词语,当使用能产生不同理解的言词时要说明使用这一语言的确切含义,以便使自己的每一句话都能让对方明白无误。当同外国人谈判而使用翻译的时候,还要注意与翻译的沟通,以减少翻译原因造成的语言传递失真。

一般来讲,如果说话者要强调谈话的某一重点时,停顿是非常有效的。试验表明,说话时应当每隔30秒钟停顿一次。一是加深对方印象;二是给对方机会,对提出的问题作出回答或加以评论。当然,适当的重复,也可以加深对方的印象。有时,还可以运用加强语气、提高说话声音以示强调,或显示说话者的信心和决心。这样做要比使用一长串的形容词效果要好。

说话声音的改变,特别是如能恰到好处地抑扬顿挫,在商务洽谈中是非常有效的。应注意根据对方是否能理解你的讲话,以及对讲话重要性的理解程度,控制和调整说话的速度。在向对方介绍谈判要点或阐述主要议题时,说话的速度应适当减慢,要让对方听清楚,并能记下来。同时,也要密切注意对方的反应。如果对方感到厌烦,那可能是因为你过于详尽地阐述了一些简单易懂的问题;如果对方的注意力不集中,可能是你说话的速度太快,对方已跟不上你的思维了。

(四)委婉含蓄,随机应变

谈判中的信息传递有的需要直来直去,但更多的内容却需要委婉而含蓄地表达出来。在谈判中运用委婉含蓄的语言,可以使本来会引起对方不满的事情变得容易接受,从而有利于谈判的进展。

由于谈判活动会随着时间、地点、对象的变化而变化,谈判语言的运用也必须做到随机应变。为此,谈判者要能够综合运用各种语言,并把各种谈判语言天衣无缝地应用在一篇讲话中,这样才能使随机应变达到炉火纯青的境地。随机应变的中心是根据谈判对手的情况决定谈判的语言,对方的语言朴素无华,自己的语言也不要过分修饰;对方的语言直爽流畅,自己的语言也不要迂回曲折。通过自己的语言变化,来适应谈判的要求,以达到增强谈判效果的目的。

(五)言语沟通中的打拉性

谈判是一种竞争,也是一种合作。为了实现自己的利益,必须取得对方合作。因此,采取"拉"的方式,使用劝诱性语言,将对方牵制住,然后在和风细雨中使对方改变立场。但是,谈判需要合作,更需要竞争。为在竞争中取得较大利益,威胁性语言进入谈判领域也就有了必要。它既增强我方士气,也能打击对方气焰。如"在价格上我们绝不会再作出让步"、"在这一问题上,贵方如继续绕圈子,我们将退出谈判"等威胁性语言会给对方造成心理压力,从而加快谈判进程。当然,威胁性语言不宜过多使用,如掌握不好"打"的度,会使谈判气氛紧张,影响谈判正常进行。

(六)言语沟通中的幽默性

在国际商务谈判中,恰当地使用幽默,可起到调节气氛、消除隔阂的作用。例如,在一次买卖交易谈判中,中外双方就某个问题已讨论了两个星期,仍不见结果。这时,中方一人员幽默地说:"瞧,我们双方至今还没有谈出结果,如果奥运会设立拔河比赛项目的话,我想我们肯定是并列冠军,还有可能载入吉尼斯世界纪录大全。我敢保证,谁也打不破这一纪录。"听到这话,所有谈判者都开怀大笑,气氛顿时松弛下来。所以,在言语沟通过程中,幽默不失为一个有效手段。

第二节 国际商务谈判语言沟通的技巧

谈判是借助于谈判者各方面的信息交流来完成的,而谈判中的信息传递与接受,则需要通过谈判者之间的叙、听、问、答、辩及说服这些基本方法来完成。同时,这也是语言技巧在某个范畴和某些程度上的综合体现。

一、国际商务谈判中的叙述

经过双方简短的寒暄以后，谈判便进入了叙述阶段。叙述就是陈述自己关于参加本次谈判的基本观点和意见。通过自己的叙述，使对方明了自己的观点，为谈判的顺利进行准备条件。为了提高语言叙述的质量，必须把握叙述的类型和叙述的技巧。

（一）叙述的类型

国际商务谈判中的叙述从内容上分为开局叙述和总结叙述两种。开局叙述是各方对谈判观点的第一次陈述。叙述的前奏是寒暄，还没有接触谈判的实质内容。而叙述则是对谈判观点的介绍，主要说明自己参加谈判的基本立场及要求。通过对这些内容的说明，使对方明了自己的观点，以便在此基础上寻找共同点，使谈判朝着成功的方向前进。

总结叙述是在谈判的每一阶段或全部谈判结束前作的陈述。其中新内容是对已取得的成果进行肯定性的总结，通过得体的总结性叙述，可以为以后的谈判打下良好的基础。其特点是切题、中肯、观点鲜明和留有余地。无论成功与否，都不下绝对性结论。

（二）谈判叙述的语言技巧

国际商务谈判中的"叙"是一种不受对方提出问题的方向、范围的制约，是带有主动性的阐述，是商务谈判中传递大量信息，沟通情感的方法之一。商务谈判中的叙述，尤其是开局叙述的语言运用直接关系到对方的理解。所以，应从谈判的实际需要出发，灵活掌握有关叙述应遵循的原则：

1. 叙述应简洁，独立进行

国际商务谈判中的叙述要尽可能简洁、通俗易懂。因为叙述的目的在于让对方听了立即就能够理解，以便对方准确、完整地理解我方的观点和意图，而不是表明自己的观点与别人的观点有什么联系和差异；因而在叙述时必须独立进行。独立叙述包括三层含义：一是不受别人的影响，不论别人的语言、情绪有什么反应，陈述中都要坚持自己的观点；二是不与对方的观点和问题接触，不谈是否同意对方的观点等，而是按自己的既定原则和要求进行陈述；三是只阐述自己的立场。

2. 叙述应具体而生动

为了使对方获得最佳的收听效果，在叙述时应注意生动而具体。叙述时一定避免令人乏味的平铺直叙，以及抽象的说教；要特别注意运用生动、活灵活现的生活用语，具体而形象地说明问题。有时为了达到生动而具体，也可以运用一些演讲者的艺术手法，声调抑扬顿挫，以此来吸引对方的注意，达到本方叙述的目的。

3. 叙述应层次清楚

国际商务谈判中的叙述，为了能让对方方便记忆和理解，应在叙述时使听者便于接受；同时，分清叙述的主次及其层次，这样即可使对方心情愉快地倾听己方的叙说，其效果应该是比较理想的。

4. 叙述应客观真实

在叙述基本事实时，不要夸大事实；同时，也不要缩小事情本来实情。因为万一由于自己对事实真相加以修饰的行为被对方发现，就会大大降低己方的信誉，从而使己方的谈判实力大为削弱。

5. 叙述的观点要准确

在叙述观点时，应力求准确无误，避免前后不一致；否则就会给对方留有破绽。当然，谈判过程中观点有时可以依据谈判局势的发展需要而发展或改变，但在叙述的方法上，要能够令人信服。这就需要有经验的谈判人员来掌握时局，不管观点如何变化，都要以准确为原则。因为要说明自己的观点，而且要对方接受自己的观点，因而在陈述时使用的语言必须准确，并使对方容易接受。为了准确，要求谈判者在谈判的关键内容中使用专业语言；当对方对这些语言听不懂时，就要对所使用的专业术语进行解释，以免对方产生误解。同时，为了使对方容易接受自己的观点，在谈判叙述中要注意使用"中性"语言，而不要使用极端语言和粗俗的语言。

6. 叙述时发现错误要及时纠正，有时可以重复叙述

谈判人员在商务谈判的叙述当中，常常会由于种种原因而出现叙述上的错误，谈判者应及时发现加以纠正，以防造成不应有的损失。有些谈判人员，当发现自己叙述中有错误时，便采取文过饰非的做法，结

果对自己的信誉和形象损而无益,更重要的是可能会失去合作伙伴。

国际商务谈判叙述过程中,时常会遇到对方不理解、没听清楚,或有疑问等情况,这时,对方会用有声语言或动作语言来和我们传递信息。这就要求谈判人员应在叙述的同时,注意观察对方的眼神和表情,一旦觉察对方有疑惑不解的信息传出,就要放慢语速,或重复叙述。商务谈判人员必须慎重地对待对方在自己叙述时的反应,发现有不理解或误解的地方应及时加以引导和纠正。

二、国际商务谈判中的提问

提问是国际商务谈判者获取信息的重要手段。通过提问,可以发现对方的需求,了解对方的心理,因而是国际商务谈判中使用语言的重要内容。国际商务谈判的提问内容丰富、有着不同的方法和技巧,只有熟练掌握这些内容,才能达到提问的目的。

(一)国际商务谈判中提问的目的

作为国际商务谈判的提问,要随着对信息要求的变化展开;但如果把提问的内容和过程具体化,就会发现不同的提问有着不同的目的和要求。国际商务谈判中提问的目的主要有以下几种:

1. 搜集信息

搜集信息是任何提问的共同目的,因而在国际商务谈判中用得最多。在国际商务谈判过程中,通过对方的介绍和自己的提问,如果发现对方对己方的谈判要求等条件了解得不多,而只有让对方了解这些内容才能保证国际商务谈判顺利进行时,自己便可通过提问的方式给对方提供信息。通过提问,可使对方更多地了解己方的信息,以便使国际商务谈判朝着有利于自己的方向发展。

2. 探测动向

当国际商务谈判中对方有些意见没有充分表达出来,自己对对方以后的要求尚没有把握的时候,就可以通过提问探测对方的动向。通过这类提问,可以探明对方的心理动向,以便及时调整自己的想法来适应国际商务谈判的要求。

3. 测定差距

经过双方激烈地讨价还价,国际商务谈判接近尾声,但对方仍没有表现出签约的意思,在这种情况下,就要通过提问,来测定目前的谈判与成功之间还有多大的差距。通过这类提问,可以了解对方的目标,也为自己作出进一步决策提供了依据。

(二)国际商务谈判提问的原则

为了从自己的提问中获取对方最大的信息量,在提问时必须遵循以下原则:

1. 不问那些对方不愿回答或恶化双方关系的问题

这类问题由于可能使对方难堪,因而会损害双方的关系,最终将影响国际商务谈判的成功。包括社会忌讳和个人忌讳两大类。社会忌讳是由于各国的文化传统形成的一些社会上的共同禁忌。

2. 提问的问题应能够迅速接近谈判目标

为了提高提问的效果,提问前必须进行认真准备,构思好问句,以便能迅速地接近国际商务谈判目标。提问的准备主要包括:确定提问的范围和内容,以便为以后的讨价还价创造条件;要根据前一个问题构思下一个问句,以便达到层层深入的效果;所有的提问都要围绕一个中心进行,有利于弄清问题;问题的提出要尽量做到让对方可以从正面作出答复,以便使自己能得到确切的答案。

3. 提问时态度要诚恳

提问的目的是要得到对方的答案,因而提问时的态度必须诚恳,要心平气和地提出问题,以减少对方产生的防范心理和抵触情绪。为此,提问的内容不要过于尖锐,提问的语气不要有明显的挑战性。当自己提出问题对方不能马上回答时,要学会等待,给对方留下回答问题的时间,而不是步步紧逼。因为紧逼对方回答不仅得不到理想的答案,而且会给对方产生一种不友好的印象;而等待对方回答时,双方处于沉默之中,这无形中给对方增加了压力,对方有责任打破这种沉默。这样既显示了自己的修养,又达到了预定的目标。

4. 提问的问题要简明扼要

为了便于对方的理解、记忆和回答,也便于自己对信息的思考和接受,提问的问题要简明扼要。当所提的问题本身较复杂时,要将这些问题分解开来,作为多个小问题提问。

(三)国际商务谈判提问的方法

国际商务谈判中常用的提问方法有以下八种:

1. 一般性提问

一般性提问是指国际商务谈判中采用的那些常见的广泛征求意见的提问方法。这种提问方法通常用于提问对方"怎么样"、"为什么"、"有什么意见"、"有哪些建议"等问题中,多用于非关键性问题的提问,其提问方式多为开放式。

2. 质疑性提问

质疑性提问是指对对方所陈述问题的依据存在疑义而进行的提问。质疑性提问主要在认为对方的观点或做法存在错误时使用,因而在使用时要注意国际商务谈判条件的要求。

3. 理解性提问

理解性提问是指在表示理解对方观点的基础上,提其他相关问题让对方回答的提问。理解性提问由于理解在先,很容易得到对方的赞同。

4. 诱导性提问

诱导性提问是指对问题的答案有强烈暗示性的提问。诱导性提问由于对答案有较强的诱导作用,因而是国际商务谈判者在要求对方赞成自己的观点时常用的提问方法。

5. 假设性提问

假设性提问是指在问题中有假设条件的提问。假设性提问的问题都是以"假定"为前提条件,目的是寻找自己的最佳效益。

6. 选择性提问

选择性提问是指把问题的两种可能结果告诉对方,促使对方在限定的范围内选择答案的提问。由于选择性提问把答案集中在两点上,因而加速了对方回答问题的速度;但这种方式是把自己的意志强加给了对方,只有措词和态度得体才能保证提问的效果。

7. 限定性提问

限定性提问是指对问题的答案限制了范围的提问。限定性提问的答案已限制了范围,因而利用这种提问方法可以加快国际商务谈判进度,节约国际商务谈判时间。

8. 澄清性提问

澄清性提问又叫探索性提问,是指那些要求对方把问题的观点给予进一步确认或证实的提问。例如,"您刚才说对目前进行的这宗买卖可以进行取舍,这是不是说您拥有全权跟我国进行商务谈判","您刚才说上述情况没有变动,这是不是说贷方可以如期履约了"。为了保证这一提问方法能引起对方注意,在提问前应对对方已讲过的语言进行重新组合。

(四)国际商务谈判提问的技巧

在国际商务谈判中,提问的技巧直接关系到提问的效果,因而在掌握了提问的原则、方式、方法的基础上,还必须掌握国际商务谈判提问的技巧。常用的国际商务谈判提问技巧有以下几种:

1. 引人注意,信息量大

提问是为了要从对方那里得到有用的信息,因而提出的问题必须能引起对方注意,使对方认真思考。这就要求向对方提出的问题必须是大问题,是与国际商务谈判结果密切相关的问题,而不能是一些极普通的或人所共知的问题。

2. 抓住契机,适时提问

为了取得有利的国际商务谈判条件,提问的时机必须把握好,既不能太早,又不能太晚。太早容易过早地将谈判意图暴露给对方,太晚又影响国际商务谈判的进程。提问要在对方发言结束后提问,不能在对方阐述问题时打岔,因为在别人讲话时打断别人的话题是不礼貌的。通过总结对方的发言,可以了解对方的心态,掌握对方的背景;所以在把对方的观点总结以后提问,可以把问题进行归纳,以便突出重点,了解关键信息。此外,不要在对某一话题的讨论兴致正浓时提出新的问题,而要先转移话题的方向,然后再提出新的问题,这样做有利于对方集中精力构思答案。

3. 因人而异,抓住关键

由于国际商务谈判对手的年龄、职务、职业、性格、文化程度、国际商务谈判经验等的差异,要想取得理想的提问效果,提问时就必须因人而异。对于文化水平低的国际商务谈判对手,提问时不能使用过多的专业名词;对于年龄大、职位高的国际商务谈判对手,提问的问题要婉转含蓄,不能过于直接。

4. 角度多变,机智灵活

有些问题如果正面提问,对方可能不愿回答;即使回答,结果也不能令人满意。对此,在提问时就要注意变换角度,以激发对方回答问题的兴趣,并得到有利的答复;只要转换了角度,就可以得到中意的结果。

三、国际商务谈判中的回答

有问必有答,人们的语言交流就是这样进行的。问的不当,不利于谈判;答的不好,同样也会使己方陷入被动。通常同样的问题会有不同的回答,不同的回答又会产生不同的谈判效果。有时对方会故意提出一些尖刻的问题,旨在把其对手问倒。这时,如果是较为出色的谈判人员,便会用一个妙答,使自己逢凶化吉,起到妙手回春的功效。

谈判中的问答,是一个证明、解释、反驳或推销己方的观点的过程。为了能够有效地回答好每个问题,在谈判前,我们可以先假设一些难题来思考,考虑得愈充分,所得到的答案将会愈好。许多有谈判经验的国家,比较重要的谈判往往在事先都要进行模拟谈判,自己组织一组人员扮演谈判对手,让对手尽情地发挥,借以发现在一般情况下难以发现的问题。

在国际商务谈判中,当对方向你提出问题的时候,你必须作出相应的回答;否则,对方会认为你没有诚意而使国际商务谈判陷入僵局。而巧妙的回答可以做到既不泄露机密,又不致使国际商务谈判陷入僵局。因此,国际商务谈判者必须把握回答的方式和技巧。

(一)国际商务谈判回答的方式

国际商务谈判中的回答有三种类型,即正面回答、迂回回答和避而不答。在国际商务谈判过程中,这三种类型又演变成多种具体回答方式。常用的国际商务谈判回答方式有:

1. 含混式回答

这样既可以避免把自己的真实意图暴露给对方,又可给对方造成判断上的混乱和困难。这种回答由于没有作出准确的说明,因而可以作多种解释,从而为以后的国际商务谈判留下了回旋的余地。

2. 针对式回答

即针对提问人心理假设的答案回答问题。这种回答方式的前提是要弄清对方提问的真实意图,否则回答的答案很难满足对方的要求,而且免不了要泄露自己的秘密。

3. 局限式回答

即将对方提问问题的范围缩小后再作回答。在国际商务谈判中并不是所有问题的回答对自己都有利,因而在回答时必须有所限制,选择有利的内容回答对方。例如,当对方提问产品的质量时,只回答几个有特色的指标,利用这些指标给对方留下质量好的印象。

4. 转换式回答

即在回答对方的问题时把国际商务谈判的话题引到其他方向去。这种方式也就是我们常说的"答非所问"。但这种答非所问必须是在前一问题的基础上自然转来的,没有什么雕琢的痕迹。例如,当对方提问价格时可以这样回答:"我想您是会提这一问题的。关于价格我相信一定会使您满意,不过在回答这一问题之前,请让我先把该产品的几种特殊功能说明一下。"这样就自然地把价格问题转到了产品的功能上,使对方在听完自己的讲话后,把价格建立在新的产品质量基础上,这对己方无疑是有利的。

5. 反问式回答

即用提问对方其他问题来回答对方的提问。这是一种以问代答的方式,它既可以为自己以后回答问题留下了喘息的机会,对于一些不便回答的问题也可以用这一方法解围。

6. 拒绝式回答

即对那些棘手和无法回答的问题,寻找借口拒绝回答。运用借口拒绝回答对方的问题,可以减轻对方提问的压力。

(二)国际商务谈判回答的技巧

谈判桌上的双方是在各方的实力基础上斗智斗勇,国际商务谈判回答问题的要诀就在于知道该说什么和不该说什么,而不必考虑回答的问题是否切题。谈判过程好比是桥牌的叫牌过程,目的在于尽可能多地通过回答过程来了解对方的实力与信息,而尽量避免过早地暴露自己的底细。因此,在回答问题时要有艺术性和技巧,谈判人员必须熟练地加以掌握和运用。

1. 回答问题之前,要给自己留有思考时间

为了使回答问题的结果对自己更有利,在回答对方的问题前要作好准备,以便构思好问题的答案。有人喜欢将生活中的习惯带到谈判桌上去,即对方提问的声音刚落,这边就急着马上回答问题。在谈判过程中,绝不是回答问题的速度越快越好,因为它与竞赛抢答是性质截然不同的两回事。

回答的准备工作包括三项内容:一是心理准备。即在对方提问后,要利用喝水、翻笔记本等动作来延缓时间,以稳定情绪,而不是急于回答。二是了解问题。即要弄清对方所提问题的真实含义,以免把不该回答的问题也答了出来。三是准备答案。答案应只包括那些该回答的部分。

人们通常有这样一种心理,就是如果对方问话与我方回答之间所空的时间越长,就会让对方感觉我们对此问题欠准备,或以为我们几乎被问住了;如果回答得很迅速,就显示出我们已有充分的准备,也显示了我方的实力。其实不然,谈判经验告诉我们,在对方提出问题之后,我们可通过点支香烟或喝一口茶,或调整一下自己坐的姿势和椅子,或整理一下桌子上的资料文件,或翻一翻笔记本等动作来延缓时间,考虑一下对方的问题。这样做既显得很自然、得体,又可以让对方看得见,从而减轻和消除对方的上述那种心理感觉。

2. 把握对方提问的目的和动机,才能决定怎样回答

谈判者在谈判桌上提出问题的目的是多样的,动机也是复杂的。如果我们没有深思熟虑、弄清对方的动机,就按照常规来作出回答,往往是效果不佳。如果我们经过周密思考,准确判断对方的用意,便可作出

一个独辟蹊径的、高水准的回答。比如，人们常常用这样一个实例来说明：建立在准确地把握对方提问动机和目的基础上的回答，是精彩而绝妙的。谈判人员如果能在谈判桌上发挥出这种水平，就是出色的谈判人员。

有人认为，国际商务谈判中的回答应该是有问必答，准确无误。这是一种错误的认识。因为对有些问题来说，回答得越全面、越准确，就显得回答者越愚蠢。因此，国际商务谈判回答的要领是要明确该答什么、不该答什么、该答多少和不该答多少。根据这一要求，有些问题应全部回答，在些问题就只能局部回答；有些问题要准确回答，有些问题就要含混回答；有些问题要正面回答，有些问题则要侧面回答；有些问题可立即回答，有些问题则暂不回答，有些问题要拒绝回答。而这种划分的依据，一要看对方的真正意图，二要看我方回答的方式和范围，三要看回答这一问题的后果。

3. 不要彻底地回答问题

商务谈判中并非任何问题都要回答，要知道有些问题并不值得回答。在商务谈判中，对方提出问题或是想了解我方的观点、立场和态度，或是想确认某些事情。对此，我们应视情况而定。对于应该让对方了解，或者需要表明我方态度的问题要认真回答，而对于那些可能会有损己方形象、泄密或一些无聊的问题，谈判者也不必为难，不予理睬是最好的回答。当然，用外交活动中的"无可奉告"一语来拒绝回答，也是回答这类问题的好办法。总之，我们答问题时可以自己对回答的前提加以修饰和说明，以缩小回答范围。

对方的提问可能是一系列的问题，从而决定了不可能通过一个问题的回答来全部解决；对方对国际商务谈判条件的要求也是有层次的，不可能满足了一个条件就再没有其他条件的要求。因而在国际商务谈判回答中必须注意掌握分寸，留有余地。

有时，对方提出的某个问题我方可能很难直接从正面回答，但又不能以拒绝回答的方式来逃避问题。这时，谈判高手往往用避正答偏的办法来回答。在回答这类问题时，故意避开问题的实质，而将话题引向歧路。

4. 幽默诙谐，随机应变，巧应妙答

对于有些问题如果正面回答可能不利，这就要求用幽默的语言来回答问题，因为幽默的语言可以使谈判人员在含蓄委婉地回答中渡过难关。同时，用幽默的语言可以在回答问题出现错误时把责任推给第三者，在别人抓住自己的弱点提问时可以通过自我欣赏解围。可见，使用幽默语言，可以取得事半功倍的效果。

由于国际商务谈判对手的提问目的不同、方式各异，因而在回答对方时也必须随机应变，根据对方的不同要求作出巧妙的回答。做到该明确回答的明确回答，该与其周旋的与其周旋，该拒绝回答的拒绝回答。并且在回答的方式、回答的语言、回答的风格上要灵活选择，慎重使用，以提高回答的质量，增强国际商务谈判的实力。

例如，汉朝有一个官员，为人正直、纯朴、廉洁奉公。一次有人问他："你有没有私心？"这话其实是很难用"有"或"没有"来回答的。这个官员深知问话者的动机，便用十分策略的方式回答道："过去，有一个人送给我一匹千里马，被我拒绝了。事后，每当朝廷让我们王公选荐人才的时候，我心里总是想到这个人，不过我始终没有推荐他。我哥哥的儿子病了，我一夜去探望了十次，回到家就躺下睡觉了。我儿子有病的时候，我虽然不需要去照顾他，可是我一夜都睡不着觉。这样看来，怎么能说没有私心呢？"可见，他的这番回答，一语双关，一方面说明自己也是有私心的常人；另一方面说明自己在处理公事时，又不为私心所左右。所谓情在理中，令人折服。

5. 对于不知道的问题不要回答

参与谈判的所有的人都不是全能全知的人。谈判中尽管我们准备得充分，也经常遇到陌生难解的问题，这时，谈判者切不可为了维护自己的面子强作答复。因为这样不仅有可能损害自己利益，而且对自己的面子也是丝毫无补。有这样一个实例，国内某公司与外商谈判合资建厂事宜时，外商提出有关减免税收的请求。中方代表恰好对此不是很有研究，或者说是一知半解，可为了能够谈成，就盲目地答复了，结果使乙方陷入十分被动的局面。

经验和教训一再告诫我们：谈判者对不懂的问题，应坦率地告诉对方不能回答,或暂不回答,以避免付出不应付出的代价。

6. 答非所问

答非所问在知识考试或学术研究中是不能给分的,然而从谈判技巧的角度来研究,却是一种对不能不答的问题的一种行之有效的答复方法。

例如,古代有一个精明的骗子,他从别人那里借来一匹马,便牵去与一个财主进行交换。财主问:"你的马是从哪里来的?"他回答道:"我想卖马的念头有两年了。"财主又问:"为什么要换?"他回答道:"这马比你的马跑得快。"这两句话的回答全是答非所问,换马的骗子就是这样运用灵巧的方式,回避了一个事实,即马是他人的,换马是想要骗走财主的马。此人的计谋得逞了。谈判中,我们并不主张像这个骗子一样在谈判中行骗,谈判必须是建立在相互信赖基础上的。但是在双方利益相冲突时,如何巧妙地回答对方的有关利益分割方面的问题,倒是应该从这一例中借鉴点什么。

商务谈判中有时可以以问代答。此法如同把对方踢过来的球又踢了回去,请对方在自己的领域内反思后寻找答案。是对付那些在国际商务谈判中难以回答或不想回答的问题的方法之一。

商务谈判中,要求对方再次阐明其所问的问题,实际上是为自己争取思考问题的时间的好办法。在对方再次阐述其问题时,我们可以根本不去听,而只是考虑如何作出回答。当然,这种心理不应让对手有所察觉,以防其加大进攻的力度。

四、国际商务谈判中的辩论

在国际商务谈判中,辩论的目的是为了达成交易,因此,不能机械地用"线性因果"的思维方式去确认真理在哪一方,而应在合作的基础上多角度、多层次地进行辩论。

谈判中的"辩"与"听"、"问"、"答"、"看"、"叙"不同,它具有双方辩者之间相互依赖、相互对抗的二重性。无对立就无辩论,在谈判中,由于利益,会不可避免地出现观点的对立。这种对立可能针锋相对也可能彼此兼容,但辩论能使这种对立外现、展开及解决。它是人类语言艺术和思维艺术的综合运用,具有较强的技巧性。

辩论是短兵相接,彼此话来语去,要作出回答。如反应迟钝,就会处于劣势,甚至败北。辩论中也不是平淡地申明或反驳,而是选取新颖角度巧妙地使精练语言并且富于攻击力。辩论中要使用简洁的语言。因为一方辩论时间与他方的思考时间成正比,也就是说,我方辩论的时间越长,对方思考时间越长,对方思考的时间就越充分。所以语言精练与否是决定辩论成败的重要因素。当然,在辩论时,还要使言语具有一定的攻击性,只有攻击性语言才能很快击倒对方。

(一)辩论的原则

1. 事实有力

辩论不是煽动情绪,而是讲理由、提根据。在谈判中也只有从事实出发,才能在论辩中立于不败之地。要想事实有力,必须做好材料的选择、整理、加工工作。辩论事实材料要符合观点的要求,否则,会给对方留下漏洞。事实要"精",要有一定的代表性、权威性。任何辩论,都应以事实为根据。特别是在国际商务谈判中,要注意所提论据的真实性,道听途说或未经证实的论据,会给对方带来可乘之机。

2. 谈判者要遵守逻辑规律

辩论中的逻辑性有两方面:一是事物本身发展的内在规定性,二是思维规律性。辩论中应遵循形式逻辑:同一律、矛盾律、排中律和充足理由律。同一律是指在辩论过程中,贯穿于同一个对象的思想,必须保持自身的同一。它要求辩论时观点明确,言语恰当贴切,推理合乎逻辑。矛盾律是指在辩论过程中,相互否定的思想不能都正确,至少有一个是错误的。因此辩论主体的思维不能游移,必须保持稳固性、确定,严禁出现两个相反的观点和结论。排中律是指在同一时间、同一方面、同一条件下,同一问题的两个互相矛盾的思想不会同时都假,必定有一个是真的。它要求在辩论中,对某一问题的看法,必须表明自己的态度,不能模棱两可、骑墙居中。充足理由律是指在辩论中,一个思想被确定为真,总是有其充足的理由。它要求理由翔实,同时,理由与论断之间必须有必然联系。这样,辩论才有逻辑性,有说服力。如果违背了,思维的确定性就会受到破坏,进而使辩论脱离正常轨道。

(二)"辩"的技巧

1. 观点要明确,立场要坚定

商务谈判中的"辩"的目的,就是论证己方观点,反驳对方观点。论辩的过程就是通过摆事实、讲道理,以说明自己的观点和立场。为了能更清晰地论证自己的观点和立场的正确性及公正性,在论辩时要运用客观材料,以及所有能够支持己方论点的证据,以增强自己的论辩效果,从而反驳对方的观点。

2. 思路要敏捷、严密,逻辑性要强

商务谈判中的辩论,往往是双方进行磋商时遇到难解的问题才发生的,因此,一个优秀辩手,应该是头脑冷静、思维敏捷、严密且富有逻辑性的人。只有具有这种素质才能应付各种各样的困难,从而摆脱困境。任何一次成功的辩论,都具有思路敏捷、逻辑性强的特点,为此,商务谈判人员应加强这方面的基本功训练,培养自己的逻辑思维能力,以便在谈判中以不变应万变。

特别是在谈判条件相当的情况下,谁能在相互辩驳中思路清晰,谁就能在谈判中立于不败之地。

3. 掌握大的原则,枝节不纠缠

在辩论过程中,要有战略眼光,掌握大的方向、大的前提,以及大的原则。辩论过程中要洒脱,不在枝节问题上与对方纠缠不休,但在主要问题上一定要集中精力,把握主动。在反驳对方的错误观点时,要能够击中要害,做到有的放矢;同时切记不可断章取义、强词夺理、恶语伤人,这些都是不健康的、应予以放弃的辩论方法。

4. 态度要客观公正,措辞要准确犀利

文明的谈判准则要求:不论辩论双方如何针锋相对,争论多么激烈,谈判双方都必须以客观公正的态度,准确地措辞,切忌用侮辱诽谤、尖酸刻薄的语言进行人身攻击。如果某一方违背了这一准则,其结果只能是损害自己的形象,降低了己方的谈判质量和谈判实力,不会给谈判带来丝毫帮助,反而可能置谈判于破裂的边缘。

5. 辩论时应掌握好进攻的尺度

商务谈判中辩论的目的是要证明己方的立场、观点的正确性,反驳对方的立场、观点上的不足,以便能够争取有利于己方的谈判结果。切不可认为辩论是一场对抗赛,必须置对方于死地。因此,辩论时应掌握好进攻的尺度,一旦已经达到目的,就应适可而止。因为谈判中,如果某一方被另一方逼得走投无路,陷于绝境,则往往会产生更强的敌对心理,甚至于反击的念头更强烈,这样即使对方暂时可能认可某些事情,事后也不会善罢干休,最终会对双方的合作不利。

6. 要善于处理辩论中的优劣势

在商务谈判的辩论中,双方可能在某一阶段你占优势、我居劣势,可过一阶段又有可能你处劣势、我占优势。当我们处于两种不同状态时,就必须处理好辩论中的优劣势,这是衡量商务谈判能力的一个条件。

当我们处于优势状态时,谈判人员要注意以优势压顶,滔滔雄辩,气度非凡,并注意借助语调、手势的配合,渲染己方的观点,以维护己方的立场。切忌表现出轻狂、放纵和得意忘形。要时刻牢记,谈判中的优势与劣势是相对而言的,而且是可以转化的。相反,当我们处于劣势状态时,要记住这是暂时的,应沉着冷静,从容不迫;既不可赌气,又不可沮丧、慌乱不堪,因为这样对于挽救己方的劣势是毫无帮助的。在劣势条件下,只有沉着冷静,保持己方阵脚不乱,才会对对方的优势构成潜在的威胁,从而使对方不敢贸然进犯。

7. 注意辩论中个人的举止和气度

在辩论中,一定要注意自己的举止和气度。有些行为,比如语调高亢、唾沫四溅、指手划脚等等,都是没有气质的表现,更谈不上什么气度了。辩论中良好的举止和气度,不仅会在谈判桌上给人留下良好的印象,而且在一定程度上可以左右谈判辩论气氛的健康发展。有时,一个人的良好形象会比他的语言更具有诱惑力,这点是非常好理解的。

(三)诡辩的应对

诡辩之"诡"含狡猾之意。国际商务谈判中的"诡辩"是指谈判主体为了达到欺骗的目的,违背意识和逻辑的似是而非的论证。它的基本特征是通过歪曲论题、论据和论证来达到目的效果。因此，要戳穿并驳倒诡辩者，首先要深知诡辩术的表现及相应对策。

1. 平行论证

平行论证在西方有的谈判业务员的术语中叫做"双行道战术"，即当你论证他的某个弱点时，他虚晃一枪另辟战场，抓住你的另一个弱点论战；也可能故意提出新的问题，同时论证，使谈判失去统一方向。

例如，在某项目开始谈判时，买方让卖方介绍报价形成的基础。卖方怕过早泄露情报给买方，不按买方的要求作出回答。卖方这样说：我对贵方的供货范围的要求不了解，不好做"最终报价"，只能做"目前报价"；但"目前报价"的可变因素很多，所以最好请贵方讲明供货范围。在这个案例中，买方要求卖方"解释目前的报价"，但卖方却回避了这个问题，而提出新的论题即买方的供货要求是卖方"最终报价"的基础。从两个平行的论题来讲：任何一方均有道理。第一个论题推理的起点是因为卖方有了"目前的报价"，而不是"最终报价"。买方要求解释的是"目前报价"而不是"最终报价"。但是，从本质上讲，卖方让买方提出供货要求，以便做最终报价的要求，是不合理的；因为卖方"目前报价"不讲清，买方就无法有"供货意见"。所以，卖方应解释已有的"目前报价"。因此，我们可以判定卖方是在运用平行论证的方法进行诡辩，而我们通过分析平行论题的内在关系，就可以揭穿诡辩的本质，并可使诡辩术失效。

2. 以现象代替本质

这是强调问题的表现形式或掩盖自己真实意图的做法。在国际商务谈判中以现象代替本质的战术也是屡见不鲜的。

例如关于验收问题的谈判，买方坚持在交货地点，而卖方坚持在自己工厂。卖方论证："我方不是提供交钥匙工程，对交货地点的环境条件、人、材料不了解，即使了解也无法控制，所以不能保证在现场验收。"从表面形式上很有道理，但辩证思维判断要求透过现象看本质。买方可以论证："试车验收材料用你的，参加验收的人是你培训的或你方来人指导，条件可在设计联络时由双方商定，我方予以保证。所以，在现场验收是可行的。"这样，买方就运用了论证的客观性和具体性原则，反驳卖方提出的表面理由。反过来,卖方若是诚实商人就会与买方讨论措施;如果是诡辩者,那么其逃避责任的本质也一览无余。

还有一个典型例子是:卖方对包含水分的价格,进行略作改善后重新报价,并且说:"你看我方很尊重贵方意见,凡是我能改善的,一定会改善。这一价格已经做了大修改,贵方可以接受我们价格了。"该商品的价格所包含的水分是很大的,而卖方仅仅消除很小比例的一部分水分,却围绕降价大做宣传文章,使买方动摇谈判决心。若买方不究其质就会上当、会在谈判中失利,卖方则会从谈判中得利。

3. 以相对为绝对

这是一种把相对判断与绝对判断混同,并以此去压制对方的一种做法。在国际商务谈判中用相对判断方法迫使对方接受某个立场,有时也很见效。例如,人们常说"我要最先进的技术",或者说"我有最先进的技术,并且可以提供该技术"。那么,该项技术的价格如果按照价值判断自然是高技术高价格。但是,买方怎么才能使卖方降价,而自己少花钱就能够获得该项技术呢?这就必须分析其中相对性与绝对性。

首先,"新技术"会变"旧"。即使买方在购买的时候可能是"新技术",但是,在买方真正使用时将会变旧。从绝对概念上讲,买方得到的仍然是旧技术。当然,有的卖方在谈判时已知即将有更新的技术问世,但通常不会告诉买方。

其次,"新技术"的使用费用也并不应该报绝对高价,因为卖方可以通过向买方提成取得回报;还有,买方即使使用该项"新技术",但是否能获得预期收益,也是一个问题。

这些都是绝对的、客观的因素,是不应被相对的主观判断所掩盖、代替的。只要买方坚持了这些绝对要素就可以迫使卖方降价。

4. 攻其一点,不及其余

即抓住对方一点进行要挟或抨击,而不是对他进行全面公正的评价。在谈判中,就是指买方抓住卖方报价某个不合理处,就指责他整个报价都不合理,或卖方抓住买方批评中不正确的部分不放。这种论证方式往往使洽谈气氛相当紧张。无论是谁,如果对交易有诚意的话,均不应这么做。

5. 泛用折中

这是指对谈判者两种根本对立的观点不作客观的分析,纯粹搬弄一些抽象的概念,从而把两者混合起来的诡辩手法。在谈判发生分歧时,人们往往采用折中的方法。然而,尽管折中对于和解分歧中的双方是有效的,但在诡辩术的基础上,使用折中的方法只会伤及一方,有利一方,不会体现互谅互让的和解精神。

例如,在谈判时合同条文有了分歧,有的谈判者喜欢记录分歧点的数量。如果有八个分歧点,则要求一边让四个。这样的做法缺乏具体的分析。如果分歧涉及贸易惯例、规则,以及价格歧视条款、限制竞争条款、产品责任条款等多种问题时,那么,就应该针对问题进行全面纠正,而不应该采取折中的方式。例如,如果价格分歧为8元,采取折中的方式,各让4元就是一种不合理的折中。如果正常价格仅为4.5元,而12元报价相对4元的还价,差距8元,采取折中的方法,那么卖价仍在8元,比4.5元高出许多。因此,如果买方是有经验的谈判者,那么买方不可能同意折中;若强迫折中,则这就属于诡辩术。而正常状况应该是允许买方再讨价还价,在卖方把差距主动缩小到"近乎合理状态"时,买方才可以考虑折中。"近乎合理"指不是明显的贵或接近市场同类产品价。

综上所述,诡辩术最根本的特征是个"虚"字。无论哪种表现形式无不以虚为特征。以虚掩实,若出自无意,则是方法问题;出自故意,则是个诡辩者。在辩证逻辑推理面前知错而退的谈判对手是仅把诡辩术当策略的业务人员,知错不退的对手必是持优势地位而不让或个人修养缺乏的业务人员。在谈判中亦应区别对待持诡辩术的不同人,而不可以单调的方法去处理所有的问题或不同的谈判关系。

(四) 辩论中应注意的问题

在国际商务谈判中,辩论的目的是为了达成协议,因此要避免使用以下几种方式。

1. 以势压人

辩论各方都是平等的,没有高低贵贱之分,所以辩论时要心平气和,以理服人;切忌摆出一副"唯我独尊"的架势,大发脾气,耍权威;否则,谈判难以正常进行。

2. 歧视揭短

在国际商务谈判中,不管对方来自哪个国家或地区,也不管是什么社会制度、什么民族,有什么风俗传统、什么文化背景,都应一视同仁,不存在任何歧视。

3. 本末倒置

谈判不是进行争高比低的竞赛。因此,要尽量避免发生无关大局的细节之争;否则,那种远离实质问题的争执,不但白费时间和精力,还可能使各自的立场愈发相背离,导致不愉快的结局。

4. 喋喋不休

在国际商务谈判中,谈判者不能口若悬河,"独占讲坛"。切记,谈判桌前不是显示表达能力的地方,那种不看场合,不问对象的做法,会弄巧成拙。

五、国际商务谈判中"说服"的要诀

国际商务谈判中,很重要的工作就是说服,常常贯穿于谈判的始终。谈判中的说服,是综合运用"听"、"问"、"答"、"看"、"叙"及"辩"的各种技巧,改变对方的起初想法,接受己方的意见。

谈判之前,任何一方都有设法说服对方的意图。然而实际操作起来,到底是谁能说服谁,或者彼此都没有被说服,或者相互说服、达成了一种折中意见,这三种结局往往是事先不好断言的。谈判者只有进入谈判实际中,才能一较高低,得出答案。

生活中,人们常常有这样的感觉,即同一件事,不同的人去做,其结果会截然不同。有时明明自己的观点是正确的,却不能说服对方,有时甚至还反过来被对方"驳"得哑口无言。其实,要想说服人,不仅要掌握正确的观点,而且还要掌握微妙的交往技术。我们从谈判者行为心理角度,结合国际商务谈判实践,提出以下有关说服的技巧。

(一)说服他人的基本原则

想要说服他人的人,总是希望自己能够成功,但是如果不讲手法,不掌握要领,急于求成,往往会事与愿违。例如,人们在说服他人时,有时会不分场合和时间,先批评对方一通,然后强迫对方接受其主张等等。这些做法,其实未必能够说服对方。因为这样做,其实质是先将对方推到错误的一边,也就等于告诉对方,我已经对你失去信心了,因此,效果往往十分不理想。要使对方信服自己的观点,接受自己的条件,仅有朴素的感情是远远不够的,还必须掌握说服对方的技巧。人们在漫长的社会发展中总结出了多种说服的技巧,其中主要有以下几种:

1. 循序渐进,取得他人的信任

在国际商务谈判的过程中,有许多方面需要大家协商一致,因而存在多方面的说服工作。为了使对方更容易接受自己的观点,在说服的顺序上要先易后难,即先选择容易解决的问题说服对方,然后再讨论容易引起争论的问题。这样,由于在简单的问题上已取得了一定的利益,便会把已得的利益同正在讨论的问题联系起来,从而使说服工作变得更容易进行。在说服他人的时候,最重要的是取得对方的信任。只有对方信任你,才会正确地、友好地理解你的观点和理由。社会心理学认为,信任是人际沟通的"过滤器"。只有对方信任你,才会理解你的动机;否则,如果对方不信任你,即使你说服他的动机是友好的,也会经过"不信任"的"过滤器"作用而变成其他的东西。因此说服他人时若能取得他人的信任,是非常重要的。

2. 找到基础

说服对方的基础有两点,一是要站在对方的立场上讲话,使对方感到接受说服的温暖;二是要寻找到共同点,因为在共同利益和要求的基础上,通过观点的引申,可以提出双方共同接受的方案,从而使说服工作容易得多。要说服对方,就要考虑到对方的观点或行为存在的客观理由,亦即要设身处地地为对方想一想,从而使对方对你产生一种"自己人"的感觉。这样,对方就会信任你,就会感到你是在为他着想,说服的效果将会十分明显。

3. 用好条件

说服对方的条件很多,但归结起来可分为两大类,一类是以往的各种成功例证,它要求说服者通过旁征博引,拐弯抹角地说服对方。另一类是利弊分析,即使对方明了接受说服所得的利益和不接受说服的损失,要通过对各方所得利益和带来损失的比较,使对方相信你的观点是正确的。由于这些条件的说服力较强,会使对方感到你处理问题是客观公正、合情合理的,接受起来也就心悦诚服。

从谈话一开始,就要创造一个说"是"的气氛,而不要形成一个"否"的气氛。不形成一个否定气氛,就是不要把对方置于不同意、不愿做的地位,然后再去批驳他、劝说他。比如说:"我晓得你会反对……可是事情已经到这一步了,还能怎样呢?"这样说来,对方仍然难以接受你的看法。在说服他人时,把对方看作是能够做或同意做的。比如"我知道你是能够把这件事情做得很好,却不愿意去做而已",又比如"你一定会对这个问题感兴趣的"等。国际商务谈判事实表明,从积极的、主动的角度去启发对方、鼓励对方,就会帮助对方提高自信心,并接受己方的意见。

4. 选准时机

由于情绪的原因,人们在被说服时会存在高潮和低谷的差别,当对方的情绪激动或不稳定时,对其进行说服的效果极差;而当对方的情绪比较稳定时,则比较容易接受别人的观点。因此,说服工作要选在对方情绪稳定的情况下进行。当对方情绪不稳时,首要的工作是先要稳定对方的情绪,而不是立即进行说服工作。

有些时候正面说服的效果不佳,就可采用提问的办法,以提问来说服,使对方接受自己的观点。用提问来说服对方是指把说服的目标分解成许多小问题,而问题的答案就是说服对方的理由;当对方连续回答这些问题时,便自己说服了自己。以"问"代"说"要求说服者有较高的水平,因为一方面,所提问题的答案必须是说服对方的理由;另一方面,后一个问题必须能从前一个问题的答案中派生而来。因此,运用提问来说服对方时必须做好充分的准备,要认真构思好问句,这样才能取得理想的说服效果。

美国著名学者霍华曾经提出让别人说"是"的30条指南,现摘录如下,供谈判者参考。

- 尽量以简单明了的方式说明你的要求。
- 要照顾对方的情绪。
- 要以充满信心的态度去说服对方。

- 找出引起对方关注的话题,并使他继续关注。
- 让对方感觉到,你非常感谢他的协助。如果对方遇到困难,你就应该努力帮助他解决。
- 直率地说出自己的希望。
- 向对方反复说明,他对你的协助的重要性。
- 切忌以高压的手段强迫对方。
- 要表现出亲切的态度。
- 掌握对方的好奇心。
- 让对方了解你,并非是"取",而是在"给"。
- 让对方自由发表意见。
- 要让对方证明,为什么赞成你是最好的决定。
- 让对方知道,你只要在他身旁,便觉得很快乐。

(二)说服"顽固者"的方法

在国际商务往来过程中,我们相信多数对手是能够通情达理的,但也会遇到固执己见、难以说服的对手。对于后一种,人们常常感到难以对付,他们好像让人难以理解,让人左右为难,其实,这种人在很大程度上是性格所致,并非他们不懂道理。事实上,只要我们抓住这种人的性格特点,掌握他们的心理活动规律,采取适宜的说服方法,晓之以理,动之以情,他们是会接受正确的意见的,是完全可以被说服的。

"顽固者"往往比较固执己见,这通常是性格比较倔强所致。他们有时心肠很弱,但表面上却不轻易地"投降",甚至还会态度十分生硬,有时还会大发雷霆。其实有时他们自己也搞不清谁正确谁错误,但还是在外表上硬是坚持自己的观点。有时他们尽管明知自己已经错了,但由于自尊心的作用,也不会轻易地承认自己的错误,除非你给他一个"台阶"。因此,在说服"顽固者"时,通常可采取以下几种方法:

1."下台阶"法

当对方自尊心很强,不愿承认自己的错误,从而使你的说服无济于事时,你不妨先给对方一个"台阶"下,说一说他正确的地方,或者说一说他错误存在的客观根据,这也就是给对方提供一些自我欣慰的条件和机会,这样,他就会感到没有失掉面子,因而容易接受你善意的说服。

有些人可能一时难以说服,不妨等待一段时间,对方虽然没有当面表示改变看法,但对你的态度和你所讲的话,事后他会加以回忆和思考的。必须指出,等待不等于放弃。任何事情,都要给他人留有一定的思考和选择的时间。同样,在说服他人时,也不可急于求成,要等待时机成熟时再和他交谈,效果往往比较好。

2. 迂回法

当有的人正面道理已经很难听进去时,不要强行或硬逼着他进行辩论,而应该采取迂回前进的方法。就像作战一样,对方已经防备森严,从正面很难突破,解决的办法最好是迂回前进,设法找到对方的弱点,一举击败对手。说服他人也是如此,当正面道理很难说服对方时,就要暂时避开主题,谈论一些对方感兴趣的事情,从中找到对方的弱点,逐渐针对这些弱点,发表己方的看法,让他感到你的话对他来说是有用的,使他感到你是可信服的,这样你再逐渐把话转入主题,晓之以利害,他就会更加冷静地考虑你的意见,容易被你说服。

3. 沉默法

当对方提出反驳意见或者有意刁难时,有时是可以做些解释的。但是对于那些不值得反驳的抗议,倒是需要你讲求一点艺术手法,不要有强烈的反应,相反倒可以表示沉默。对于一些纠缠不清的问题,如果又遇上了不讲道理的人,只有当作没听见,不予理睬,对方就会觉得他所提出的问题可能没有什么道理,人家根本就没有在意,于是自己也就会感到没趣了,从而可能会不再坚持自己的意见了,从而达到说服对方的目的。

(三)说服中的"认同"

现代文明的进步,人际交往的深化,人们都在呼吁:要沟通彼此的心灵。心灵的沟通,被视为社会生活的最高境界。"认同"就是人们之间心灵沟通的一种有效方式。所谓认同,就是人们把自己的说服对象视为与自己相同的人,寻找双方的共同点,这是人与人之间心灵沟通的桥梁,也是说服对方的基础。在国际商务谈判中要想说服对方,除了要赢得对方的信任,消除对方的对抗情绪,还要用双方共同感兴趣的问题作为跳板,因势利导地解开对方思想的纽结,说服才能奏效。事实证明,

"认同",是双方相互理解的有效方法,从而也是说服他人的一种有效方法。

在人与人的交往中,首先应求同,然后随着谈话的深入,即使是对陌生人,也会发现越来越多的共同点。国际商务谈判更是如此,双方是本着合作的态度走到一起来的,共同的东西本来就很多,随着双方谈判的进展,越来越熟悉,在某种程度上会感到比较亲近,这时某些心理上的疑虑和戒心也会减轻,从而也就便于说服对方了。同时对方也容易相信和接受己方的看法和意见。

寻找共同点可以从以下几方面入手:

第一,寻找双方工作上的共同点。比如,共同的职业、共同的追求、共同的目标等等。

第二,寻找双方在生活方面的共同点。比如,共同的国籍、共同的生活经历、共同的信仰等等。

第三,寻找双方兴趣、爱好上的共同点。比如,共同喜欢的电视剧、体育比赛、国内外大事等等。

第四,寻找双方共同熟悉的第三者,做为认同的媒介。比如,在同陌生人交往时,想说服他,可以寻找双方共同熟悉的另外一个人,通过各自与另外一个人的熟悉程度和友好关系,相互之间也就有了一定的认同,从而也就便于交谈说服对方了。谈判活动中也是如此。

(四)谈判说服的条件

说服不同于压服,也不同于欺骗,成功的说服结果必须要体现双方的真实意见。采取胁迫或欺诈的方法使对方接受己方的意见,会给谈判埋下危机,因为没有不透风的墙,也没有纸能包得住火的,因此,切忌用胁迫或欺诈的手法进行说服。事实上,这样做也根本达不到真正的说服。

谈判中说服对方的基本原则是要做到有理、有力、有节。有理,是指在说服时要以理服人,而不是以力压人;有力,是指说服的证据、材料等有较强的力量,不是轻描淡写;有节,是指在说服对方时要适可而止,不能得理不让人。这些原则说明,要说服对方,不仅要有高超的说服技巧,还必须运用自己的态度、理智、情怀来征服对方,这就需要掌握说服对方的基本条件。

1. 要有良好的动机

说服对方的前提是不损害对方的利益。这就要求说服者的动机端正，既要考虑双方的共同利益，更要考虑被说服者的利益要求，以便使被说服者认识到服从说服者的观点和利益不会给自己带来什么损失，从而在心理上接受对方的观点。否则，即使暂时迫于环境或对方的压力接受了说服者的观点，也会"口服心不服"，并且作为以后谈判中的武器向你开火，使你防不胜防。

2. 要有真诚的态度

真诚的态度是指在说服对方时尊重对方的人格和观点，站在朋友的角度与对方进行坦诚的交谈。因为对被说服者来说，相同的语言从朋友嘴里说出来他认为是善意的，很容易接受；从对立一方的口中说出来则认为是恶意的，是不能接受的。因此，要说服对方必须从与对方建立信任做起。

3. 要有友善的开端

谈判者要说服对方，首先必须给人以良好的第一印象，才能使双方在一致的基础上探讨问题。友善的开端一是要善意地提出问题，使对方认识到这是在为自己解决困难，这就要求说服者不是随心所欲地谈自己的看法，而要经过周密地思考，提出成熟的建议。二是要有友善的行为，即在说服中待人礼貌，晓之以理，动之以情，使对方自愿接受说服。

4. 要有灵活的方式

要说服对方，方式是重要的条件，而不同的人所能接受的方式是不相同的；只有能够针对不同的人采用不同的方式，才能取得理想的效果。

（五）谈判说服的方式

在国际商务谈判中说服对方的方式主要有三种：

1. 沟通式

沟通式又叫宣传式，是指通过某种渠道把信息传递给接受者，使对方自动接受这一观点。通过信息传递沟通双方的关系来说服对方是一种比较简单的方式，适用的对象是那些不存在尖锐对立的国际商务谈判者。对这些被说服者来说,只要能见到具有说服力的语言、文字,便可很快被说服。

2. 雄辩式

雄辩式即运用充分的理由说服对方。常用的方法有两种:一种是劝诱,即通过积极、正面的工作,如激励、妥协、许愿使对方服从自己的观点,答应自己的条件。这里既有观点的劝说,也有利益的诱导,因而很容易达到说服的目标。第二种是威胁,即通过消极方面的工作,如提出抗议、退出谈判等迫使对方屈服,接受自己的观点。这种做法从理论上说是一种压服,但市场条件是变化无常的,今天对卖方有利,一个月后可能变得对买方有利。在这种情况下,谈判者为了争取时间,以保证自己的利益,在讨价还价的基础上有利的一方便会使用最后通牒的手段,使对方被迫接受自己的观点。

六、国际商务谈判中的拒绝

在谈判过程中,对方的有些条件对自己非常不利,如果接受这些条件会给自己带来较大损失,在这种情况下,拒绝对方的条件便是自己的唯一选择。需要说明的是,在谈判中拒绝接受对方的条件仅仅是解决问题的手段,而不是谈判的目的;目的是通过拒绝对方的观点,而使谈判朝着对自己有利的方向发展。因此,掌握拒绝的语言技巧便是每个谈判者应该认真研究的课题。

(一)谈判拒绝的方式

为了使谈判朝着对自己有利的方向发展,在采用拒绝的手段时,就要做到既能拒绝对方的要求,又不致使对方产生抵触情绪。为此,必须了解谈判拒绝的各种方式。

1. 直接否定式

即在拒绝对方的观点时采用明确肯定的言词。例如,"您提的这个条件我们无论如何是无法接受的。"这种拒绝方式没有任何回旋余地,因而它只适用于对方条件十分苛刻的情况。如果对方的要求虽高但并不是不能协商时,就不宜采用这种方式。

2. 态度诚恳式

即在谈判中利用一些客观理由来拒绝接受对方的观点或条件。例如:"您想降价的心情是可以理解的。但由于产品成本上涨了15%,再降价我们就蚀本了。"由于物价上涨是人所共知的客观事实,拒绝降价便有理有据,因而很容易被对方理解和接受。

3. 寻找借口式

即在谈判中寻找一些客观理由拒绝接受对方的观点或条件。例如:"您提的这个条件很好,但我单位的购买规定不允许接受这个条件。"这种方式中寻找的借口都是一些客观理由,如组织原则、规章制度、个人权限等。由于这些借口对方很难弄清其真假,因而也容易得逞。

4. 利用建议式

即在谈判中一方面拒绝对方的要求,同时又提出解决问题的新的办法。例如:"您降价的要求我们实在难以接受。但我们可以用不影响您使用的另外一种规格的产品来代替。"由于在建议中提出了新的条件,使对方把思路转到了对新的问题的思考上,便很容易地使自己摆脱困境。

5. 提出问题式

即在谈判中通过向对方提出问题让其回答,使对方认识到所提问题的过分而自动放弃原来的要求。例如:"根据您提的条件,贵方的利润将是多少?我方的利润又是多少呢?"这种方式的特点是变己方的拒绝为对方的自动放弃,因而在使用中效果极佳。

(二)谈判拒绝的技巧

谈判中拒绝的技巧主要有以下几点:

1. 态度诚恳

为了使被拒绝者能够理解自己的心情,在拒绝时必须态度诚恳,使对方知道你确实尽了力,但又实在无法满足其要求,这样拒绝起来就顺理成章。因此,在拒绝对方时必须给人一种经过认真考虑,而又确实无法做到的感觉。

2. 观点明确

为了使拒绝能达到应有的效果,必须使对方能明白无误地了解你拒绝的意思,以免使对方产生误解。为此,拒绝中要打消对方的幻想,尽管态度可以诚恳、措辞可以委婉、方式可以多样,但观点必须明确,不能用含糊的托辞,更不能默不作声。因为这样做对方会认为是同意、是默许,从而为以后的谈判设置了障碍。

3. 措辞委婉

在拒绝对方的观点时,在措辞上要委婉,不能用教训、嘲弄、挖苦的言辞拒绝对方。这样一方面可以显示对被拒绝者的尊重,另一方面被拒绝者也容易接受。在这里,措辞上的委婉不是指词藻的华丽,而是指以理服人。因此,在拒绝对方时必须把措辞和拒绝的理由有机地结合起来,使理由显得更充足,使措辞显得更有说服力。

4. 方式得当

前面讲了多种拒绝的方式。在谈判拒绝时究竟采用哪种方式,要根据谈判者、谈判环境、谈判话题等多种因素确定。当有明显的客观理由时,运用态度诚恳式是再好不过的;但当客观理由不足时,寻找借口式可能成为拒绝方式的最佳选择。总之,在方式的运用上要灵活得当,使它更好地为取得有利的谈判成果服务。

第三节 国际商务谈判非语言沟通

谈判者在运用语言的同时,伴随而来的就是动作和表情。因此,在国际商务谈判中,谈判者要顺利地表达出自己的需要,语言表达信息如果没有非语言表达的配合,那效果也是有限的。正确地理解对方的意图,除了利用好语言这一有效、方便的工具外,还要发挥好非语言表达的作用。非语言表达主要是指谈判人员的行为、体态,它是反映谈判过程中谈判者身心状态的一种客观指标。非语言包括无声语言、类语言和时空语言三大类。谈判中,非语言表达以其丰富的内涵、多变的形式以及语言表达所无可比拟的优越性占据着信息表达的重要空间。

一、非语言沟通在谈判中的作用

非语言沟通主要是指行为语言。行为语言的认知是行为语言观察和运用的基础。行为语言的认知是一个过程,它主要依据认知者过去的经验及对有关线索进行表现。当某事件与自己有较大利害关系时,认知反应就显著增强。比如对方公然指责、侮辱自己时,当发觉对方的行为是一种欺骗时,心情就会很激动,反应就十分强烈。反之,如果认知者判断对方的行为与己无关或关系不大,则心情就很少波动变化。行为语言的特点使非语言沟通在国际商务谈判中发挥着特殊作用。

(一)代替作用

非语言沟通在谈判中可以代替语言所要表达的意图,特别是当语言不便或不能表达谈判者意图时,或语言表达不合时宜或对方难以领会时,行为语言的运用便能够取得明显的效果。

(二)补充作用

非语言信息可以丰富语言所要表达的内容,对于语言所要表达的信息,非语言动作在不同程度上起着辅助表达、增强力量、加重语气的作用。对方在听话时,手摸桌子、背后仰,多表示不感兴趣;对方在说话时慢慢握紧了拳头,表示下定决心;等等。

(三)暗示作用

谈判者如果想从一个态度转向另一个态度,可通过表情、语调的调整或体态的运用来完成。这体现了非语言的强烈暗示作用。非语言在传递信息时还能给人自然、真切的感觉,所以,在国际商务谈判中被谈判者广泛运用。

(四)调节作用

由于国际商务谈判环境、对象等外部条件的不同,以及可能遭遇僵局等状况,谈判主体会产生不适心理。这时,如果通过非语言的动作调节,参与国际商务谈判的主体就能较快地恢复正常。例如,当国际商务谈判主体产生厌倦、无聊、紧张等心理时,可通过咳嗽、喝水等动作来调节一下,以便较快地转入正常的谈判状态。

二、非语言沟通的传播符号

非语言符号具体指谈判主体运用动作、表情、手势等方式来表达含义的符号。在国际商务谈判中，符号是沟通的基本要素，谈判者要想完成信息的交流，必须借助于某种谈判符号系统；没有符号也就无所谓沟通，这些符号传播反映着谈判主体的内心活动，传递着丰富的信息。在国际商务谈判中，谈判主体使用的非语言符号大体有以下几个方面：

（一）默语符号

在国际商务谈判中，默语符号是谈判个体借助非有声语言来传递信息、表达思想的一种不出声的伴随语言，主要表现形式是停顿语。

停顿语就是谈判者通过句子当中、句子之间保留的间隙所传递的信息，是一种高超的超越语言力量的传播方式。在国际商务谈判中，停顿语可以表示无言的赞许、抗议、默认等意义，它能以最简单的形式表达出丰富多彩的内容。当然，其确切含义的确定必须和具体的谈判环境结合起来考虑。在谈判中，如发现对方有疲劳之感，谈判者可通过有节奏的停顿吸引对方注意力；当表述自己观点时，会加大下面要说话语的力度；等等。因此，谈判者在彼此沟通中，要注意发挥停顿语的重要作用。

停顿语在国际商务谈判中发挥着巨大作用，国际商务谈判者使用停顿时必须给以控制，否则会给对方一种矫揉造作或难以捉摸的感觉。

（二）体语符号

体语是指谈判者的身体语言，是通过国际商务谈判个体的动作、表情、姿势和服饰等来传递信息的一种无声语言。对于谈判者来说，所谓应用体态语，就是要在谈判的特定条件下，一方面是有意识地对自身的体态语予以控制、调整，辅助口头语言表达完成谈判任务；另一方面则是借助对谈判对手体态语的辨析，更真实、全面、及时地把握对方的情感、态度和意向，以此来把握谈判的主动权。体态语所表现的范围极广，而人的情感、态度与意向往往又有随机变化的特点，因此体态语的使用频率也很高。它是通过谈判个体的动作、表情、姿势和服饰等来传递信息的一种无声语言。根据身体在谈判时所处的状态,可将体语分为动态体语和静态体语。动态体语包括首语、手势语、目光语、微笑语等,静态体语包括身态语和服饰语。

1. 首语

首语是通过谈判者头部活动传播的信息。在国际商务谈判中经常使用的是点头语和摇头语,它们一般情况下分别传递着正负面的信息。

点头一般表示"是"、"肯定"之义。如谈判者在欣喜、赞同、有兴趣时,常常作上下点头的动作。而摇头一般表示"否定"之义。

在大部分国家和民族都是肯定时点头,否定时摇头,但由于文化和环境的不同,所表达的意思在不同国家也会有相当大的差异。例如:在表示肯定时,叙利亚人是头先向前倒然后弹回;巴基斯坦人是将头向后一扬,然后再靠近左肩;斯里兰卡人是将下巴低垂,随之将它朝下往左移动等。表示否定时,保加利亚和印度的某些地区是先将头往后倒然后向前弹回,土耳其和阿拉伯人一般将头抬起。

2. 手势语

它是指通过手、手指活动来传递信息,这种通过手及手指活动所传递的信息被称作手势语。谈判者可通过手与手的接触或手的动作读解出对方的心理活动或心理状态,也可以把自己的意图传达给对方。人的手比较灵活,开合自如,是表达信息的有效方式。握手是最常见的手势语,标准的握手方式是用手指稍稍用力握住对方手掌,时间约为 1~3 秒。手势是谈判中辅助语言的手段,它能使语言表达更贴切、更恰当。它能加强谈判者的语气,也能把对方的精神振奋起来。更值得注意的是,手势能反映谈判者的情绪。如不停地搓手是"为难"的表现,握拳则表示决心或不满等。

由于各国之间文化差异的影响,同一手势对不同的谈判者可表达不同的意思。如拇指与食指合成一个圆圈,对美国和黎巴嫩人来说表示"OK",而日本人看来代表"钱",对突尼斯人来说则是极端的挑衅行为。总之,手势表示的含义因地而异。所以,要想有效地发挥手势语在国际商务谈判中的作用,必须首先了解其在不同文化背景中所表达的特定含义。

3. 身态语

身态语是指谈判者身体的静态姿势所传递的信息。不同的坐姿能反映谈判者不同的心理状况。人的身态有三种：躺卧式、曲膝式与直立式。国际商务谈判者一般都采用曲膝式中的坐姿。

坐姿一般能毫不掩饰地反映出谈判个体的心理状态：深深坐入椅内，腰板挺直，是谈判者想在心理上表示出一种优势；抖动足尖或腿的坐姿，大都表示谈判者内心轻松或不安；张开腿部的坐姿，系自信、豁达、开放的表现；交叠双臂而坐，多是一种防范性心理的表示。当然，谈判中的坐姿很多，但那种七歪八斜或翘起二郎腿的坐姿，将有碍于谈判的顺利进行。

(三) 类语符号

在国际商务谈判中，类语符号是指一种有声而无固定语义的语言，其形式主要有语调、重音和笑声。

谈判者的语调不同，所表达的意义也就不同，它通常有降调和升调两种基本类型。一般说，升调表示惊讶和不满，降调表示遗憾和灰心。波动的语调反映谈判者在思考、在犹豫；平调反映出自信和果断；等等。在谈判中，谈判者根据表达的需要，故意把某句话、某个词或词组说得重一些，这就是所谓的重音。谈判中通过谈判主体出声的笑来传递信息，笑声既可负载着正信息，也可负载着负信息。因此，国际商务谈判中，谈判人员要善于从不同的笑声中猜测出对方真实意图。

(四) 时空语言

时空语言是指时间和空间因素在国际商务谈判中发出的信息。它分为时间语和空间语两种。

一般来说，谈判都有个时限概念，这应该是谈判双方通过磋商取得一致的时间，但是，如果一方单方面提出缩短时间，这说明他们想搞"速决战"，此时就应避免犹豫不决；否则，难以获得对方合作。如果一方单方面提出延长时间，这说明他们想进行"马拉松"式的谈判，这种情况下就不宜操之过急，否则会急中生乱。

空间语通常是指空间本身给谈判主体带来的信息。谈判是在特定的政治、经济、文化等影响下的社会环境中进行的，特别是在国际商务谈判中,谈判将受到两个甚至多个不同社会背景的影响。因此,谈判者在谈判的准备过程中,要通过各种渠道了解谈判对手及谈判地点所在的社会环境,这样才能有备无患。

谈判所在的具体地点,包括室内环境的布置及谈判设施的安置方式,会给谈判造成很大影响,就房间布置而言,窗明几净、典雅庄重的场所可以给谈判造成一种融洽的气氛;圆形的谈判桌有利于双方的沟通;谈判者背门口而坐会产生一种不安全感。

三、国际商务谈判非语言沟通的观察

根据巴甫洛夫学说,静止的形象容易产生抑制,不利于注意力的集中;而如果人脑接受刺激的兴奋点经常转移,则人就不容易产生疲劳的感觉。所以,在谈判中谈判者使用丰富多样的体态语,可以始终抓住对方的注意力,使他时时处在兴奋的状态之中,保持高昂的情绪,集中精神去理解体会谈判者所表达的内容。在观察谈判者的行为时,必须把人体行为与物品行为综合起来考虑,以便了解该动作的准确含义。

有时候口头语言的含义与行为语言的含义是不一致的,其中必然有一种语言传递的是虚假的内容。行为语言在谈判中更多地起着补充作用和保证作用,因此,通过观察对方的行为可以了解对方的部分信息。无论行为语言还是口头语言,都既可以传递真实信息,也可以传递虚假信息,只有把二者统一起来观察,并利用两种语言传递的信息相互修正,才能保证观察结果的准确无误。

谈判行为的含义是大家共同认为某一动作表达某一含义,因此,这种含义便成为以后人们共同使用和理解的内容。但是,由于行为语言的动作不能像口头语言那样准确,因而人们在观察行为语言的含义时便产生了差异。因此,在谈判中既要利用直观感觉产生的印象了解信息,又要通过谈判实践对直观印象进行修正,以不断提高自己的观察水平。

四、非语言沟通中的目光语

(一)根据不同的标准来分析目光语的含义

1. 根据目光凝视讲话者时间的长短来判断听者的心理感受

通常与人交谈时,人的视线接触对方脸部的时间,在正常情况下应占全部谈话时间主要部分。超过这一平均值者,可以认定对谈话者本人比对谈话内容更感兴趣。低于这一平均值者,则表示对谈话内容和谈话者本人都不怎么感兴趣。

2. 倾听对方谈话时,根本不看对方,是试图掩饰什么的表现

有经验的海关检查人员在检查过关人员已填好的报关表时,还要问一句:"还有什么东西要呈报没有?"这时,他的眼睛不是看着报关表,而是看着过关人员的眼睛,如果该人不敢正视他的眼睛,那就表明该人在某些方面很可能存在问题。

3. 眨眼频率较高,有不同的含义

在正常情况下,一般人每分钟眨眼5~8次,每次眨眼一般不超过1秒钟。如果在1秒钟之内连续眨眼几次,这是神情活跃,对某事物感兴趣的表现;有时也可理解为个性怯懦或羞涩,不敢正眼直视而作出不停眨眼的动作。时间超过1秒钟的眨眼,一方面表示出的是厌烦,不感兴趣;另一方面也表示自己比对方优越,因而蔑视对方而不屑一顾。眼睛闪烁不定,是一种反常的表现,这经常被看作是用于掩饰的一种手段,或是性格上不诚实的一种表现。做事虚伪或者当场撒谎的人,常常眼睛闪烁不定,以此来掩饰内心的秘密。

4. 瞳孔的变化

当人处于喜悦或兴奋时,往往是眼睛生辉、炯炯有神,此时眼睛瞳孔就会放大;而人在消极、戒备或愤怒时,愁眉紧锁、目光无神、神情呆滞,此时瞳孔就会缩小。实验证明,瞳孔所传达的信息是无法用意志来控制的。有经验的企业家、政治家以及职业赌徒,为了防止对方察觉到自己瞳孔的变化,往往喜欢佩戴上有色眼镜来进行掩饰。如果谈判桌上有人戴着有色眼镜,就应加以提防,因为他可能是很有经验的谈判高手。

（二）目光语与谈判沟通

眼神及眼睛的动作所传达的信息还有很多，有些确实是只能意会而难以言传。这就要靠谈判者在实践中细心观察和思考，不断积累经验，争取更多地把握眼睛动作及眼神所传达的信息。

有的谈判者不会运用目光语，他们要么根本不看着对方，回避与对方的目光接触；要么直勾勾地盯着对方不放，直到看得对方浑身不自在。这两种极端表现都会妨碍谈判的顺利进行。不看对方，对方会觉得你对话题不感兴趣，或者是有什么见不得人的心事。这样一来，对方便对你的谈判诚意会表示怀疑；而长时间盯着对方，会被理解为是一种挑衅行为。如果谈判者不是要刻意激怒对方，就应该避免这种失礼的举动。还有的人喜欢不断地变换眼睛的瞄准点，眼珠滴溜溜地来回转动。这样，给人的感觉是心不在焉、敷衍塞责，或是使人觉得你过于轻浮、不可信赖。正确的做法应该是让眼光自然、柔和地停留在对方的双眼和嘴部之间的区域，停留的时间应适中，既让对方感受到你真诚、友好的态度，又不给对方太大的压力，以保持良好的谈判气氛。

在谈判中，谈判者不仅要善于观察对方的目光语，推断出对方真实的思想感情；而且要善于运用目光语来进行交流，增强语言表达效果。

例如，用清澈、坦荡、恳切的目光注视对方，表现的是正直、心胸开阔、锐意进取的精神面貌。高兴时，眼睛明亮、眼光热烈；失望时，眼神暗淡，目光呆滞；愤怒时，眼睛张大，眼神严峻。赞美对方时，投去欣赏的眼光；同情对方时，露出关切的眼神。和你的目光语协调配合，无论你的话表达了什么样的情感，你的眼神都应该传递出同样的意思。这样，语言的真实性和感染力都得到了大大的增强，当对方和你对视的时候，就会相信你、注意你的讲话，并作出积极的反应。

案例分析 6-1

上海甲厂计划引进西欧某公司的一条生产线，委托外贸公司来做这笔生意。外国公司提出了十分合理的价格——80万美元。当时甲厂用于购买生产线的外汇只有50万美元，差距很大。外贸公司先请外方的销售经理汤姆先生来上海访问,进行具体的商务洽谈。

汤姆先生来沪后,外贸公司先安排他参观了用户,向他发出了我们有诚意购买的信号。同时,外贸公司又介绍了该厂在中国同行业中的地位,这些引起了对方的兴趣。于是,外贸公司乘机提出如果这笔生意做成,将协助这家公司在上海举办展览,并负责邀请中国的有关企业来参观。由于该公司的产品优秀,在世界各地都有其产品,而在中国却没有,该公司对进入中国市场又很有兴趣,听了这些介绍以后,汤姆先生考虑再三,表示这次只收设备的成本费,不赚利润,把报价降到了70万美元。然而,买主只有50万美元,还差20万美元。于是,外贸公司就说服买主扣除国内能配套的部分设备,使价格降到60万美元。此时对于外方公司来说已经不能再退了,还差10万美元怎么办?外贸公司与买主反复研究后,决定取消5万美元可以以后再订的备件,使双方的距离缩小到只有5万美元。这时外贸公司再次恳切表态,说只要同意再降5万美元,将免费向对方介绍一家外地的买主,并言明对此价格严守秘密,不向任何人泄漏。汤姆先生经过反复比较,终于下决心按50万美元成交。外贸公司在此后同时介绍这家西欧公司与外地的企业成交了两台同类设备。在不到一年的时间里,这家公司连续在中国成交了10多台设备,使该公司进入中国市场的愿望得以实现,保证了它的基本利益。

分析:

请根据谈判的原理,对外贸公司使谈判获得成功的原因进行分析说明。

资料来源:丁建忠,《商务谈判教学案例》,中国人民大学出版社,2005年。

案例分析 6-2

20世纪70年代中期,我国民航从英国购进三叉戟飞机用的发动机——斯贝发动机。十多年期间,由于故障频繁,航班被迫取消,发动机被送进维修厂,甚至生产地——英国去检修。负责在英国监督检修我民航发动机的工程师薛其珠等人在与英方相处的日子里,感到大批发动机的故障是由于设计缺陷造成的。因此,1984年9月,薛其珠代表中国民航正式向英国航空发动机制造公司提出了索赔要求。

索赔要求提出后,本来双方很和睦的关系,立刻变成了冷漠与戒备的对立关系。英国人不允许他们再随意走动,到哪个车间都要事先请示联系,并有专人陪同。在双方交锋的谈判桌上,双方你来我往,气氛十分紧张。我方指责英方发动机设计有缺陷,并提出明确的理由。第一,英国人明明知道发动机有故障应进行改进,但却故意将未改进的发动机卖给中方。因为英航购买的80台斯贝发动机全部是改装的,而中方购买的却一台也没有改装。第二,没有改装,为什么在履历本上却注明已改装?这是故意欺骗中国人。第三,双方的分歧在于发动机改装是否成功,我方的计算说明,改装是十分成功的(附计算分析)。第四,根据合同,索赔在三种情况下成立,即设计差错、装配差错和器材差错,中方认为英方发动机设计有缺陷,应予赔偿。

到第八次会议时,英国人再也没有绅士风度了,他们大叫大嚷,戳戳点点,大摔文件。在谈判完全僵化时,英方的负责人竟然调过头去,把脊背冲着会场,到最后,一些谈判的技术人员不辞而别,会场只剩下英方的负责人。

索赔谈判中,经过中方的据理力争,上百个回合的交锋,英方终于理屈词穷,同意进行赔偿。英国飞机发动机制造公司首先向中国民航道歉,其次对给中国民航造成的损失,一次性赔偿304万美元。

案例分析 6-3

美国总统尼克松到中国访问,在完成了北京的行程后,在周恩来总理的陪同下到上海参观。尼克松一行下榻于著名的锦江饭店,尼克松夫妇被安排住在15层,基辛格住在14层,罗杰斯、格林和其他国务院官员住在13层。

本来,中美两国的联合公报已经经过尼克松和毛泽东的批准,准备正式公布。但是,由于联合公报是基辛格抛开罗杰斯及国务院的官员与中方单独搞的,罗杰斯及国务院的官员对此非常不满。罗杰斯和其他国务院官员被安排住在13层,使他们觉得没有受到尊重,不满情绪愈加强烈。于是,对联合公报进行了严厉的批评,提出的修改方案将原来的联合公报几乎全盘推翻。

2月27日,到达上海不久,周总理特地去看望罗杰斯国务卿及其助手们。他走进大厅,走进了电梯。电梯迅速往上升。头顶的电梯标志牌上,"13"处亮着红灯。

周恩来望着标志灯,恍然大悟似的说:"怎么能安排他们住第13层?13呀!西方人最忌讳13……"标志灯熄灭了,电梯门开了。

周恩来带着翻译走进罗杰斯的套间,听见谈"13"的声音戛然而止。罗杰斯手下的官员们正在房间里说话,大约是在发牢骚生气,一个个面有愠色。见周总理来了,罗杰斯朝他们示意,他们一个个只好客气地装出笑,极不自然。

周恩来伸出手,说:"罗杰斯先生,你好!"

"总理先生,你好。"罗杰斯跟周总理握手。

周恩来逐一地与国务院的官员握手之后,在罗杰斯身旁的沙发上泰然自若地坐了下来,说:"国务卿先生,我受毛泽东主席委托,来看望你和各位先生。这次中美两国打开大门,是得到罗杰斯先生主持的国务院大力支持的。这几年来,国务院做了大量的工作。我尤其记得,当我们邀请贵国乒乓球队访华时,贵国驻日本使馆就英明地开了绿灯,说明你们的外交官很有见地……"

周恩来的话缓和了室内的紧张气氛。

"总理先生也是很英明的。我真佩服你想出邀请我国乒乓球队的招,太漂亮了!一下子就将两国疏远的距离拉近了。"罗杰斯笑着说。

"有个很抱歉的事,我们疏忽了,没有想到西方风俗对'13'的避讳。"周恩来转而风趣地说,"我们中国有个寓言,一个人怕鬼的时候,越想越可怕;等他心里不怕鬼了,到处上门找鬼,鬼也就不见了……西方的'13'就像中国的'鬼'。"

众人哈哈大笑,周恩来也跟着笑。

周恩来总理的看望使罗杰斯和其他国务院官员非常感动,在后来的联合公报修改过程中,作出了较大的让步,使联合公报得以按时发表。

分析：

为什么周恩来总理的看望会对联合公报的谈判产生如此大的影响，请用有关原理进行说明。

案例分析 6-4

有一次松下幸之助与西欧的一家公司进行贸易谈判。由于双方都不愿意作出妥协，谈判的气氛非常紧张，双方情绪激动，大声争吵、拍案跺脚，谈判只好暂时中止，等吃完午饭之后再谈。

下午谈判重新开始，松下幸之助首先发言。他说："我刚才去了一趟科学馆，觉得人类的钻研精神实在令人赞叹。目前人类已经拥有了许多了不起的科研成果。阿波罗火箭又要飞向月球了。人类智慧及科学事业能发展到这样的水平，这实在应该归功于伟大的人类。然而，现在人与人之间的关系却没有如科学事业那样取得长足的进步。人们之间都怀有一种不信任感，他们在互相憎恨、吵架，在世界各地，类似战争和暴乱那样的恶性事件频繁发生。在大街上，人群熙来攘往，看起来似乎一片和平景象。其实，在人们的内心深处却仍相互间进行着丑恶的争斗。"他稍微停顿了一会儿，接着说："那么，人与人之间的关系为什么不能发展得更文明和进步呢？我认为人们之间应该具有一种信任感，不应一味地指责对方的缺点和过失，而应该持相互谅解的态度，一定要携起手来，努力发展人类共同的繁荣和进步事业。科学事业的飞速发展与人们精神文明的落后，很可能导致更大的不幸的事件的发生。人们也许用自己制造的原子弹相互残杀，日本已经蒙受过原子弹所造成的巨大灾难。"

开始时，对方的谈判人员以为松下幸之助是在闲聊天，逐渐地，他们被松下幸之助的谈论所吸引，并且为这些问题所感叹，谈判现场一片寂静。随后，慢慢转入正题的谈判，气氛与上午的激烈对抗完全不同，谈判双方成了为人类共同事业携手共进的伙伴，欧洲的这家公司接受了松下公司的条件，双方愉快地在协议上签了字。

分析：

为什么松下幸之助以科学与人类的关系为题的讲话会使谈判顺利完成，请用谈判的原理进行解释。

资料来源：丁建忠，《商务谈判教学案例》，中国人民大学出版社，2005年。

复习思考题

1. 国际商务谈判的语言特征有哪些？
2. 提问的技巧有哪些？
3. 如何掌握答复技巧？
4. 说服技巧应掌握哪些要点？
5. 非语言沟通有什么作用？

第四篇

国际商务谈判的礼仪与风格

本篇阐明国际商务谈判的礼仪,包括:国际商务谈判的礼仪、国际商务谈判礼节;不同国家和地区的商务谈判风格:文化习俗与谈判风格、与不同谈判风格国家和地区人谈判的应对技巧。

第四篇

第七章 国际商务谈判的礼仪与礼节

国际商务谈判是以具体的人即谈判者的活动作为中介来实现的,礼仪与礼节作为社会交往的规范必然渗透于人与人的接触、交往,而每一个谈判者通常都会怀有同样的心态,即渴望在谈判过程中获得谈判对手的礼遇。因此,每一个谈判者都应掌握谈判中的礼仪、礼节规范,这也是谈判者必备的基本素质之一。

第一节 国际商务谈判的礼仪

匈牙利谈判家、外交官涅尔基什·亚诺什在他的著作《谈判的艺术》中曾这样说:"我开始从事自己的职业时,持这样的观点:在这一工作中所见到的是'贵族'式的狡猾奸诈,卖弄词藻、看重身份、讲究礼节、故作文雅,这一切不仅使我怀疑这些注重外表的人是否真诚,而且还怀疑他们的智力是否健全。不久我便懂得,事实并非如此。原先我所鄙视的他们的讲究穿着很快使我产生这样的看法,即在考究的服饰、礼貌的待人接物等外表现象后面的则是坚定、清醒、沉着的意志和力量,这种意志和力量是看不起这些'细节'的那些谈判新手所不得不重视的。"

他的这段详述深刻揭示出有关礼仪"细节"在谈判中形成的重大影响。说明端庄的仪表仪容、礼貌周到的言谈举止、彬彬有礼的态度,虽然不是决定谈判成功与否的唯一因素,却是保障谈判过程得以顺利进行的重要前提。

一、迎送礼仪

迎来送往是经济谈判中经常发生的行为,是常见的社交活动,也是国际商务谈判中一项基本礼仪。一般来说,在谈判中,对重要客商、初次打交道的客商要去迎接;一般的客商、多次来的客商,不接也不失礼。总之,谈判一方对应邀前来参加谈判的人员,对将要来到和即将离去的客人,都应根据其身份、交往性质、双方关系等因素,综合考虑安排相应的迎送。

(一)迎送规格

对来宾的迎送规格,一般应遵循"对等原则",如果需要顾及双方关系和业务往来等具体情况,也可以安排破格迎送和接待。

对等原则是说,确定迎送规格时,应主要根据来访者的身份和访问的目的,适当考虑双方关系,同时注重通用惯例,综合平衡地进行迎送工作。在迎送实践中,当因为机构设置不同,当事人身体不适或不在迎送地等一些原因而不能完全对等接待时,便可灵活变通,由职位和身份相当的人士作为主人的替代者。当事人不能亲自出面迎送时,还应从礼貌出发,自己或通过别人向迎送对象作出解释,表示歉意。

所谓破格接待,是指在迎送者和陪同迎送者身份、数量以及迎送场面等方面给予客人以较高的礼遇。对于破格接待应十分慎重,非有特殊需要,一般都按对等原则来安排迎送和接待。如果我方经常有迎送活动,尤其是有同时进行的迎送活动时,应妥善安排,不应造成厚此薄彼的现象。如果我方安排了破格迎送和接待,就应该利用介绍、对比和会见等适当方式,让对方明白,我方进行了破格迎送和接待。只有这样,才能在以后的交往中,收到破格迎送和接待的效果。

(二)准确掌握来员抵离的时间

迎送人员必须及时准确地掌握来员抵离的时间,既可以顺利迎送客人,又可以不过多地耽误迎送人员的时间,提高迎送效率。当原定抵离时间因故发生变动时,应及时通知全体迎送人员和有关部门,同时对原定迎送计划作相应调整。

迎接人员应在交通工具抵达前到场,送行则应在来客登机(车、船)前到。总之,要做到既顺利接送来客,又不过多耽误时间。如果送行时还有欢送仪式,则应在仪式前到达送行地点。

关于迎送过程中的有关手续和购买票证等具体事务,应指定专人办理,如办理车票、飞机票、船票、出入境手续、行李提取、行李托运等等。如果客方人数众多,可请他们派人配合办理。有些重要的来访团体,人数和行李都很多,应将主要客人或全部客人的行李提前取出,及时送往住地,以便对方及时更衣,开始活动。

(三) 做好接待的准备工作

每一次迎送活动,都应指定专人负责迎送具体事宜,或组织迎送工作小组具体办理。迎送人员应及时地将有关迎送信息、迎送计划和计划变更情况通知有关部门和有关人员,也应及时地向迎送人员反馈迎送信息。

在迎送活动中,应提早安排汽车、办理住房事宜。如果有条件,应在客人到达之前,将宾馆、住房和乘车号码等通知客人。如果做不到,也可印好住房表和乘车表,或者将有关事项打印成卡片,在客人刚到达时,及时发放到每个人的手中。这样既可以避免混乱,又可以使客人心中有数,主动配合我方的迎送工作。

客人刚刚抵达住所后,一般不要马上安排活动。应让客人稍事休息,至少也应给客人留出更衣的时间。

(四) 迎送礼仪中的有关事务

1. 献花

在有些迎送场合,要举行相应的欢迎仪式或给客人献花。献花是对来员表示亲切和敬意的一种好方法。尤其来员中有女宾或携有女眷时,在其尚未到达旅馆之前,预先在其房间摆一个花篮或一束鲜花,会给她们一个惊喜,有时甚至会达到意想不到的效果。如果安排献花,必须使用鲜花,不得用塑料花或绢花等代替。献花时要注意保持花束整洁、鲜艳。献花者通常由少年儿童或青年女子充当,也可由女主人向女宾献花。献花活动通常在主人与客人握手以后进行。

送花时要尊重对方的风俗习惯,应尽量投其所好,绝不可犯其禁忌。如日本人忌讳荷花和菊花;意大利人喜爱玫瑰、紫罗兰、百合花等,但同样忌讳菊花;俄罗斯人则认为黄色的蔷薇花意味着绝交和不吉祥等。如果对方是夫妇同来,己方送花尤应以负责人夫妇的名义或公司的名义送给对方夫妇。给对方女性送花,最好以己方某女性人员的名义或己方单位名义或负责人妻子的名义赠送,切忌以男性名义送花给对方交往不深的女性。

2. 陪车

在迎送活动中,为了表示我方的热情和关心,一般情况下,都安排陪车,即主人陪同客人乘车前往住地、活动地点、车站、码头或飞机场等。有些迎送活动,也可不安排陪车。

主人陪车时,应先由主人或陪同人员打开车门。上车时,先请客人从右侧车门上车,主人再从左侧车门上去,以避免从客人膝前穿过。若客人先上车,坐到了主人的位置上,那也不必请客人再移动位置。一般应将客人安排到主人的右侧。司机旁边的座位不宜安排客人就座,而应安排陪同人员、导游、译员或副司机等工作人员乘坐。如果客人夫妇同时与主人乘坐一车,则应请客人夫妇坐在后排,主人坐在前排司机旁边。待客人上车坐稳后,主人或陪同人员应帮助客人关闭车门。然后,由车体尾部绕到自己座位一侧,开门上车。切不可让客人在车内变动位置,或与客人从同一车门上车。

在迎送活动中,如果陪同客人行走,应把主人与主宾略让在前方,其他人员随后而行,而不能与主人和主宾并排行走。主人与客人行走时,应把客人让在右边,以示敬重有礼。迎送身份较高的客人时,应事先在车站、机场或码头安排贵宾休息室,准备必要的饮料,稍事休息后,再进行下面的活动。

二、会谈礼仪

国际商务会谈是指双方或多方就某些共同关心的问题交换意见,

也可以指洽谈业务或就具体业务进行谈判。会谈是商务谈判过程中的一项重要活动,在商务谈判中,尤其是国际商务谈判中,东道主应根据谈判对方的身份和谈判目的,安排相应的有关部门负责人与之进行礼节性会见。

会谈举行之前,应就会谈的具体事宜进行磋商,即提出会谈要求。会谈要求应包括会谈目的、内容、时间、地点以及双方或各方参加人士等。

会谈时间、地点和双方参加人员的名单应准确掌握,及早通知有关人员和有关单位作好必要安排。主人应提前到达,以避免仓促。客人到达时,主人应到正门口迎接,也可以在会谈室门口迎接,或由工作人员在大楼门口迎接并引到会谈室、主人在会谈室门口迎接。会谈场所应安排足够的座位,必要时宜安装扩音器,现场事先放置中外文座位卡等;如有合影,最好安排在宾主握手、合影之后再入座。会谈一般只备茶水,夏天配加冷饮。若会谈时间较长,可适当上咖啡或红茶。

会谈通常安排在专用的会谈室,或者安排在合适的会客办公室。按照参加方的多少,可以将会谈分为双边会谈和多边会谈,只有双方参加的会谈为双边会谈,有三方及三方以上参加的会谈为多边会谈。

双边会谈通常使用长方形或椭圆形桌子,宾主相对而坐。以正门为准,客人面向正门,主人背向正门。双方主谈人员居中而坐。我国习惯把译员安排在主谈人右侧,也有的国家把译员安排在主人和主宾之后,一般应尊重主人的安排。其他人员均按礼宾顺序左右排列。记录员可安排在后排,如果参加会谈的人数较少,也可将记录员安排在会谈桌前就座。

会谈结束以后,双方应起立握手。主人应将客人送至车前或门口,再行握手礼告别,目送客人离去后方可退回室内。

三、交谈礼仪

在一定意义上,国际商务谈判过程即是交谈的过程。恰当、礼貌的交谈不仅能增进谈判双方之间的了解、友谊和信任,而且还能促使谈判更加顺利、有效地进行。因此,在交谈活动中,必须讲究和遵守交谈的礼仪。

交谈时表情要自然,态度要和气,语言表达要得体。说话时可做适当的手势,但动作不要过大,更不要手舞足蹈。交谈时距离要适当。交谈中,自己发言时要注意给别人发表意见的机会,别人讲话时也应寻找机会适时地发表自己的看法;要善于聆听对方的谈话,不要轻易打断别人的发言。一般不谈与话题无关的内容,在交谈中,应目视对方,以示关心;对方发言时,不应左顾右盼、心不在焉或注视别处,显出不耐烦的样子,不要老看手表、伸懒腰、玩东西,显得漫不经心。交谈时,一般不询问妇女的年龄、婚姻等状况,不径直询问对方的履历、工资收入、家庭财产、衣饰价格等私生活方面的问题。对方不愿回答的问题不要寻根究底,对方反感的问题应示歉意并立即转移话题,不对某人评头论足,不讥讽别人,也不要随便谈论宗教问题。交谈中要使用礼貌用语,如:你好、请、谢谢、对不起、打搅了、再见……并针对对方不同国别、民族、风俗,恰当运用礼貌语言。

四、宴请礼仪

在国际商务谈判中,谈判双方互相宴请或进行招待,是整个谈判过程中不可缺少的组成部分。举行宴会或招待会,可以制造一种宽松融和的气氛。在这种气氛中,能够加深双方的了解,增进彼此的友谊,也为谈判成功打下良好的基础。

(一)国际商务谈判中的饮宴形式

通用的宴请形式有宴会、招待会、茶会和工作进餐等。

1. 宴会

宴会为正餐,即坐下进食,由招待员顺次上菜。按举行的时间,可以将宴会分为早宴、午宴和晚宴。一般来说,晚上举行的宴会较之白天的宴会更为隆重。宴会一般可分为以下几种形式:

(1)正式宴会。多用于规格高而人数少的官方活动。正式宴会的宾主均按身份排位就座。正式宴会十分讲究排场,在请柬上往往注明对客人服饰的要求,而许多宾客也正是从服饰规定上判断宴会的隆重程度。

正式宴会对餐具、酒水、陈设,以及招待员的装束、仪表和服务方式要求很严格。通常情况下,正式宴会中,中餐用四道热菜,西餐用二三道热菜,另外还要有汤、冷盘、点心和水果等。在许多国家的正式宴会上,餐前要上开胃酒。

(2)便宴。便宴是招待宾客的一种非正式宴请形式,多适合于宾主的日常性友好交往。这种宴请,以午宴或晚宴居多。举行此类宴会时,宾主可不排座次,可不作正式讲演,一般是相互之间进行随意而亲切的叙谈。西方国家的午间便宴有时不上汤,不上烈酒。

2. 招待会

招待会是指各种非正式和较为灵活的宴请形式。这种宴请形式通常不排席位,可以自由走动,备有食品、酒水饮料及冷食(有时也备热菜)。常见的招待会形式有冷餐会和酒会等。

(1)冷餐会,又称自助餐。这种宴请形式的特点是灵活方便,易于操作。冷餐会一般不排席位,菜肴以冷食为主,也可用热菜,连同餐具陈设在餐桌上,供客人自取。客人可以自由活动,可以多次取食。酒水可陈放在桌上,由客人自取,也可由招待员端送。

(2)酒会,又称鸡尾酒会。这种招待宴请形式比较活泼,便于宾主之间进行广泛的接触和交谈。酒会的招待品以酒水为主,略备小吃。不设座椅,仅设小桌或茶几,以便客人随意走动。

酒会举行的时间比较灵活,中午、下午和晚上均可。请柬上往往注明整个活动延续的时间,客人可在这段时间内的任何时候到达和退席,来去自由,不受拘束。

(3)茶会。这是一种更为简便的招待形式。举行的时间一般在下午四时左右(也有在上午十时举行的)。茶会通常设在客厅。厅内设茶几和座椅,不排座位。如果是为某贵宾举行的茶会,在入座时,可有意地将主宾同主人安排在一起,其他人随意就座。茶会备点心和地方风味小吃,也有不用茶水而用咖啡的茶会,其组织安排与茶会相同。

(4)工作餐。工作餐是近年来较为流行的一种非正式简便宴请形式。按用餐时间可分为早餐、工作午餐与工作晚餐。它的特点是利用进餐时间，边吃边谈问题。在活动繁多，安排其他类型宴请有困难的时候，往往采取这种宴请形式。

（二）宴请活动的组织工作

1. 确定宴请目的、名义、对象、范围与形式

在社会交往中，为某人的来访和出访，为庆祝某一节日或纪念日，为展览会的开幕或闭幕，为某项工程的开工或竣工等等，都可以安排适当的宴请活动。另外，为增进相互了解，发展友谊等种种需要，也可以举办一些日常的宴请活动。

确定宴请名义和对象的主要依据是主、客双方的身份。出面邀请者身份太低，会使对方感到受冷淡、宴请的规格低。出面邀请者身份太高，会使对方感到无所适从。若主人已婚，一般以夫妇名义发出邀请。

确定宴请范围应考虑多方面的因素，不能只顾一面。一般应考虑宴请的性质、主宾的身份、主人的身份、通用惯例、对方对我方以前的做法，以及当前的政治、经济气候和将来的发展前景等。当邀请范围与规模确定以后，即可草拟具体邀请名单。

宴请采取何种形式，在很大程度上取决于当地的习惯做法。目前，世界各国的礼宾工作都在简化，宴请范围呈缩小趋势，形式也更为简便。冷餐会和酒会等被广泛采用，而且在中午举行酒会时，往往不请配偶。不少国家招待国宾时也只请身份较高的陪同人员，不请随行人员。我们提倡多举办冷餐会和酒会等宴请形式来代替宴会。

2. 确定宴请时间和地点

宴请时间和地点应对宾主双方都适合。要注意尊重对方在时间上的禁忌和不便。如对基督教人士的宴请时间不宜选择13号，更不宜选择13号并且是星期五。伊斯兰教徒在斋月内白天是禁食的，宴请应安排在日落以后举行。小型宴会举办以前，应先就时间向主宾征询意见，最好在适当时候当面邀请主宾，也可以用电话联系。

关于宴请地点，可按活动性质、规模大小、宴请形式、主人意愿和实际可能等情况具体选定。选定的场所要能容纳全部人员。举行小型正式宴会，在可能的条件下，应在宴会厅外另设休息厅（又称等候厅），供宴会前简短交谈使用，待主宾到达后，一起进入宴会厅入席。

3. 发出邀请

各种宴请活动，一般都用发请柬的形式来发出邀请。请柬具有礼貌和对客人起备忘等功能，也是进入宴会的凭证。请柬一般提前一周或二周发出，也有提前一个月发出的，以便对方及早安排、及早答复。

4. 现场布置

冷餐会的菜台应用长条桌，通常靠四周陈摆；也可根据宴会厅情况，摆在房间的中间。如果安排坐下用餐，可摆四五人一桌的方桌或圆桌。座位数要略多于全体宾主人数，以便席间宾主自由就坐、活动交谈。

酒会一般摆小圆桌或茶几，以便放花瓶、烟缸、干果和小吃等。这时，主宾席背向其他参加者的一边和背向主宾席的座位均不安排人坐。当主宾身份高于主人时，可以将其安排在主人席位上，以示敬重，而主人则坐在主宾席位上，第二主人坐在主宾的左侧。如果我方出席人员中有身份高于主人者，也可由身份高者坐主位，主人坐身份高者左侧，主宾坐身份高者右侧。在这种情况下，有一些国家仍按常规做法将身份高者安排到其他席位上。当席位排好后，即可制作席位卡。我方习惯将中文写在上面，外文写在下面。便宴和家宴时，也可不放座位卡，但对席位应有大致的计划和安排。

（三）宴会程序

1. 迎接、小叙

一般情况下，由主人到门口迎接客人。有时，正式场合可在存衣处与休息厅之间，由主人及其主要陪同人员排成行列迎宾，称"迎宾线"。宾主握手后，由工作人员引导客人进入休息厅。客人进入休息厅后，要有相应身份的主方人员陪坐小叙，并由招待员送饮料小饮。如果没有休息厅，则可以直接进入宴会厅，但不入座。

2. 开宴、致词

宾客到齐后，由主人陪同客人步入宴会厅就座，宴会即可开始。宴会开始后，宾主要适当祝酒。如果有讲演，应事先落实讲稿。通常双方事先交换讲话稿，由举办宴会的一方先提供。在代表团访问时，欢迎宴会的东道国先提供讲话稿；答谢宴会则由代表团先提供。讲演的时间，一般安排在宾主就座以后，或在热菜之后、甜食以前。冷餐会和酒会的讲话时间是很灵活的,可以相机进行。

3. 宴毕、告辞

食完水果,主人与主宾起立,以示宴会结束。这时,客人应向主人道谢,并称赞主人宴会的饭菜。宴后,宾主可以再次进入休息厅小饮片刻或直接道别。主宾告辞时,主人应送至门口。主宾离去后,主方人员依序排列,再与其他客人一一致意,相互告别。

(四)赴宴礼仪

1. 赴宴

(1)应邀。接到宴会的邀请后,能否出席,应尽早地答复对方,以便主人安排。对注有"请答复"(R、S、V、P)字样的请柬,无论出席与否,都应迅速答复。对注有"备忘"(To remind)字样的请柬,因其只起提醒作用,可以不答复。在接受邀请之后,不得随意改变。应邀出席一项活动之前,要核实宴请的主人、活动举办的时间、地点,是否邀请了配偶以及主人对服装的要求等,以免失礼。

(2)掌握出席时间。出席宴请活动,抵达时间的迟早、逗留时间的长短,在某种程度上反映了对主人的尊重程度,这要根据活动的性质及有关习惯来掌握。迟到、早退或逗留时间过短,被视为失礼或有意冷落主人。

一般客人应略早抵达,身份高者可略晚抵达。有的国家,应正点到达或晚一两分钟抵达。我国的习惯是正点到达或提前数分钟抵达。在席间,确实有事需提前退席,应向主人说明后悄然离去或事先打招呼,届时离席。

(3)抵达、入座、进餐。抵达宴请地点时,应先到衣帽间,脱下大衣和帽子。然后前往主人迎宾处,主动向主人问好。如果宴请属吉庆活动,应表示祝贺。

出席宴请活动,应客随主便,听从主人的安排。入座前应先了解清楚自己的桌次座次,不宜乱坐。如果左右邻座是长者或女子,应先主动协助他们坐下,然后自己再入座。宜从右侧入座。入座后,在和主人招呼后,便开始进餐,如果是几桌宴席,则不宜在主宾席尚未进餐时率先进餐。

(4)祝酒。作为主宾参加宴请,应了解对方的祝酒习惯,即为何人何事祝酒、何时祝酒等,以便做必要的准备。碰杯时,主人先和主宾碰杯,人多时可同时举杯示意,不一定真的碰上杯。祝酒时应注意不要交叉碰杯。在主人和主宾致辞、祝酒时,全场人员应暂停进餐,停止交谈,注意倾听,不要借机吸烟等。遇到主人或主宾来桌前敬酒时,应起立举杯。碰杯时,要目视对方,微笑致意。有的大型宴会需奏国歌,这时,应全场起立,肃静,并对国旗行注目礼,军人应行举手礼。

宴会上互相敬酒,表示友好,活跃气氛,但切忌喝酒过量,否则会失言失态。一般应控制在自己酒量的三分之一为宜。另外,应注意不要强行劝酒,这会被认为是一种不礼貌的行为,在国际交往中尤其如此。

(5)纪念品。有时,宴会主人为客人准备小纪念品或一朵鲜花。宴会结束时,主人请客人带上。这时,可说一两句赞扬纪念品的话,但注意不必郑重感谢。还有的出席者,有将宴会菜单作为纪念品带走的习惯,在带走前,往往还请出席者在菜单上签名留念。应该注意,除主人特别示意作为纪念品的东西外,各种招待用品,包括宴会剩余的糖果、水果和香烟等,都不要拿走。

(6)意外情况的处理。由于不慎,在宴会进行中,有可能发生一些意外。这时,应沉着处理,不必着急。如用力过猛,可能会刀叉碰击盘子发出声响、餐品摔落地上或打翻酒水等。餐具碰出声音,可轻轻向邻座或主人道声"对不起"。摔落的餐具可招呼招待员另送一副。如果酒水打翻到桌上,应及时招呼招待员处理。当酒水溅到邻座身上时,应表示歉意,协助对方擦净。但当对方是女子时,只要把干净餐巾或手帕递给她,由她自己擦干。

2. 餐姿、餐巾与餐具

(1)餐桌前的坐姿和仪态很重要,适度的文雅与细心,可以防止餐桌上许多不快之事发生,且能获取众人的赏识与尊敬。理想的坐姿是身体挺而不僵,仪态自然,身体与餐桌之间要保持适当的距离,用餐时一般不要把桌面弄得很凌乱。

(2)餐巾须等主人动手摊开使用时,客人才能将它摊开置于膝盖上。进餐前用餐巾纸擦拭餐具是极不礼貌的陋习。如果发现不洁餐具,可要求服务员调换。餐巾的主要作用是防止油污、汤水滴到衣服上,也可用来轻擦嘴边油污,但不可用它擦脸、擦汗或去除口中之食物。用餐后将餐巾放于座前桌上左边,不可胡乱扭成一团。

(3)中餐宴请外商时,既要摆碗筷,也要放刀叉,以中餐西吃为宜。西餐刀叉的使用是右手持刀,左手使叉,将食物切成小块后用叉送入口中。吃西餐时,按刀叉顺序由外往里取用,每道菜吃完后,将刀叉并拢平放于盘中,以示吃完;否则摆成八字或交叉型,刀口向内。切带骨或带壳食物时,叉子一定要把食物叉牢,刀要紧贴叉边下切,以免滑开。切菜时,不要用力过猛撞击盘子发出声响。不易叉的食物,可用刀将其轻轻推上叉。除喝汤外,不用匙进食。汤用深盘或小碗盛放,喝汤应用汤匙由内向外舀起送入嘴中,即将喝尽时可将盘向外略托起。

3.吃与喝的禁忌

在餐桌上进食时,应注意以下问题:

(1)将自己面前的食物多少都用一些。特别可口的勿一次用得过多,不可口的食物也不要一口不吃或显出厌恶之态。

(2)用西餐时,应量需取食。吃不完盛在自己盘中的食物是失礼行为。

(3)不要将自己用过的餐具放在大家共同吃的食物旁边。

(4)吃西餐中的肉类食品时,不应切一次肉多次吃用。应边切边用,切一次吃一口。

(5)吃面条之类食物时,不要吸食出声。应用叉、筷卷起一口之量,小口进食。

(6)未经主人示意,不可用手撕食鸡或龙虾之类的食物。

(7)喝汤时,宜先试温,待适合时再食,忌用口吹或吸食出声。

(8)吃骨肉类食物时,应闭嘴咀嚼(切成一口之量),不宜出声。

(9)不要直接外吐口中的骨头或鱼刺之类,应用餐巾掩口,用手或筷子取出,或轻轻吐在叉上,放于盘内。不宜将骨头或鱼刺之物弃于桌面上,也不要丢在地上。

(10)口中有食物时,切勿说话。

(11)不宜当众剔牙。确需剔牙时,应用餐巾或手掌捂住剔牙。

(12) 当同席客人尚在进食时,切勿与之交谈或敬酒。

(13) 宴席中,如无主人示意吸烟,最好不要吸烟。要吸烟时,须先征得邻座尤其是女士的同意。

(14) 进餐时应避免打喷嚏、长咳、打哈欠等。无法控制时应以手帕掩口,侧过背去,并对邻座表示歉意。

(15) 吃带腥味食品时,不应表情异样。可使桌上所备的柠檬,用手将汁挤出滴在食品上,以去腥味。

以上为一些在吃喝过程中的基本禁忌,尚有些细节在此不一一列举了。

五、参观企业时的礼仪

参观企业,了解企业的管理水平、技术、设备状况、员工素质,是商务谈判活动的一个重要组成部分。

参观有两种情形:一是以增长知识为目的的参观;二是为了洽谈业务上的关系,应对方的要求或者自己要求参观对方工厂。应当事先坦率地告诉对方参观的目的和要求,让对方了解参观的真意。

(一) 外商参观我国企业

外商参观我国企业,多是想通过参观现场、考察生产线来具体了解企业的经营管理状况和员工素质,并在很大程度上决定着他们是否投资或成为贸易伙伴。所以,在安排外商参观企业时,只要在预定的时间内,能够有秩序地、全部仔细地参观完毕,就可以说是完成任务了。此时应重在参观,而非招待。

(二) 在国外参观外国公司

在国外参观公司企业有两种情况:一种是为一般人所举办的,以增长知识、宣传公司为目的的参观;另一种则是含商业目的,应对方邀请或自己要求参观对方的企业。

在国外参观公司,应事先约好。若不能约好,有时就不能参观。因为有些企业的设备必须征得原制造厂商同意,才可供人参观;有的企业本身也有自己的技术秘密,不许参观。总的来说,国外企业对参观他们的企业不很欢迎,除非他非常愿意和你做生意。

如果想参观尚未确定做不做生意的企业,应该坦率地告诉他们:"想参观贵公司的企业,但现在还没决定是否同贵公司做生意,不过我们参观企业也有事先调查的目的。"坦率地告诉对方自己的意图,给对方留下深刻的印象。

六、馈赠礼品的礼仪

谈判者在相互交往中赠送礼品,表达了友好和增进双方友谊的愿望;同时,也表达了对本次合作成功的祝贺和对再次合作能够顺利进行的愿望。赠送礼品,要选择具有一定纪念意义或有民族特色、地域特点,或是受礼人喜爱的小礼品。诸如,手工艺术品、花束、书籍、画册、日用品、食品等。

但是,只有合乎礼仪的赠送行为,才能达到这样的目的。例如,在阿拉伯国家,不能以酒作为馈赠礼品,不能给当事人的妻子送礼品;在英国,人们普遍厌烦有送礼人单位或公司印记的礼品;而日本人则不喜欢有狐狸图案的礼品。

在国际商务谈判中,欧美国家的人们在送礼方面较注重的是礼物的意义而不是其货币价值。因此,在选择馈赠礼品时不必追求礼品的贵重,有时馈赠贵重的礼品效果反而不好,对方会怀疑你此举是否想贿赂他或另有图谋。这样,不但不能加深相互间的友谊,反而会引起对方的戒备心理。但是,在亚、非、拉和中东地区,人们往往较注重礼物的货币价值,所以,在与这些国家进行的商务谈判中,赠送礼品不仅要投其所好、投其所需,而且还要份量足够,才能产生一定效果。

赠送礼品还要讲究数量。我国一般以偶数为吉祥,而在俄罗斯则以奇数表示吉利。西方国家通常忌讳用"13"这个数字,日本则忌讳"4"与"9"。

赠送礼品还要注意时机和场合。在日本通常是第一次见面时送出,法国人则希望下次重逢时馈赠礼品,英国人多在晚餐或看完戏之后乘尽兴时赠送礼品,我国则以在离别前赠送礼品较为自然。如果为了引起对方惊喜之情,送礼品的时间更为重要,可以在飞机即将起飞或火车即将开动之前赠送礼品。

七、其他礼仪

(一)国际商务信函、电文中的礼仪

商务函电是用来磋商交易和联系业务的重要工具,同时,也可作为礼仪之用。因此,起草和发送商务函电,要具备较丰富的国际商务知识和中、外文基础,并掌握国际商务函电的礼仪。

1. 文字要简明,含义要明确

即用语简练明白,符合国际商务交往的一般习惯;切忌冗长繁琐、不着边际或虚辞客套,令人生厌。语义不能笼统含糊,似是而非。遇有说理或陈述事实,语气要婉转,避免生硬,但必须语义明确,避免产生歧义。像"月底左右答复"、"质量尚可"等不确定词句,均不可采用。尽量本着友好平等的精神,说理协商,而不应盛气凌人,更不能拘谨屈就、过分谦恭。应诚恳热情、不卑不亢。

2. 内容要完整

即叙述完整,不疏漏,必须包括谈判达成协议的所有内容。对于陈述交易纠纷之信函,则须阐明事实,说理分析,并得出完整的结论。一事一信,以加快业务洽谈的进程,也便于立卷归档管理,事后查核。

3. 格式与行文要妥当

外贸函电针对不同的场合,应采用格式函或通函。前者适用于寄送样品和商品目录、报价单等日常的事务性工作,以简化拟稿等工作并提高工作质量。更改公司地址、改变传真号码、更换负责人等,一般使用通函通知客户。对国外来信,应在三天内作答复;有些问题,不能立即答复或表态的,也应先复函向对方说明。所有来往信函电传等均应登证编号,立卷归档,以便于事后查核。

(二)签字仪式礼仪

重要的商务谈判达成协议后,一般都要举行签字仪式。安排签字仪式,首先要做好文本的准备工作,及早对文本的定稿、翻译、校对、印刷、

装订、盖章等做好准备;同时,准备好签字用的文具。参加签字仪式的,基本上是双方参加谈判的全体人员,人数最好相等。签字位置,一般安排客方在右边,主方在左边。政府间的签字还要准备小国旗,重要的签字仪式还要干杯。

第二节 国际商务谈判礼节

所谓礼节是指表示尊敬、祝贺、哀悼等的习惯形式,我们平常所说的礼仪则是对礼节和仪式的总称。

一、日常交往中的礼节

在社交场合相互尊敬、致意、祝愿、问候、慰问以及给予必要的协助和照料,而不要打扰别人,不要给周围人不适感是人们应当遵守的一般礼节。在谈判的日常交往过程中,谈判者也要遵循这样的礼貌、礼节。

(一)遵守时间,不得失约

遵守时间,不得失约是商务交往中最基本和最重要的礼节。参加谈判中的各种活动,都应按约定的时间到达,不要过早,更不要迟到。到得过早,会使主人因未准备完毕而发窘、难堪,但迟到会让主人和其他客人等候过久而失礼。若有特殊原因不能赴约或不能按时赴约,应设法事先打招呼。通知对方的方式以亲自登门说明为佳,必要时用电话和信函等方式通知对方也可以。另外,贸然造访,做不速之客,也属失礼。在商务交往中,守时守约是对对方的尊敬与友好。在现代礼仪中,失约是一种很失礼的行为。

(二)尊妇敬老

尊重老人和妇女是一种美德,也是一种社会公德。在许多国家的社交场合和日常生活中,都奉行"女士优先"的原则。作为一种礼节,这一原则至少应在较正式的场合引起重视。上下电梯与车辆、出入门厅等,应让妇女和老人先行。若与女士结伴参加活动,进门或出来,男宾应协助女士脱下或穿上上衣。与老人或妇女同行时,应主动帮助提拿较重的物品。在国际商务谈判中不注重这一点,是非常不礼貌的行为。

(三)举止适宜

在社交场合要举止端庄、落落大方,表情自然诚恳,态度亲切近人。日常交际中,举止行为要端庄稳重,表情诚恳自然,平易可近。站立时不要将身子歪靠一旁,不要半坐在桌子或椅子背上。坐时不要摇腿晃脚。坐沙发时,不要躺在沙发上,摆出懒散的姿态,更不要将腿搭到椅子扶手上,甚至坐到扶手上。行走时,脚步要轻,抬头挺胸,不要慌张奔跑。如确遇急事,只可加快步伐。数人同行时,不可勾肩搭背或有意无意地排成队形。谈话时,手势不宜过多,不要在社交场合放声大笑或高声喊人。在隆重的场合,如举行仪式、听讲演或看演出等,要保持肃静。

(四)吸烟应注意场合

尽管吸烟是一种个人行为,但如果不加注意,有时会成为不礼貌行为。主人或在场的多数人或同座身份较高的人不吸烟,又未请吸烟,则最好不要吸烟。更不要边走路边吸烟。如在剧场、商店、博物馆等场合不许吸烟,在工作、参观、进餐中一般不吸或很少吸烟,谈判过程中一般也不吸或很少吸烟。在进入谈判厅、会议厅、餐厅等之前,应把烟掐灭。另外,不得将已掐灭的香烟再燃着重吸或放入烟盒内;否则,这会被认为是很不文明和极丢身份的举动。在一些地方、场合或私人住宅、办公室等,应先询问一下是否允许吸烟,得到肯定答复后再吸烟。如果有妇女在场,最好不吸烟;若忍不住,应事先征求其意见。新到一个地方或场合时,如果不知道是否允许吸烟,则应先询问一下主人:"允许吸烟吗?""我可以吸烟吗?"得到许可后,才可以吸烟。

二、见面时的礼节

参加商务谈判活动,为了体现谈判者良好的修养、风范和彬彬有礼的态度,了解并运用见面时的礼节是非常必要的。

(一)打招呼

打招呼是人们见面时最简便的礼节,最简单的话语是"早上好"、

"下午好"、"晚安"或"您好"。与日本人打招呼,常用"您早"、"您好"、"拜托您了"、"请多关照"、"对不起"、"失陪了"等。而在巴基斯坦及中东信奉伊斯兰教的国家,打招呼的第一句话就是"真主保佑",以示祝福。在泰、缅等信奉佛教的东南亚国家,打招呼的第一句话则是"愿菩萨保佑"。

(二)介绍

介绍是交际场合结识朋友的主要方式。在国际商务谈判这样比较正式的场合,通常有两种介绍方式:一般由双方主谈人或主要负责人互相介绍各自的组成人员;在双方主谈人互不相识或不太了解时,一般请中间人介绍双方的情况。无论为他人介绍或自我介绍,做法都要自然。在为他人做介绍前,要先了解一下双方是否有结识的愿望,不宜将没有结识愿望的双方介绍在一起。

介绍的具体内容应视当时的具体情况而定。一般来说,为他人做介绍时,将姓名、身份、单位(国家)等简要作一说明即可,更详细的内容留待被介绍者双方根据他们的心愿去交谈。如果是自我介绍,不可贸然去问对方"您贵姓"等,而应该自报家门,说明自己的姓名、身份、单位等,并表达出"我很高兴认识您"的愿望。这时,对方自然也会把姓名等告诉你了。

介绍时,被介绍者除年长者外,男子一般应起立、点头示意。这时,说一声"你好,很高兴认识你"是十分必要的;同时,将对方介绍出的名字重复一遍也是很好的方法。这样一则可以帮助自己记忆,二则可以表示出尊敬的意思。在介绍时,适时地与对方握手也是表达愿意相识的通用办法。在宴会桌、会谈桌上,无论男女,只要在被介绍时微笑点头示意即可。女士一般不让人引见给一位男士,除非这位男士是国家和地方的高级领导人,或是一些重要组织的领袖。当初次见面,被介绍或自我介绍时,也可适时交换名片。现在,在日常交往中,人们越来越多地把名片作为介绍身份的一种手段来加以使用了。

介绍,在顺序上有男女之别、老幼之分。一般的介绍顺序为:先把客人引见给主人。在人多的场合,主人应对所有的客人一一介绍。当两位客人正在交谈时,切勿立即介绍给第三者。这在国际商务谈判中很重要。谈判双方,主方代表应一一见过客方所有人员。另外,对远道而来又是首次洽谈的客人,介绍人应准确无误地把客人介绍给主人。介绍双方认识时,应避免刻意强调一方;否则,会引起另一方的反感。

先把年轻的介绍给年长的;先把职务、身份较低的介绍给职务、身份较高的;先把男性介绍给女性,即使女性只有十八九岁或刚涉足谈判工作不久的也应如此;先把未婚的介绍给已婚的;先把个人介绍给团体。

(三)握手

在国际商务谈判中,谈判双方握手已成为一种习以为常的礼节。握手是大多数国家相互见面和告别的礼仪,同时也是表达祝贺、感谢、鼓励和同情等情感的常用形式。

握手有先后顺序,应由主人、年长者、身份高者、女子先伸手,客人、年轻者、身份低者见面后先问候,待对方伸手有握手之意时,再行握手礼。对于女子而言,如她不伸手示意,男子不应主动上前握手;否则就是很不礼貌的行为,也是很难堪的。如女子无握手之意,男子不应视为无礼举动,而应点头或鞠躬致意即可。在上下级之间,上级伸手后,下级才能伸手相握;在长辈和晚辈之间,长辈伸手后,晚辈才能伸手相握;男女之间,女士伸手后,男士才能伸手相握;在主人与客人之间,主人应先伸手,客人再伸手相握。作为主人,握手时应主动、热情。多人同时握手,要注意不能交叉,待他人握手完毕后再行握手礼。

当会见人数较多时,不应抢着与中心人物握手。而应待中心人物有同自己握手之意后再行此礼。在平辈同性朋友之间,相见时先出手为敬。在宾主之间,主人有向客人先伸手的义务,以示欢迎之意。握手时,应先打招呼,后行握手。但要注意以下几个问题:

1. 握手时应用右手握住对方右手,也有为表达敬重或亲近等情感而用双手行礼的,这时年轻者或身份低者应稍稍欠身。

2. 握手用力要适度,时间要短。握手应有适当力度,过轻或过重都不适宜。过轻表示冷淡或傲慢;过重又会使人感到疼痛,心理上有一种压迫感。抓着对方的手乱摇甚至辅之以拍肩动作就更不礼貌了。男子与女子握手时,往往只握女子的手指部分,且时间较短。

3. 握手的时间应当短暂,一般 3～5 秒为宜,不应长握不放,使对方无所适从。当然,特殊情况例外。

4. 握手时应精神集中,注视对方,微笑致意。切忌一面握手,一面注视他处或与他人交谈,左顾右盼,这是很不礼貌的。

5. 握手时男子应先脱下手套、摘下帽子。如手套不易脱去或不便脱去,则应申明原因,表示歉意。男士与女士握手时,须先脱去手套。女士也应脱去手套,但对于地位较高者可不必。女子虽可戴手套握手,但遇长者或身份高者时,仍应先脱去手套,但女子所戴的装饰性手套例外,因为这种手套视为女子服饰的一部分,可以不脱下而行握手礼。

6. 多人同时握手时注意不要交叉,应待别人握完后再行握手礼。到主人家作客,可以只与主人及熟识的人握手,向其他人点头示意即可。军人戴军帽与人握手时,应先行举手军礼,再行握手礼。

国际上握手的礼仪与禁忌有以下方面:

1. 大部分欧洲人,握手是标准的见面礼,但那只是轻轻的一碰。东欧一些国家的初次见面行握手礼,朋友之间可以拥抱和亲吻脸颊。

2. 在通常情况下,美国人在相互介绍后,双方只是笑笑,说声"嗨"或"喂",而不是一本正经地行握手礼。只有在正式场合,他们才注重握手礼,并且握手时力度和幅度较大,胳膊上下摆动,甚至带动肩膀。

3. 在中东及海湾国家,一般以握手表示问候,但当你到当地人家访问时,主人可能会亲吻你的双颊表示欢迎,此时要还以同样的回报。

三、其他见面礼节

(一)鞠躬礼

鞠躬礼,就是将身体腰及腰以上部分前倾,弯身行礼。鞠躬礼多见于日本及朝鲜等国,并有许多严格的、各不相同的规定。在日本,人们习惯行 60 度到 90 度的鞠躬礼,双手摊平扶膝,同时表示问候。

(二)合十礼

合十礼,是将两个手掌在胸前对合,掌尖和鼻尖基本平视,手掌向外倾斜,同时头微微向前俯下。通行于南亚和东南亚信奉佛教的国家。

在国际交往中,当对方用这种礼仪向我们敬礼时,我们也应以合十还礼。所要注意的是,切莫在行此礼时同时点头,那将会显得不伦不类。

(三)拥抱礼

这是欧美各国熟人、朋友之间表示亲密感情的一种礼节。其标准方法是"左—右—左"交替拥抱:两人相对而立,右臂偏上,左臂偏下,右手扶对方左后肩,左手扶对方后腰,按各自的方位,两人头部及上身都向左前方相互拥抱,然后头部及上身再向右前方拥抱,再次向左前方拥抱以后,礼毕。拥抱礼通常与接吻礼同时进行,但礼仪性质的拥抱多见于男子之间或女子之间,而非男女之间。

(四)亲吻礼

亲吻礼,是上级对下级、长辈对晚辈以及朋友、夫妻之间表示亲昵、爱抚的一种礼节。通常是在受礼者脸上或额上接一个吻。分吻额、吻唇、贴面等几种。辈份高者对辈份低者,只吻额头或脸部;吻唇是夫妻或情人的专利,辈份相同的朋友或兄弟姐妹都是贴面行礼。有时,男子对尊贵的女宾亲一下手背(手指)以示尊敬。多见于西方、东欧和阿拉伯国家。

(五)脱帽礼

即利用帽子来表示敬礼。分脱帽、拿帽和提帽等几种。应邀作客,一进门就脱下帽子(及大衣)交给主人放好,在室内期间不戴帽子。进入公共场所如教堂、戏院、演讲厅、教室等,应脱下帽子,离开时才能戴上;在旅馆或公寓的电梯上如果有女子在场,男子应脱下帽子拿在手上。男子如果停下来与女子谈话,也应脱下帽子,在谈话期间将帽子拿在手上是很有礼貌和修养的表现。男子向女子打招呼时,或学生向老师致意时,以及向路遇者打招呼时,通常都应把帽子向上微微提一下,以示敬意。

四、致意

在公共场合远距离遇到相识的人时,一般应有礼貌地致意,通常是举右手招呼并点头致意。有时与相识者侧身而过,从礼节上讲,也应说声"你好";与相识者在同一场合多次会面,只点头致意即可。对一面之交的人或不相识的人在社交场合均可点头或微笑致意。在两人相遇时,还可以摘帽点头致意,离别时再戴上帽子。要注意千万不能用"吃饭了吗"、"你干什么去"、"你到哪儿去"等问语来致意,因为这些纯属私人事项,这样致意是不礼貌的。

在遇见身份高者时,应有礼貌地点头致意或表示欢迎,不应主动上前握手问候。只有在身份高者主动走近自己伸手时,才可向前握手问候。有时遇到身份高的熟识者,一般也不要径直向前去问候,应待对方应酬活动告一段落后,再前去问候致意。

五、名片的使用

名片是个人用作交际或送给友人纪念的一种介绍性媒介物,一般为 10 公分长、6 公分宽的白色或有色卡片,在社交中以白色名片为佳。名片是自己的替身,是证明一个人自身存在的最有力的证据,它在国际商务谈判活动中必不可少。这不仅是因为书写的外国名字比口头表达的便于记忆,还因为在一些国家和地区,地位和职业显得很重要。在名片上不要用缩写,包括公司的名称,个人的职位、头衔等。到国外,名片最好同时印有中文与当地文字。

中式名片,职务用较小字体印于名片左上角,姓名印于中间,办公地点、电话号码或寓所地址等印于下方。如印中外文名片(一般为中英文),可将英文按规范格式印于背面。名片印刷应用正楷标准字体印刷,忌用或少用花体字。

西式名片,姓名印在中间,职务则用较小字体印于姓名之下,住所或工作地点大都印于右下角(也有印于左下角的)。印刷时多为楷书或行书,也有使用阴影楷书的,但很少用花体英文。西式名片,可夫妻共同一张名片(如 Mr. and Mrs. John Forster Hughen)。男士的姓名前可加 Mr。已婚女士要加 Mrs,其后用丈夫的姓。小姐可加 Miss。对于有医师、牧师、军官或官员等头衔的人士,可将其头衔加于姓名之前。

初次见面,对方递过名片并作自我介绍,意欲结识自己。这时,应双手接过名片,端详片刻后装入名片夹或上衣袋中。在感谢对方的同时,将自己的名片交换给对方。如果当时没法交换自己的名片,应说明情况并致歉,事后补上。在我们的商务活动中,习惯的做法是初次见面时互相交换名片;而在外国人看起来,名片就像一张传单。他们是不轻易交换名片的。因此,到国外一般不要像发传单那样发名片。

在接受对方名片时,不应看都不看,随意装入衣袋。把对方的名片拿在手中搓玩或弯折,是十分不礼貌的行为。如果在桌前交谈时交换名片,应将对方名片字体向己摆于桌面,以便交谈。多人交换名片时,可按当时各人所坐位置,将名片一一列于桌上,防止混淆、称错对方而出现的不礼貌现象。在东南亚的大部分地区,不能用左手赠送名片。在日本,不能用一只手,而要用两只手赠送名片;要将名片的正面对着接受者,以便对方能一眼就看清名片上的名字。

六、电话联系的礼节

国际商务谈判中,双方互通电话,在礼节上很有讲究。在谈判双方休整过程当中,一方给另一方打电话,一般是有重要的事情,双方对此类电话都会很注意。因此,打电话之前应做好准备,打好腹稿,选择好表达方式、语言、声调等。不论叫或接电话,都要讲得慢一些、清楚一些,让对方可以听得明白。凡是谈到地名、人名、数字、日期、时间或关键话语,最好重复一遍,或询问对方是否听清,再往下讲。对方讲话时,要用心听,可作出"嗯"等表示,不要随便打断其讲话。若通话过程中,电话突然中断,应由叫话一方重拨,即使中断可能是由接电话一方引起的。

通话时,不要随意同身旁的人讲话或同时干别的事情;若万不得已,应向对方说明,然后尽快把事情处理完毕。在恢复通话时,要向对方致歉后再谈下去。

通话后,不管与你对话的另一方是什么人,你一定要态度友善,语调温和,讲究礼貌。无论事情多么紧急,切忌表现出丝毫的粗鲁和急躁,也不可一挂通就急着进行交谈,而应小心询问接话的是否是某先生或女士。在国外通电话时,常会遇到对方讲话听不清楚,而不知如何是好的情形。此时拜托旅馆服务员代劳不失为一个好办法。若接他人电话，应首先报清自己的通话地点、单位名称及自己姓氏，然后转入正题。

七、各国人谈判的礼节特点

(一)美国人的谈判礼节

美国人见面与离别时，都面带微笑地与在场的人们握手；彼此较随便，大多数场合下可直呼名字；对年长者和地位高的人，在正式场合下，则使用"先生"、"夫人"等称谓；在比较熟识的女士之间或男女之间会亲吻或拥抱。美国人习惯保持一定的身体间距，交谈时，彼此站立间距约0.9米，每隔2~3秒有视线接触，以表达兴趣、诚挚和真实的感觉。约会要事先预约，赴会要准时，但商贸谈判有时亦会比预定时间推迟10~15分钟。商务性的款待一般在饭店举行，小费通常不包括在账单里，一般是15%。进餐时，宾主可以谈论生意。餐巾一般放在膝上，左手经常放在腿上，他们认为把肘部放在餐桌上是不文雅的举动，当然不少美国人也不介意。

(二)英国人的谈判礼节

初次引见时，应有礼貌地说声"您好"(How do you do!)并添加些"见到您很高兴"之类的话。见面告别时要与男士握手；与女士交往，必须她们先伸出手时再握手。称呼时，要用"先生"、"夫人"、"小姐"，只有对方请你称呼其名时，才能直呼其名。

会谈要事先预约，赴约要准时。英国人习惯约会一旦确定，就必须排除万难赴约。所以，和英国人约会不能提前太久，如果所约的时间很早就约定，则被约的英国人就只能支吾其词地回答。要约会对方时，如果是过去未曾见过面的，那么一定要写信告诉面谈目的，然后再约时间。总之，凡事要规规矩矩，不懂礼貌或不受约束的话，办事是难以顺利进行的。

多数商务款待在酒店和餐馆举行，若配偶不在场，可在餐桌上谈论生意。受到款待之后，一定要写信表示谢意，否则会被认为不懂礼貌。社交场合不宜高声说话或举止过于随便，说话声音以对方能听见为妥。英国人招待客人的时间比较长,先喝果汁苏打,接着换成白葡萄酒、红葡萄酒,然后是雪茄烟,再加上一道白兰地酒,总共大约需花上3个小时。

避免谈论政治、宗教和私人问题,亦不要对英国皇室地位、财富或角色加以评论。要使用"英国的(British)"而不用"英格兰的(English)"。要明显表示出对年长者的礼貌。英国人喜欢谈论其丰富的文化遗产、动物等。

赠送礼品是普通的交往礼节。所送礼品最好标有公司名称,以免留下贿赂对方之嫌。如被邀作私人访问,则应捎带鲜花或巧克力等合适的小礼品。

(三)法国人的谈判礼节

见面时要握手,且迅速而稍有力。熟悉的朋友可直呼其名,对年长者和地位高的人士要称呼他们的姓。一般则称呼"先生"、"夫人"、"小姐",且不必再接姓氏。

当主要谈判结束后设宴时,双方谈判代表团负责人通常互相敬酒,共祝双方保持长期的良好合作关系。商业款待多数在饭店举行,在餐桌上,除非东道主提及,一般避免讨论业务。法国人讲究饮食礼节,就餐时保持双手(不是双肘)放在桌上,一定要赞赏精美的烹饪。法国饭店往往价格昂贵,要避免订菜单上最昂贵的菜,商业午餐一般有十几道菜。交谈话题可涉及法国的艺术、建筑、食品和历史等。约会要事先预约,准时到场,简短互致问候后,直接进入讨论要点,商业用语几乎都用法语。

受到款待后,应在次日打电话或写便条表示谢意。告辞时,应向主人再次握手道别。

(四)德国人的谈判礼节

与德国人约会要事先预约,务必准时到场。德国人重视礼节,社交场合中,握手随处可见;会见与告别时,行握手礼应有力。

德国人在称呼时,往往在对方姓氏之前冠以"先生"、"夫人"或"小姐"。对博士学位获得者和教授,则在其姓氏之前添加"博士"、"教授"。因此知道谈判对手的准确职衔很为重要,并在会谈中重视以职衔相称。谈判时,穿着要整洁,举止得体,处事克制,不要主动提出没有依据的观点。交谈时不要将双手插入口袋,也不要随便吐痰,他们认为这些是不礼貌的举止。

如果德国人坚持要做东道主,可以愉快地接受邀请。应邀去私人住宅用晚餐或聚会,应随带鲜花等礼物。习惯上,就餐前说"Gutten appetit"(好胃口)。主人举杯祝酒后方可喝饮料。如果有人以个人身份向你举杯,你应在随后的就餐期间回敬答礼。就餐期间,双手要放在桌面上,直到最后一位客人用餐完毕并上过咖啡和白兰地后,才能吸烟。客人要在晚餐或聚餐会临近尾声时,主动提出告辞,不要逗留过晚。

谈论天气、业余爱好、旅游、度假在德国是很好的话题。足球、骑车、徒步旅行也是其大众喜欢的健身运动。

德国人喜欢送礼,以表达友情,但赠送礼品是直接送给个人而不是给公司,尤其对权力大的德国人送礼时应予以特别关照。

(五)俄罗斯人的谈判礼节

俄罗斯人的地位意识较强,称呼时要加头衔(如部长、主任等)。会见要事先预约,并准时赴约,见面或告辞时要用力握手。

同其他国家相比,俄罗斯人常有较多的身体接触,但他们不善于使用手势和脸部表情。典型的晚间款待是观赏马戏表演或音乐会,或上酒店进餐,几乎没有人会邀请外国客商去其私宅访问。商务款待时,要准备多方敬酒及回敬。就餐时双手放在桌上;用餐毕,稍坐一会儿,并称赞俄方东道主的款待。谈论话题,可选俄罗斯人引以为豪的建筑、文学、艺术、芭蕾、戏剧等,以及曲棍球、足球、篮球、排球和越野滑雪等大众化体育运动。

(六)日本人的谈判礼节

日本人的谈吐举止都要受到严格的礼仪约束,称呼他人使用"先生"、"夫人"、"女士"等,不能直呼其名。他们强调非语言交际,鞠躬是很重要的礼节,鞠躬愈深,表明其表达敬意的程度愈深;但与西方人交往时,通常行握手礼。

与日本人交换名片时,要向日方谈判班子的每一位成员递送名片,不能遗漏。接到名片时,切忌匆忙塞进口袋,最好把名片拿在手里,仔细反复确认姓名、公司名称、电话、地址,以示尊重。

会谈要遵守时间,若到东京等闹市赴会,要预留一点时间以免交通堵塞而迟到。谈论日本饮食、建筑、体育以及世界各地旅游观感是容易引起兴趣的话题。日本人的商务款待大多数在饭店举行,先发邀请书,常招待客商去卡拉OK、酒吧、夜总会,轮流表演唱歌。

日本公司在与外国客户开始业务联系时,常常会馈赠礼品,收到礼品后,应向东道主表示深切的谢意,并应回赠以公司为名义的礼品。

复习思考题

1. 国际商务谈判的礼仪效应是什么?
2. 国际商务谈判的迎送规格有什么原则?
3. 参观企业时应注意哪些礼仪问题?
4. 日常礼节有哪些?
5. 美国人谈判礼节特点是什么?

第八章 不同国家和地区的商务谈判风格

国际商务谈判的特点之一是多国性、多民族性，来自不同国家、不同地区、不同民族的谈判人员不可能在谈判中具有完全一致的立场、观点、习惯和价值观念，因此，他们具有不同的谈判风格是很正常的，而谈判风格的差异，必然会影响谈判者的行为方式，以至影响谈判的进行及最终结果。

第一节 文化习俗与谈判风格

俗话说："百里不同风，十里不同俗。"谈判桌上谈判对手之间的交涉，往往受文化习俗的影响，而表现出不同的谈判风格特征。

一、文化习俗对谈判思维的影响

在一切谈判活动中，人的思维始终在发挥作用，可以说思维是谈判的原动力。但是，由于世界各国文化习俗差异的影响，各个国家谈判人员的思维方式是不同的。美国学者曾在《心理学家谈管理》一书中，将影响谈判思维的重要文化特征加以归纳，如表8-1所示。

表 8-1 影响谈判的文化特征表

社会系统	价值系统	政治经济系统	学习系统
1. 地位和作用	1. 法律	1. 政府的职能	1. 教育
2. 身份	2. 宗教	2. 政府的态度	2. 语言
3. 家庭	3. 礼仪	3. 政府的作用	3. 思想
	4. 伦理	4. 经济形势	4. 决策
	5. 时间与空间		5. 谈判

例如,英语中的 Negotiation 常与日语中的"谈判"翻译成同一意思。但是,日语的"谈判"寓含着争论、对立、战略、口角等微妙词义,而英语的 Negotiation 则没有这些含义,它意味着讨论、商量、让步等。这不是单纯语义方面的差异,语言是文化的一种形式,事实上它正反映了东西方谈判人员对"谈判"本身理解的不同,这种不同源于两者的文化差异。日本人向人敞开的外部思维空间有限,更多的思想内涵藏在内部空间,因而人们常常只能看到日本人脸上和善的笑容,而无法了解其真实思想,所以和日本人谈判是很困难的。

不同的文化习俗对谈判思维产生的影响在下面的案例中就有所体现。1925 年美国总统福特访问日本,美国哥伦比亚广播公司(CBS)受命向美国转播福特在日的一切活动。在福特访日前两周,CBS 的谈判人员飞抵东京商谈租用日本广播协会(NHK)的器材、工作人员、保密系统以及电传问题。美方代表是一位二十岁左右的年轻人,雄心勃勃,争强好胜。在与 NHK 代表会谈时,他提出了许多过高的要求,并且直言不讳地表述了自己的意见。可是随着谈判的进展,NHK 方面的当事人逐渐变得沉默寡言。第一轮谈判结束时,双方未达成任何协议。两天以后,CBS 一位要员飞抵东京,他首先以个人名义就本公司年轻职员的冒犯行为向 NHK 方面表示道歉,接着就转播福特总统访日一事询问 NHK 能提供哪些帮助。NHK 方面转变了态度并表示支持,双方迅速达成了协议。当 CBS 的年轻谈判人员得知自己的行为方式几乎无助于解决问题时,他十分惊讶,并向日方表示赔礼道歉,同时嘀咕道:"我还以为在日本谈判跟在美国一样呢!"

上面例子中,CBS 的年轻谈判员在与日本 NHK 最初的接触中根本无法了解日本人在想些什么。但是,一旦熟悉了,日本人的内部空间对你开放,就会坦诚相见,毫无保留。可见,日本人的谈判思维具有典型的东方特色,这与古老的儒家思想的影响不无关系。和日本人相反,美国人的思维,向人敞开的外部思维空间较大,因此和美国人很好打交道。那些年轻谈判员在谈判中直言不讳地表述意见,并提出许多要求,正反映了美国人坦率外露的思维方式。虽然美国人好打交道,但他不会随便向你吐露内心秘密,即美国人的内部思维空间虽小但封闭强度高,这就是美国人所谓的"个性"。美利坚是个年轻的民族,它的文化极其混杂,因而形成了这种开放式但又有"个性"化的思维方式。

文化差异影响下的两种思维方式在谈判决策上也充分表现出来。日本谈判小组,其决策人物往往不抛头露面,其谈判人员个个满面和善、彬彬有礼且话语不多,对方根本窥探不到他们的内部思想。在作出决策前有关谈判人员一起协商,形成整体性的内部思维空间,统一作出决策。而美国谈判小组,其决策人物常常亲自出马,其谈判人员个个竞相发言,其思想基本上对外开放。美国人在谈判过程中可以迅速决策而无需回去商量,美国推销员们经常代表自己的公司作出决定。

美国、日本谈判代表之间的冲突是一种文化冲突。因而谈判人员在涉外谈判中,不仅要精通外国语言和贸易实务,而且还应该了解世界各主要贸易国家的国情、民情、风俗习惯、宗教信仰、谈判风格、洽谈技巧。因为这些常识在特定情况下可能成为影响谈判的重要因素。

二、文化习俗对谈判方式的影响

一般说来,谈判有横向和纵向两种方式。横向谈判是采用横向铺开的方式,即首先列出要涉及的所有议题,然后对各项议题同时讨论,同时取得进展。纵向谈判则是确定所谈问题后,依次对各个议题进行讨论。在国际商务谈判中,美国人是纵向谈判的代表,这是其大国地位在谈判人员心理上的反映。美国谈判代表在谈判方式上总有一种"一揽子交易"的气概,使对手感到相形见绌。法国人则主要应用横向谈判,他们喜欢先为议题画一个轮廓,然后确定议题中的各个方面,再达成协议。

这与美国人逐个议题商谈的方式正好相反,反映出其"边跑边想的人种"的性格特征。

澳大利亚学者罗伯特·M.马奇先生曾在教授美国和日本研究生国际事务谈判课程中进行过模拟谈判。在准备阶段,日本小组不考虑如何主动去说服对方,而集中讨论如何防守,谈判中日本人则默默无语,处于防守态势。美国人却赤裸裸地显示出强烈的求胜欲望,热切地主动交谈,这正是两种民族性格的鲜明对比。

又如,日本B公司与美国S公司进行谈判。谈判开始后,美方代表滔滔不绝地介绍情况,而日方代表很少发言,挥笔疾书,把美方代表的讲话内容全部记录下来,第一次谈判就这样结束了。不久日方又来了几名代表,谈判从头开始,美方代表照例口若悬河,又讲一遍,日方照旧作好记录。又过不久,日方第三个代表团又来到美国,故技重演,又带着大量记录走了。以后几个代表团都是如此行事。一年过去了,日方声沉影寂,杳无音讯,美方责骂日方拖延时间,玩弄权术,毫无诚意。正当美方感到谈判无望时,日方决策代表团突然来到,在美方毫无思想准备的条件下,日方突然表态,就全部议题作出决定,美方措手不及,陷入被动地位,日方大获全胜。

从这个例子,我们可以看出日美两国不同的谈判方式。美国人希望比较迅速地解决"一揽子"交易。但日本人谨慎小心,他们习惯于对合同作详细审查并且在内部做好协调工作,这就需要一个较长的过程。由于谈判进度的不同,使美国人大为恼火、放松警惕而最后输给了日本人。

三、文化习俗对谈判群体的影响

现代国际商务谈判大多是谈判小组的群体行动,这需要小组成员具有较强的群体观念,在谈判过程中互相配合。同样,文化习俗对谈判者的群体观念也有不同程度的影响。

群体观念最强的首推日本人。日本谈判小组常推选出一位首席谈判人,其余组员团结一致,全力配合首席代表,使小组保持良好的整体性。相反,德国人、法国人很看重个人的作用,而很少考虑集体的力量。美国人的群体观念也不强,他们的谈判小组是个松散的联合体。在谈判发生争论时,日方谈判小组成员全力支持首席代表一人发言,以小组的整体性与对方抗衡,表现出强烈的群体观念。而美方谈判小组每个成员则竞相发言,比较松散。可见,美国人和日本人分别代表了东西方文化两种不同的群体观念。当两个日本人在一起时,会倾向于形成一个共同的整体,形成一体化的集体力量而一致对外;而两个美国人在一起时,他们会相互尊重对方的内部思维空间,他们绝不会合二为一,而是相互尊重,互不干涉,表现为彼此独立的个性。

四、文化背景与谈判风格

文化背景对国际商务谈判者的谈判风格具有重大的影响。国际商务谈判有时也是不同文化的碰撞,也是一种国际文化交流方式。文化不仅决定着谈判者的伦理道德规范,而且影响着谈判者的思维方式和个性行为,从而使不同文化背景的谈判者形成风格迥异的谈判作风。虽然具有相同文化背景的谈判者,其谈判风格有着明显的趋同性;然而,由于受亚文化的影响,以及其他各种社会经济因素的影响,同一文化背景的个体谈判者之间又会存在谈判风格的差异性,这种风格差异体现了矛盾的普遍性与特殊性之间的关系。

(一)中国大陆商人的谈判风格

在国际商务谈判领域中,各国谈判者对中国大陆商人的谈判风格的普遍看法是:在谈判中,人际间的感情交流、联络受到重视,谈判者的脸面或影响力也不容忽视,私下接触以及谈判桌以外的渠道通常被采用,以解决有关谈判难题。

中国人谈判的队伍经常以谈判代表团的形式出现,参加者包括商务、法律和技术等专家,注重集体内部的讨论协商,广泛听取权威人士及上级的意见,这对谈判的速度和效率会产生消极影响。

在具体的国际商务磋商中,中国人通常是等待和要求对方先陈述看法或意见,对于己方的条件习惯用暗示的办法、含蓄地提出,或者利用迂回、曲折、兜圈子的方法使对方了解自己的意图,不愿仓促表态;而且,中国商人强调的是双方的基本出发点和合作意向,而不是协议具体条文的讨论,认为双方如果有足够的诚意,就可以求大同,存小异,从而取得谈判的成功。

此外,由于国家宏观政策的影响,中国人在国际商务谈判中重视技术贸易,强调引进关键设备、技术,目的是实现本国产业结构的调整,在技术许可、技术咨询等项目上有足够的兴趣。中国人对西方人将国际商贸往来与人权、意识形态等问题挂钩的做法很反感。

(二)中国香港地区商人的谈判风格

香港作为自由港,是远东国际贸易、金融中心。香港自开埠以来,受到东西方各种文化的影响,一方面,香港人具有中国人勤奋、智慧的一面;另一方面,他们的开放意识、商业意识极强。市场经济的繁荣发达造就了香港人的投资、投机意识,商务活动的频繁、普遍也培养了香港人的机敏、灵活,使他们精于讨价还价。改革开放以来,香港与内地之间的经贸活动发展迅猛,由于他们了解内地人的思考方式,擅长摆平各种复杂的人际关系,这其中融合了中国传统的儒家思想、日本人的进取精神、英国人的精明慎重和美国人讲究效率的办事意识。

谈判前,香港商人喜欢亲自登门造访,不习惯用电话洽谈。在谈判中,如果他们想成交,报价可能一低再低,造成对方的错觉,使对方感到他们已作出了最大的让步。其实成交价却往往仍旧高于基本价。他们报价十分灵活,所含水分大。

在香港,通常是由代理人负责洽谈业务,然后向委托人汇报,也就是决定权掌握在委托人(企业的老板)手中,谈判达成的协议需要经老板拍板后才能成交。与港商打交道,人与人之间的关系重于公司对公司的关系。

在香港,设立公司采用注册制,而不是审批制,并且手续相对简单,因此公司的数量众多,但多数是中、小资本,皮包公司或壳公司也混杂其中且为数不少。而且,香港商人非常关注资本的周转、回收,短期利润与长期投资相比较,更着重眼前;对市场比较敏感,行情的轻微变化都会影响已确定的业务计划。这些影响了香港人在国际市场上的资信。为确保国际商务谈判达成的合同能够切实得到履行,与港商谈判时还需注意约束性契约条款,通过法律性条款来保障谈判成果。

(三) 美国人的谈判风格

美国,历史上是拓荒者的家园,来自欧洲以及世界其他地区的外来移民共同创造了美国的辉煌。经济上,美国是典型的开放型市场经济,人们的参与意识、自由竞争观念和创新开拓精神等诸多因素共同影响着美国的社会文化。

美国人的性格外露,坦率、真挚、热情、自信,办起事来干净利索,注重实际。美国商人的整体风格显外向型,没有僵化的传统。美国商人喜欢在餐桌上洽谈生意,一般洽谈活动在吃早点时就开始。在谈判过程中,美国商人不太注重个人交往,比较随便,礼节也少,语言表达直率,爱开玩笑,甚至有时会出现不尊重对方的情况。与此相应,美国人在商务谈判中期望值很高,但耐心不足。为表达自己的"随和"、"幽默感",能随时随地说几句幽默话,并不表明他们谈判时的态度不认真。

在进行国际商务谈判时,美国商人总是充满信心,强势心理特征明显,善于言谈,喜欢很快进入谈判实质阶段,并且不断地发表自己的见解。

美国人对谈判中确定的开盘价一般不轻易变动,即使讨价还价,幅度也不会很大。尽管如此,他们总是热衷于讨价还价,习惯于根据利润最大化的原则指导自己的谈判;同时,他们会十分尊重那些谈判手段高明的对手,也乐于与之达成协议。

美国人的法制观念根深蒂固,谈判中,他们提出的合同条款大都由公司法律顾问草拟,由董事会研究决定。执行人一般对合同条款无修改权,而且,对法律条款一般不轻易让步。美商起草的合同一般都很仔细,喜欢逐项讨论议题,最后完成合同谈判。这样易于使双方了解整个合同,以利于促进相互建立成交的信心。美国商人的时间观念很强,他们的工作节奏快,不喜欢拖泥带水,在商务谈判过程中常常在短时间内做好一笔大生意,甚至从口袋中拿出一份早已拟好的合同让谈判对方签约成交。在谈判中分工具体,职责明确,一旦条件符合,即能较快拍板,故决策速度快。

在谈判中,对商品品质的评价,美商既关注内在质量,又重视新颖的外观设计、精美的包装和良好的售后服务。

(四)英国人的谈判风格

英国虽然地处欧洲,却经常游离于欧洲大陆,历史上的"日不落帝国",给英国人遗留下了一些潜在的大国民意识,今天的英国人也给人以"高傲"或"难以接近"的印象。过去,许多国家曾是英国的殖民地,目前仍把英语作为官方语言或第二语言;而且世界上众多的国家把英语作为外语学习的首选,这使英语成为使用范围最广的一种语言,也使得英国谈判者有一个弱点:除了英语一般不会讲其他语言。不同的文化习俗影响下的谈判人员,其谈判态度有明显区别。具有绅士风度的英国人曾一度称霸世界,由于这种大国民意识,他们把谈判看得极其严肃。如果和英国商人一起进餐,在餐中提起生意,他们是不会理你的。

英国人对自己充满信心,常常是"要就要,不要就算了"的想法。虽然英国人高傲,但他们时刻不忘绅士风度,谈判时他们会给各种语句披上甜蜜的外衣,"谢谢"、"对不起"经常挂在嘴边。

英国人属于外圆内方型,英国商人在谈判之前准备不太充分,在谈判过程中往往拖拖拉拉。在国际商务领域,如果是初次交往,开始会保持一定距离,然后才慢慢接近,建立交情。在交易中即使形势对他们不利,仍保持高度诚实。但是在谈判出现分歧时绝不愿让步,而是坚持自己的立场,采取一种非此即彼,不允许讨价还价的态度。

英国人的等级观念很强,至今存在着贵族阶层。因此,与英国商人进行商务谈判时,谈判者在谈判风格、气度、专业技术知识方面要具备良好素质,在级别上也要求对等,以示平等尊重。英国商人一向注重传统,交往起来,凡事要求中规中矩。如果不按规矩办事,那谈判难保顺利。需要注意的是,英国商人的及时交货率很低,对于出口商品延迟交货是普遍存在的;因此,在与英商谈判时必须在合同中注明索赔、理赔条件。

(五)法国商人的谈判风格

法国在历史上也是欧洲列强之一,曾经在世界几大洲拥有殖民地,因此许多欧洲评论家认为法国人沿袭下来某些历史传统：沙文主义、粗鲁，甚至贪婪；但现代的法国人也很友善，富于幽默感。法国人性格坚强，立场极为坚定，希望领导潮流，与众不同。巴黎被誉为"世界时装之都"，法国人引以为豪。法国商人对穿戴极讲究，而且希望谈判时，对方也能注意着装。

世界上其他地区都把英语作为谈判通用语言，但法国人除外，他们坚持同对手用法语交谈。这是因为法兰西民族在近代史上有其社会科学、文学、科学技术的卓越成就，民族自豪感相当强烈。如果一位法国人用英文同对方交谈，那么可说明他已作出了最大的让步。法国人富于情感，性格浪漫。在与他们交谈时，假如只顾谈生意，会被他们讥笑为"多么枯燥无味的人啊！"因此和法国人谈判过程中，应多聊一些关于新闻和文化的话题。

法国人由于受民族英雄戴高乐的影响，都具有依靠坚定的"不"字来谋求利益的本领，很难让步，因而在其浪漫色彩的背后是坚定的态度和立场。

与法国人谈判，不要把时间定在7月的最后一天和8月份。因为这段时间是法国人的休假期，法国人对休假十分重视，无论你用何种手段都不能使他们为谈判而错过或延误一次假期。这是法国人民朴素的特性的反映。

法国人性格开朗，很讲礼貌，也非常珍惜人际关系，善于建立相互间的交情与信赖，这也影响到商业上的交往。一般来说，在没有成为朋友之前，法国人是不会跟人做大宗生意的。谈判中讲究保持和谐、幽默的气氛，但并不愿过多提及个人隐私及商业秘密。而在谈判过程中，约在谈妥50%时，法国商人就会由于加入人情的考虑而在契约上签字。他们认为：反正要点已经谈妥，细节的事以后再谈无妨。但是，法国商人有一个通病：签约之后再提出修改要求。在谈判中，法国人一如其他大多数欧美国家的商人，个人的办事权限很大，往往是由一人决定一切，这与亚洲商人的团体决策大相径庭。

在国际商务谈判中，法国人明显偏向横向式谈判，即先为协议勾画一个轮廓，再谈成原则协议，最后确定协议的各个方面。无论在谈判的何种阶段,法国商人总会制定一些"纪要"、"备忘录"、"协议书"之类的文件,以记载在谈判中已达成协议的部分内容,借以拉住对方。

在讨价还价阶段,法国商人对细节问题不是很重视,但对价格要求严格,条件也比较苛刻;而且,急于取得成果。无论谈判处于何种阶段,总喜欢弄一些形式促成交易。法国人不太遵守时间;相反,对对方的要求却很高。与此相应的是,在合同履行中如果对方错了,他们绝不原谅,极可能向对方提出起诉;而他(她)自己错了,却会若无其事。

(六)德国商人的谈判风格

德国人思维缜密,考虑问题周到、有逻辑性;但性格倔犟、自负,缺乏灵活性、妥协性,不太通融。

在进行谈判前,德国商人一定会做充分、周到、具体的专业准备,内容包括对方的产品、对方公司的资信等等。由于德国企业融资多依靠银行的贷款,也就是债权融资的方式,而不像美国企业那样在发达的股票市场上进行股权融资的方式,所以,德国商人在资金问题上尤其保守,不愿意冒风险。同时,德国人希望谈判对手也能做充分准备,否则会招致反感和不满。在谈判中,德国人的人际关系是正式的、严肃的;同时,他们希望对方也如此。与德国人谈判时应避免用昵称、简称,而且穿戴要正规。在国际商界中,德国人讲求效率是有口皆碑的。德国人非常守时,厌恶且鄙视不准时的行为。谈判时对方若是迟到,就会受到冷遇。

在谈判过程中,德国商人喜欢明确地表示希望做成交易,准确地确定交易形式,详细规定谈判中的议题,然后会准备一份涉及所有议题的报价表。他们的陈述和报价会非常清楚、明确、坚定和果断,强调自己方案的可行性,不太愿意向对方做较大让步;一旦德国商人提出了报价,讨价的余地会大大缩小,几乎没有还价的机会。而且,德国谈判者常常在签合同之前的最后时刻还试图让对方降低价格。对于谈判的合同条款,他们都非常细心,经过仔细推敲所有细节之后,方同意签约。签约后,如果对方对于交货期、付款期等要求宽延、变更或解释,德国商人一概不予理会。德国人的商誉极好,签约后往往会及时履约,这主要是因为宗教对德国人性格的影响很大。同时,德国人对于对方交货期限的要求也很苛刻,在合同中,一般附有对违约的严厉惩罚条款。

宗教是文化的重要组成部分。宗教信仰对谈判者具有重要影响。德国人尊重契约的态度就是受了基督教影响,他们的守约观念非常强。而与此相反,葡萄牙人常常违约。他们签定合同后常常会延期付款,并且毫无愧色地提出各种要求。据说他们是受了天主教教义"富者应该济贫"的影响。

因此在与这些国家谈判、签订契约时一定要注意对方的宗教信仰及其影响下的履约态度。

(七)俄罗斯人的谈判风格

俄罗斯人的性格豪放,讲究礼貌。在谈话中注意听取对方谈话,交谈中不愿涉及个人隐私。俄罗斯商人做事拖沓,效率低。有些大型谈判要拖数月、半年,甚至更长时间。在商务谈判前,俄罗斯商人会有充分的准备。他们十分热衷于向对方索取资料,而在介绍和提供自身情况时却很消极。

在谈判中,俄罗斯人往往在技术上纠缠不休,对产品的适用性、可靠性和质量方面认真审查,千方百计地想向对方索取各种技术资料、技术情况。俄罗斯人素来善于讨价还价,绝不会接受对方的第一次报价;而且,善于用一些违反常规的策略迫使谈判对手就范。

由于受过去社会主义国家做贸易习惯的影响,俄罗斯人现在仍对易货贸易很感兴趣,即使开始谈判时采取一般货币贸易,到最后,他们也往往提出拿一部分产品来顶替硬通货的想法。在订立合同时,他们会做到滴水不漏。他们善于在文字上做文章,钻合同的空子,对于对方的要求极其严格。而且,对合同中的索赔条款非常重视。但是,俄罗斯商人往往自己不能按约定的时间、质量和数量交货。

(八)日本人的谈判风格

日本是一个资源贫乏、人口密集、活动市场有限的岛国,外向型经济是日本的国策。日本人的文化受中国影响很深,儒家的思想文化、道德意识深深植根于日本人内心深处,在其行为处事方式上可见一斑。但日本人在中国文化的基础上还创造了独有的特色。他们慎重、规矩、礼貌、耐心、自信、有事业心、进取精神很强、工作勤奋刻苦、态度认真、一丝不苟。日本人办事的计划性很强,谈判之前会任劳任怨地做细致的准备工作，对某次会谈的时间和内容往往会列出详尽的计划表。另外，日本人具有东方的人情味，注重交易谈判中建立和谐的人际关系。这样，在商务谈判中，往往有相当一部分精力和时间是花在人际关系中。在谈判中，日商使用的语言往往圆滑、婉转、暧昧，甚至含糊不清。即使同意对方的观点，他们也不会直截了当地说出来，常给人以模棱两可，甚至令人误会的回答。如果谈判时不善于观察，缺乏耐心，那么，与日本商人的谈判会进展得比较困难。

　　日本商人比较注重资历、地位，不愿意跟年纪较轻，资历较浅的人进行谈判。同时，日本人的团队精神世人皆知。"团队就是力量"对日本人来说可不是泛泛而谈，而是他们实际工作中的处事准则。在谈判中，日本人实行共同负责制，凡是参加谈判的人都很重要，每人都有一定的决策权，以共同确保谈判的成功。谈判队伍中不乏各类专业人士，当遇到法律或商业问题时会针对问题进行深入细致的研究。对于谈判对手，他们会穷追猛逐，打破砂锅问到底。但是，日本人在商谈时很少带律师，他们只是在公司聘请的法律助理（无律师资格）的协助下进行商谈。这点与欧美人相反。如果对方在商谈中带来了律师，会被日方认为是一种不友好的行为，对商谈产生不良影响。

　　"打折扣吃小亏，抬高价占大便宜"是日商谈判的典型风格之一。日本商人的报价水平一般会在成交价基础上加入20%甚至50%的水分，称之为"戴帽子"，以对付对方的讨价还价。如果他们估计对方是内行，则水分会少些。而且，如果与对方首次接触，为打进别国市场，会"放长线钓大鱼"，不计较一次得失。这与日本企业在发展目标上不看重利润率的高低，而更看重企业的新产品开发和市场占有额的增加这一观念相一致。

　　谈判中，日本商人会不厌其烦地询问对方的技术细节，以确定产品技术的优良与否，确定对方是否是一个值得将商业前途寄托的对象。在谈判风格中，日本人最显著的特点是价格磋商中的"笑脸讨价还价"，这反映了东方人"礼貌在先"、"慢慢磋商"的特点，以便在较好的气氛中交换看法。在日本，尤其是有地位的日本商人，十分注重以这种谈话方式来表现文化修养、个人内涵。

日本商人极重信誉,讲究"言必行,行必果"。他们的合同观念较强,履约率高,在讨论索赔条款时,可以填上较大的数额,甚至高到整笔生意的交易额,借以表明他们信守合同。日本人的时间观念强,生活节奏快,这是由日本人的生活充满竞争而造成的。但工作起来,他们又非常认真谨慎,实行自下而上的集体决策。这样使决策过程与决策时间较长。如此,常常会导致谈判过程中出现这类情况:一旦遇到某些情况、问题,除非日方事先已有准备或内部已经协商过,一般很少由某人当场明确表态、拍板定论。而且,在谈生意时,拖延战术是日本人常用的一个"武器"。他们会迫使对方渐渐失去耐心,举双手投降。一旦知道谈判对方有截止期限,他们会更加从容不迫地慢慢谈。

一般来说,欧美人对契约态度较严肃,在契约发生纠纷时常诉诸于法律。日本人也很重视契约的履行,履约率很高,但日本人与欧美人的履约态度相比,更富有感情色彩。他们受东方伦理观念影响,讨厌契约发生纠纷时起诉,他们倾向于协商解决。

例如,1974年,日本砂糖公司与澳大利亚砂糖交易所签定长期合同,由澳大利亚向日本提供砂糖,并定下砂糖固定价格和交易数量。后来,国际砂糖价格狂跌,日本砂糖公司出现赤字。从1976年7月至1977年11月的16个月内,日本向澳大利亚多次提出降低砂糖价格的要求,同时日方又采取措施,码头连续三个月拒收澳大利亚砂糖。在砂糖纠纷中,日方以为自己是澳方老主顾了,在日方陷入危机时,澳方理应帮助。已定合同并不重要,主要是情谊,谋求人与人之间的通融性和相互尊重。而澳方则认为合同是神圣的东西,是合理合法的,法律是超越一切人情的固定原理。

(九)中东地区人的谈判风格

中东地区主要指阿拉伯地区,东起伊朗,西至北非的摩洛哥,地处亚、欧、非三洲的连接处,地域宽广,包括二十多个国家、地区。其中,多数居民为阿拉伯人,绝大多数信奉伊斯兰教。与中东商人打交道,必须对伊斯兰教有所了解。

由于受宗教、地理、民族等问题的影响,阿拉伯人具有沙漠人的特点,即以宗教划派,以部落为群,喜欢结成紧密、稳定的部落集团;他们的个性比较保守,有严重的家庭主义,性格比较固执,脾气比较倔犟,不轻易相信别人。中东人追求团体利益和个人利益,在谈判过程中,有讨价还价的习惯,认为没有讨价还价就不是"严肃的谈判"。在他们看来,评价一场谈判不仅要看通过谈判争取到什么利益;同时,还要看是如何争取来的,只有经过艰苦努力争取到的利益才是最有意义、最有价值的。中东商人十分好客,待人热情,喜欢闲聊。在商务谈判中也不会寒暄几句就立即进入正题。经过长时间友好的会谈,增进了彼此的敬意,也许会出现成交的可能性。所以在一般性的社交场合,没准还会做成一笔生意。

美国人称中东人是"远离钟表的人们"。的确,他们的时间观念不强,作出决策的速度也不快。而且,对于洽谈的有关决定不太遵守。在中东地区几乎所有的阿拉伯国家,都坚持无论是私人企业还是政府有关部门对外谈判,都必须通过代理商。没有合适的阿拉伯中间商,谈判就不可能顺利进行。在涉及大笔生意时,代理商能帮助谈判者在政府中找到合适的关系,使谈判项目获得政府批准。

在与中东人谈判过程中,有种经常出现且令人头疼的语言,即"IBM"。这是三个阿拉伯词语的字头。其中,"I"是"因夏拉",指神的意志;"B"指"波库拉",代表明天再谈;"M"是"马列修",指不要介意。这是阿拉伯商人在商谈中保护自己、抵挡对方的一种有力武器。由于中东人有悠久的经商历史,精于商谈,故而会以神的旨意为借口来终止商谈或反悔已经作出的承诺。此时若能找到他们最信任的人或其长辈进上一言,或许可以改变"神的旨意"。

"IBM"的应用如此。比方说双方在商谈中已订好合同,后来情况有变,中东商人想取消合同,就可以名正言顺地说,这是"神的旨意",很方便地取消了合同。在商谈好不容易弄出点名堂,正想进一步促成交易时,他们却耸耸肩说:"明天再谈吧!"到了第二天,昨天的有利气氛和有利形势已不复存在,一切须从头再来。当谈判对方被上述行为或其他的不愉快的事弄得极其恼怒时,他们会轻松地拍拍对方的肩膀说道:"不要介意。"

第二节　与不同谈判风格国家和地区人谈判的应对技巧

盖文·肯尼迪说:"具有不同文化的人们有着不同的谈判风格。除了这个文化背景以外,一个社会还有其独一无二的经济和政治特征。在该社会的成员所参加的谈判中,你几乎被完全规定了谈判的内容和方法。"

国际商务谈判风格是谈判者在国际商务谈判活动中所表现的形象、气度和工作作风等具有一定特质的谈判行为方式,国际商务谈判风格主要表现在谈判者谈判过程中的行为、举止和实施控制谈判进程的方法、手段上。对于谈判过程中谈判双方的交往方式、合作关系,国际商务谈判风格都会产生直接或间接的影响。因此,为实现国际商务谈判的成功,掌握谈判对手的谈判风格,对症下药,以影响国际商务谈判的走向、进程和谈判结果,具有重要意义。

一、与美国人谈判的应对技巧

美国人热情奔放,真诚坦率,感情外露。和他们谈判时应当有热情,热情一点并不会使我们失去什么;相反,却能获得对方的好感,对谈判只会有利。同美国人谈判,也不需要装出一副高深莫测、含糊隐晦的样子,这只会让性急的美国人感到纳闷。如果我们能够充分利用其坦率、真挚、热情的态度,那么将改善谈判的气氛,加速谈判的进程。但要做到以快对快,前提是必须熟悉法律,并有足够的依据和证明材料,否则就无法在谈判中取得主动和获得成功。

虽然美国人信心十足,但他们很容易接近,因此,过于低估自己的能力、缺乏自信也是没有必要的,也会令对方瞧不起。美国人认为自己是谈判高手,并希望对方也是谈判高手。

例如,美国福特汽车公司和通用汽车公司最初来上海谈判合作生产小轿车时,正值美国政府要以 301 条款和特别 301 条款对中国进行制裁,并提出美国在中国的合资公司不能提出国产化要求的时候。但福特汽车公司代表在谈判一开始时就提出合作期间可考虑50%的国产化要求,通用汽车公司接着在上海谈判时,又主动提出国产化率可从60%开始。由于他们并未理会其政府的限制,而我方代表也充满信心地与其谈判,最终使双方达成协议。如果我们能够充分利用其自信、滔滔不绝的特点,多诱导、鼓励其先发表意见,以从中及时捕捉对我方有价值的内容和信息,探明其虚实与策略,那么将使我们更加有的放矢地决定对策;有时甚至可以利用其自信的特点,运用"激将法",促使其为了维护自尊而向我方靠拢。当然,这样做要注意适度,既要灭其锐气,又要避免其生气。

在与美国人谈判时,应当注意美国人富有讨价还价的能力和对"一揽子"交易感兴趣的特点。针对其喜欢"全盘平衡"、"一揽子交易"的特点,积极运用对方力量去促成更大范围内的联合协作,全局平衡,一揽子成交。

比如美国某公司与河北省某市谈判黑白玻壳项目,由于竞争条件不如日商,谈判失败。后来中方积极调动美方力量,在不排斥别的厂家竞争的同时,促成美方的"一揽子"谈判,使其对陕西、河北、河南三省的几个玻壳项目一起承包,并向中方条件靠拢,最后达成交易。他们对于"一揽子"交易兴趣十足,他们作为卖方,希望买方谈判者按照其要求作出"一揽子"说明;他们作为买方,则希望卖方谈判者提出"一揽子"条件。这里所说的"一揽子"的含意是,它不仅包括产品本身,而且还要介绍销售该产品的一系列办法,企业的形象信誉、素质实力和公共关系状况等。在这种情况下,没有充分的准备当然就不行了。

美国人的时间观念很强,遵守时间,珍惜时间,因而保证了谈判的高效率。美国人对时间非常吝啬,他们有句谚语:"不可盗窃时间。"在他们的观念中,时间也是商品,时间就是金钱。他们常以"分"来计算时间,比如一个人月薪10万美元,他的每分钟就值8美元。他们在谈判过程中连一分钟也舍不得去作无聊的会客和毫无意义的谈话。假如你占用了他十分钟,在他看来,就认为你偷了他多少美金。如果我们能够利用其时间观念强、有时缺乏耐心的特点,对我方必要的贸易价格可持之以恒地讨价还价,当美国商人不耐烦时,往往可按我方的要求成交。同时与美国人谈判必须守时,办事必须高效。

美国人喜欢一切井然有序,不喜欢事先没有联系,以及与突然闯进来的"不速之客"去洽谈生意,美国商人或谈判代表总是注重预约晤谈。何时何地、谈多长时间,都是预先约定。双方见面之后,稍作寒暄,便开门见山,直接进入谈判正题。

美国人认为货好不降价,认为如果我的商品好、质量高,就是要出高价;但他们也不是等待顾客上门,而是积极地采用各种方式进行宣传,使客户和消费者知道他们的商品好在什么地方,而且心甘情愿地以高价买下来。此外,美国人也是讨价还价的高手。他们经常玩弄一些手法,让谈判对手也同他们一样注重利益,作出合理让步。他们十分赞赏那些精于讨价还价、为取得经济利益而施展手法的人。他们自己就很精于使用策略去谋得利益,同时希望别人也具有这样的才能。因此,谈判时,应利用其对物质利益的追求,放手而有策略地与之讨价还价。比如美国商人说:"推迟三个月交货,应涨价,因为物价在变动。"中方则可回答说:"物价提高可以涨,但物价变低则要降,以第三国权威报道为准。"既针锋相对,又显得严谨公正;既可以使美国商人放弃涨价要求,同时也是"以美国人的逻辑驳斥了美国人"。

美国人非常重视律师和合同的作用。在谈判时,他们尽可能让称职的律师参加谈判。他们注重合同,严守合同信用,他们不依靠人际关系,只承认白纸黑字、有法律保障的合同契约。因此,同美国人谈判时,也要带上自己的律师,而且是称职的律师。签订合同时也应当小心谨慎,考虑周全。美国的法律纷繁复杂,法律的执行也极为严格。因此,参加谈判的律师一定要熟悉美国法律。签订合同时,一定要把合同条款仔细推敲,使其既符合中国法律,又不与美国法律相抵触。重视律师的作用和小心签订合同是同美国人谈判的要诀,这既可以保障谈判的成功,又可以防止争议的发生。

二、与英国人谈判的应对技巧

与英国商人洽谈,要注意不卑不亢,并且以礼相待,遵守礼节,注意言谈举止的风度,因情制宜,灵活反应,这样,就可以逐渐缩短双方的距离。在谈判桌上,英国人对于建立人际关系的方式比较独特,开始时往往保持一定距离,而后才慢慢接近融洽。因此,谈判时不能操之过急。

英国谈判者往往除了说英语外,不会讲其他语言。因此,和英国人谈判时,最好是讲英语或带英语翻译。英国人很保守,沉默寡言。流行的谈话题目是天气。切忌将"女王"说成"英格兰女王",面对威尔士和苏格兰人更不能这么讲,正规的说法应该是"大不列颠及北爱尔兰联合王国女王"。同英国人交谈时,忌讳涉及爱尔兰前途、共和制优于君主制、欧盟和北大西洋公约组织中承担义务最多的国家以及大英帝国的崩溃原因等话题。

在与英国人谈判时,注意不要滔滔不绝地讲下去。因为按他们的文化习俗,打断别人的讲话是不礼貌的。但他们被迫听下去时,往往局促不安、眼睛发呆、失去光泽。此外,英国人素有绅士风度,在谈判中即使形势对他们不利,仍然彬彬有礼。因此不能只看其表面上的风度而作出错误的估计,他们完全有可能和其他国家的谈判者一样工于心计。在英国谈生意时,不要拒绝同主人一起去打高尔夫球,因为很多合同往往是在打高尔夫球期间签订的。

英国人也有明显的弱点。众所周知,他们几乎对出口的所有产品经常延迟交货。英国人对此也有很多论述,并作了很大努力去改正,但收效不大。因此,在英国谈进口贸易时,一定要考虑这一点,在合同中加上延期交货的罚款条例,以免日后扯皮或蒙受损失。

英国人在进行谈判时,往往事先准备工作做得不够充分。在谈判的关键阶段又非常固执,坚持己见,也不愿花费很大力气。英国一些有成就、有能力的企业家往往并非在英国出生。"二战"后不少外国人移居英国,许多人成了商店老板和小企业家,成绩显著,成功地取代了当地的企业家。这一现象也说明了英国人经营管理能力的不足。

从英国谈判者的顽固态度中,可以看出他们缺少商业管理素质。他们往往采取一种非此即彼,不允许讨价还价的态度。因此,和英国人谈判时,一定要有耐心,急躁或指责对方是不可行的,也不要热衷于讨价还价。另外也要看到,英国的一些传统企业被新型企业家接管和重组,带来一些新的气象。他们了解市场的变化,尝试新的方法,认为投资不力、忽视质量、拖延交货和不守信誉不应该成为英国人骄傲的资本,和他们谈判时,情况就完全不同。

英国人做生意时,首先从建立信用着手,然后还考虑到不要"求助"于人,所以当谈判中某些事项未能遂意时,千万不要强人所难,因为这在英国商界是行不通的。遇到这种情况时,就得另想办法,或者等待下次机会,诉之于感情的作法是万万行不通的。

英国人谈判比较灵活,喜欢人家提建设性意见。因此,应当利用其"修养与风度",耐心细致地启发诱导,并辅之以有说服力的证明材料,有理有据而平和婉转地点出其技术、价格上的问题,使其出于面子不得不放弃原有立场而向我方靠拢。另外,根据英国商人谈判技巧比较灵活的特点,还应多提积极性的意见或方案,使对方在方案的选择、斟酌中趋向统一。此外,与英国人做生意,凡事都有一定的程序,不能操之过急。

三、与德国人谈判的应对技巧

德国人以他们独特的方式代表了现代欧洲。许多人都承认他们是欧洲最老练的商人。他们纪律性强,谨慎、保守、注意细枝末节,说话简单明了。和德国人谈判时,应注意以下方面:

德国谈判者的个人关系是很严肃的,因此不要和他们称兄道弟,最好称呼"先生"、"夫人"或"小姐"。穿戴也勿轻松随便,有可能的话,在所有场合都穿西装。德国人希望建立长期关系,而不希望做一锤子买卖,因此和他们交易,你要考虑到他是否能提供一些当地没有的东西,而且不会使其经济力量受到损害。德国人只对有把握的项目投资,采用妥善的融资手段,从而安全地获取收益。

德国人非常擅长商业谈判,他们一旦决定购买就会想尽办法压你让步。德国谈判者经常在签订合同之前的最后时刻让你降低价格。因此,你要有所提防,或者作出最后让步。德国人擅长讨价还价,并非因为他们具有争强好胜的个性,而是出于对工作的一丝不苟和严肃认真。因此在谈判时切忌迟到,如果你在商业谈判中迟到,那么德国人对你的不信任感就会溢于言表。

在谈判之前一定要作好充分准备,切勿仓促上阵。需准备的内容包括:本公司的资信情况,所提建议是否反映出这种资信,以及你所要购买或销售产品的有关专业资料等。我方谈判者应当掌握产品和合同细节的全面知识,所提建议应当具体切实,给人以条理清晰、富有权威性的良好形象,以促成谈判的成功。由于德国的企业融资大都依赖银行,在资金问题上,他们特别小心,不愿冒风险。

德国人常在讨论产品价格以前,会向对方的技术人员和客户了解产品情况。如有可能还要让你的产品作实际演示。他们会经常提到潜在的竞争:如想打入德国市场,你一定要在各方面都干得十分出色;为了保住市场,你必须保持在技术上领先的高的质量标准,否则就会被德国竞争者仿造和改进。不要以为德国人会轻易地购买具有独特价值的产品。即使这种产品是他们急需,他们渴望购买,但绝不会露形于色,在他们采取的谈判方式上,你绝对看不出这一点。德国企业的技术标准严格,对于出售或购买的产品都要求最高的质量。与德国人打交道,一定要让他们相信你公司的产品可以满足他们的高标准要求。在某种程度上,谈判是否成功取决于你能否令人信服地说明你信守诺言。

德国人讲究合同条款,包括:按交货日期准时交货、严格的索赔条款、担保产品使用期,还要求提供某种信贷,以便在对方违反担保时,他们可以得到补偿。但是只要你的产品符合合同上的条款,就不必担心付款问题,德国人对商业事务极其小心谨慎,井井有条,是可以信赖的合作者。

四、与法国人谈判的应对技巧

与法国商人谈判时,应当热情大方,以礼相待,注重感情的培养,形成良好的谈判气氛，获得对方的信任与好感，这样谈判会顺利得多。一旦成为朋友，甚至深交，大宗的贸易就会到来。

对于法国商人在价格、质量问题上的严谨苛刻，只要我方商品在市场上有实力，也不要轻易被双方的严重分歧和对方立场的强硬所吓倒而过早放弃我方的要求，而应在介绍商品的特点、效能、质量上多摆事实、讲道理。事实上，法国商人一开始往往会提出的"××指标应为多少"、"××价格在什么范围内"之类的备忘录，只是作为谈判要达到的成果，在谈判中还是有其灵活的一面。

对于大多数法国人来讲，谈判是进行辩论和阐述哲理的机会，往往是为了争论而争论。虽然他们很快就会谈生意，但也可能没完没了地拖下去，陷入道义争论而不能自拔。因此一方面要尊重他们的这种癖好，但同时又要小心提醒其讨论正题。鉴于法国商人在主要问题上急于求成而细节问题又不轻易放过，所以与其谈判时对重要条款应详细讨论，逐一明确并体现于书面材料；重点问题在意见统一后也不要因其催促而急于签约，务求把大小问题乃至细节都确认后才签字。必须十分注意所订的合同，不要为了做成生意而接受法国人所要加进的一些索赔条款。一旦情况有变，需要履行索赔条款时，法国人是不会手软的。因为只要对他们有利，他们就会要求严格遵守合同；相反，如果合同对其不利，他们就可能会一意孤行地撕毁合同。因此订立合同时，必须慎之又慎。

对于对方把贸易与外交相连的做法也要因势利导。例如，当双方的利害冲突使谈判陷入僵局时，法方外交官的介入会使法国商人有台阶可下，重新思考问题，为分歧的解决带来转机。当然，我方谈判者应当显得格外礼貌友善，通情达理，使外交官们乐于干预。有时还可以请我方更高一级的领导出面与其外交官见面，显出我方的诚意与重视，从而使对方感到受到尊重而转变立场，体面地作出适当让步。

法国人对于谈判中坚持使用法文这一点很少让步。但是如果他们在国外，而且在经贸合作方面对你有所求，那么也会有所例外。因此，如果一个法国谈判者对你说英语，那么，这可能表示你会得到对方更大的让步。

五、与日本人谈判的应对技巧

根据日本商人的特点,与其谈判时应注意双方谈判人员在授权上要平衡。如果一方的谈判人员的职务及其在本公司内的权力和影响超过另一方,那么这种不平等会对谈判产生不利影响。因此在与日方谈判时,必须搞清楚对手有多大权力、能作出什么决定,然后再来挑选己方的谈判人员。无休止的讨论、出于礼貌而保全面子、围绕问题谈来谈去、旁敲侧击,等等,都是日本人谈判行为准则的重要成分。与日本人谈判,如果保持集体和谐的条件被破坏,谈判就会遭到失败。与此同时,对日本人"以礼求让,以情求利"的手段要胸有成竹,谙熟应付之法。既不能因为言行失礼而影响了谈判,也不可因注重"笑脸"放松戒备,而在"讨价还价"上丧失利益。与日方谈判时,我方人员的谈吐也应尽量婉转一点,要不动声色,彬彬有礼,表现出足够的耐心。一旦发出了邀请,你就要耐心等待。日本人会通过其信息网络来了解你的情况,他们要对你的介绍信和委托书进行核查,要了解你公司的情况、与哪些公司有贸易往来,直到满意为止。你最好的办法是让日方相信你时间非常宽裕。因为急躁和没有耐心在日本人看来是软弱的表现。在等待时间里,你也可以自己搞些调查,从别处尽量地多了解对方的情况。

如果是初次与日本公司打交道,一定要通过熟人介绍或通过中间人去办,切勿自己直接去找该公司,日本人对直截了当、硬性推销的做法会感到不自在。因此,要想排除最初的障碍,最好找一位对你和日本公司均熟悉并尊重的第三者来引见更为有效。谈判前要充分做好准备工作,摸清情况,有备赴会。谈判人员最好是男性,因为日本公司是男性占统治地位的机构。在日本,一个人只有为某个公司工作15年到20年以后,才会被授权代表其公司。因此,日本人不愿意和对方的年轻人会谈,日本人很难相信年轻的谈判者会有决策大权。他们感到和"毛孩子"谈判是浪费时间和有失尊严的。另外,由于日本企业家所奉行的大男子主义,因此代表团中最好不包括妇女。

在谈判中对日方提出的新建议、方案和问题,如果有的情况还把握不准，切勿轻率表态，而要毫不懈怠地认真仔细地了解情况，研究对策。如果一时未能达成协议，宁可暂时休会或约定下次会谈日期。在与日方谈判时，一定要具备敏锐的判断力。我方人员在谈判中的讲话应当缓慢清楚，避免给对方以匆匆忙忙、急于求成的印象。

　　日方的谈判人数总要超过对方，对此要有所准备。日方愿意自己一方人多，原因是，日本人在作出决定时，需要各个部门、各个层次的雇员参加。参加谈判的人越多，那些以后作出决定的负责人也就越容易达成一致意见。

　　与日方谈判不能只重视对方谈判班子中的某个人，而要争取说服每个人。如果暂时未能全面达成一致意见，也不应急于催促，否则只能适得其反。当谈判因故暂停后，再度恢复洽谈时，原则上最好不要变更原谈判人员，不然日本人又会借口需要重新熟悉对手、了解情况而延长谈判。日本人认为中途换人，意味着你软弱，缺乏一致性和诚意，按照日本人的脾气，他们觉得没有必要回到了解你的第一阶段。但是，也要防止日方出于策略而更换自己的谈判者。

　　一般而言，中间人应同中层管理人员接洽，而不是同上层人物接洽。因为在日本公司里，一个决定的形成是从中下层开始，并一级一级地向上传。因此，中间人应将己方的打算告知日方的某位中层管理人员，后者会与他的同事讨论并向上级汇报。从这一步开始，就慢慢向真正谈判的阶段迈进。不要与日本人正面交锋或攻其不备，对于公开的挑战，日本人通常不会立即作出反应。他们对临时找借口感到不自在，还可能由于你的话以及他们无法回答而感到难堪。因此有什么问题使己方感到不安或需要澄清，最好在会谈之外正式提出来；如果属棘手问题，就让中间人来提，这样就会得到答复，而日本人也会欣赏你的敏感和机智。

　　因为在谈判的最初阶段，重要的是交换意见、讨论条件与要求，并随时准备作出让步。如果让公司的总裁或高级行政官员来作这些事，未免大材小用了。只有在需要作出最后决定时，才让他们参加进来。所以与上层人物比较，那些没有权威的人反而能更加容易和令人心悦诚服地达成交易。

许多日本人对律师总是抱着怀疑的态度,他们觉得那些每走一步都要先同律师商量的人是不值得信赖的。因此,只要可以不用律师做主要谈判人员,就不要带律师,会计师和顾问也会妨碍与日方的谈判。

虽然日本人自己往往开价太高,但是他们却不喜欢别人报价高。提高报价,日本人就会对你的诚意失去信心。对日本人来说,诚意和一致性比最低标准或最大利润更为重要。他们对对方及对方公司的信心是谈判成功的关键。他们希望你是个值得信赖的贸易伙伴,你在谈判桌上的言行以及你过去行为的历史要比你改变要求或者提出一个更好的建议都重要得多。

如果你作出了某种让步,不要建议日本人也作出相应的让步。但是,日本人喜欢自己提出一项建议,至少谈判时如此。你可以通过某一个中间媒介或你的中间人私下向日方转达你的希望,但是当日本人在你面前提出某项建议时,即使那主意是你的,也要显得是他们自己想出来的主意。

日本消费者和生产者要求的售前、售时和售后服务,往往会超出其他国家销售产品所需的服务范围。在日本,定期检修通常是免费的。人们期望负责维修所销售的商品,而不附带任何条件。当商品出现毛病或故障时,必须给予修理,更换部件;有时甚至在最初购买时就提供备件,出问题时则要更换整台机器,这样才能保持买卖双方的关系。至于是卖方还是顾客承担全部费用或部分费用,则根据不同的情况而定。无论如何,售后服务的范围要大得多。如果你是卖方,就要考虑日方会把这一问题作为谈判事项提出来。日本人认为,购买商品等于同制造商或供应商建立了关系。如果一件产品有毛病或者出现故障,等于失去了信誉;如不加以弥补,就是一个严重问题。

注意不要公开批评日本人,如果他们在同事和对方面前丢了脸,他们会感到羞辱和不安,谈判也会因此终结。在拖延好几周的谈判中,你可以写些表示理解的信,或者提醒对方哪些问题达成了协议或存在分歧,你很快就会得到答复。

不要直截了当地拒绝日本人,而说你还得进一步考虑。如果你不得不否定某个建议,也要以明确、委婉而非威胁的态度来陈述理由。日本人的语言中没有绝对拒绝或否定的用语。要想弄清日本人确实是在否定某种建议,就必须理解那些微妙的暗示,包括他们犹豫不决的态度。

六、与俄罗斯商人谈判的应对技巧

俄罗斯人提出的要求往往趋于极端,因此谈判时要给自己多留余地。如果是销售商品,应当判定对方是否真的有兴趣和有能力为己方的产品或劳务支付报酬。如果觉察俄方只是为了获得信息而不是做生意,就不要提供详细的资料。此外,谈判者应作好准备,陈述应详尽与符合实际,并正确地回答对方提出的特别是高新技术产品的技术和标准等方面的问题,谈判班子中需配备这方面的专业技术人员。谈判者在同对方的主要决策者交往时,要注意充分利用给人印象深刻的头衔和职务,也要准备在与高层行政人员交往中投入大量的时间。同时,在达成最后协议以前,应当再三检查以确保所有条款都经过了再三考虑。在己方认为所有细节都已解决之后,对方在最后一分钟也可能会提出新的要求。

七、与中东各国人谈判的应对技巧

针对中东阿拉伯商人的谈判风格与特征,和他们谈判时要尊重对方的教义与习俗,如果己方能有懂得伊斯兰教义甚至会说阿拉伯语的人参加谈判,更有利于创造和谐的谈判气氛和取得对方的好感。与信奉伊斯兰教的商人交谈时,要注意适当的称谓,切勿乱叫外号。对他们的教义教规,不应妄加评论。切忌用他们认为"不洁"的左手和他们握手、替他们拿食物。

充分利用对方喜欢交际和好客,不习惯谈判一开始就转入正题,认为这样有失身份的特点。在谈判前和谈判开始时,要主动热情地进行广泛友好的交流,选择他们喜欢的话题,甚至先请他们喝上一杯咖啡,使他们高兴。这样既可密切与对方的关系,获得对方的信任与敬意,又可从中了解一些我方需要的信息,这其实也有助于缩短开局与磋商阶段的时间。

要区分阿拉伯人讨价还价的两种不同类型而区别对待。对漫天要价者,大刀阔斧,就地还价;而对追求利润者,则应当适度还价,并在还价的幅度和策略上做文章。对其松散的时间观念要予以理解,切忌急躁,在充分准备的前提下耐心地与之周旋,步步为营,捕捉一个又一个的机会,不断扩大战果。但是又不能操之过急,以防止对方突然中断谈判。否则,着急的心理一旦让对方抓住,反而会让对方采取反常措施,推翻承诺。

案例分析 8-1

美国著名谈判专家荷伯·科恩一次在墨西哥旅行,被一个当地的土著人缠住了,向他推销一件毛毯披肩。他根本不想买这东西,所以开始没太理会,继续赶路。小贩的开价由开始的1200比索一直向下降,当降到200比索时,科恩开始动心了。对方说:"好吧,你胜利了,只对你,200比索。"科恩接过披肩,边看边想:"我喜欢吗?我需要吗?都不是,但是我改变了不想买的主意。是我把他的要价由最初的1200比索降到现在的200比索。"于是,科恩开始与小贩讨价还价。小贩告诉他,在墨西哥市的历史上,以最低价格买到这样一件披肩的人是一个来自加拿大的人,他花了175比索。最后科恩花了170比索买下了披肩,创造了墨西哥市历史上买毛毯披肩的"新纪录."所以,直到他回到旅馆见妻子之前,还一直陶醉在他的成功喜悦之中。回到旅馆,他迫不及待地向妻子报告他的胜利。"一个土著谈判家要1200比索,而一个国际谈判家花170个比索就买下来了。"当他的妻子告诉他,她花了150比索买到了同样的披肩时,他兴奋的喜悦顿时烟消云散。仔细回想一下,不由得感叹道,这个土著的谈判家最巧妙地利用了科恩的自我实现或自尊的心理,因为最能打动科恩的是"你是墨西哥历史上以最低价格购买毛毯披肩的人"。

案例分析 8-2

美国著名谈判专家荷伯·科恩有一次代表一家大公司去东俄亥俄购买一座煤矿,矿主开价2600万美元,而科恩却还价1500万美元,但矿主态度十分强硬,拒不让价。最后,当科恩开价上升到2150万美元时,矿主仍不妥协,这使科恩感到奇怪。按理说,这个开价比较客观、合理,为了找出原因,他邀请矿主共进晚餐,在晚餐中矿主讲出了他不让价的原委。原来他兄弟的煤矿卖了2550万美元,还有一些附加利益。科恩明白了,矿主除了想卖矿山以外,还有其他的需要——自尊的需要。随后,科恩根据调查得知的矿主的兄弟从卖矿上得到的附加利益,与矿主进行了进一步的协商,结果达成了一个双方都满意的协议。买方所付出的价格没超过公司的预算,而卖方则觉得他的出卖条件要比他兄弟好得多。

复习思考题

1. 文化习俗对谈判有什么影响?
2. 与美国人谈判的应对技巧是什么?
3. 与英国人谈判的应对技巧是什么?
4. 与法国人谈判的应对技巧是什么?

参考文献

1. [美]杰勒德·I. 尼尔伦伯格,曹景行、陆延译:《谈判的艺术》,上海翻译出版公司,1987年。
2. [美]约翰·温科勒,李雄等译:《经济谈判的诀窍》,四川人民出版社,1993年。
3. 徐春林:《商务谈判》,重庆大学出版社,2007年。
4. 丁建忠:《商务谈判》,中国人民大学出版社,2006年。
5. 刘园:《国际商务谈判——理论、实务、案例》,中国商务出版社,2005年。
6. 樊建廷:《商务谈判》,东北财经大学出版社,2007年。
7. 丁建忠:《商务谈判教学案例》,中国人民大学出版社,2005年。
8. 潘肖珏、谢承志:《商务谈判与沟通技巧》,复旦大学出版社,2000年。
9. 孙庆和、张福春:《实用商务谈判大全》,企业管理出版社,2000年。
10. 任廉清:《贸易谈判过程》,东北财经大学出版社,2000年。
11. 夏国政:《经济贸易谈判指南》,世界知识出版社,1999年。
12. 王超:《谈判分析学》,中国对外经济贸易出版社,1999年。
13. 王洪耘、宋刚:《商务谈判——理论、实务、技巧》,首都经济贸易大学出版社,1998年。
14. 许小明:《经济谈判》,复旦大学出版社,1998年。
15. 蒋春堂:《谈判学》,武汉测绘科技大学出版社,1997年。
16. 马志忠等:《经济贸易谈判策划》,中国经济出版社,1997年。
17. 王维忠:《经济贸易谈判原理与谋略》,专利文献出版社,1995年。

18. 万成林、舒平:《营销商务谈判技巧》,天津大学出版社,1995年。

19. 胡正明:《经贸谈判学》,山东人民出版社,1995年。

20. 韩凤荣等:《对外经济贸易谈判》,青岛海洋大学出版社,1994年。

21. 赵景华:《国际工商谈判技巧》,山东人民出版社,1994年。